A Lei de Direito Autoral (Lei nº. 9.610 de 19/2/98) no Título VII, Capítulo II diz:

— Das sanções civis:

Art. 102   O titular cuja obra seja fraudulentamente reproduzida, divulgada ou de qualquer forma utilizada, poderá requerer a apreensão dos exemplares reproduzidos ou a suspensão da divulgação, sem prejuízo da indenização cabível.

Art. 103   Quem editar obra literária, artística ou científica, sem autorização do titular, perderá para este os exemplares que se apreenderem e pagar-lhe-á o preço dos que tiver vendido.

Parágrafo único. Não se conhecendo o número de exemplares que constituem a edição fraudulenta, pagará o transgressor o valor de três mil exemplares, além dos apreendidos.

Art. 104   Quem vender, expuser à venda, ocultar, adquirir, distribuir, tiver em depósito ou utilizar obra ou fonograma reproduzidos com fraude, com a finalidade de vender, obter ganho, vantagem, proveito, lucro direto ou indireto, para si ou para outrem, será solidariamente responsável com o contrafator, nos termos dos artigos precedentes, respondendo como contrafatores o importador e o distribuidor em caso de reprodução no exterior.

HUGO ALVARO MURILLO IBAÑEZ
JOSÉ JOAQUIM DO AMARAL FERREIRA

METAGESTÃO ORGANIZACIONAL

GESTÃO PARA APRIMORAMENTO DA INTELIGÊNCIA DE GESTÃO ORGANIZACIONAL FUTURA, UTILIZANDO SOFTWARES FLEXÍVEIS

EDITORA EDGARD BLÜCHER LTDA

© **2003**   Hugo Alvaro Murillo Ibañez

1ª edição - 2003

É proibida a reprodução total ou parcial
por quaisquer meios
sem autorização escrita da editora

EDITORA EDGARD BLÜCHER LTDA.
Rua Pedroso Alvarenga, 1245 - cj. 22
04531-012 – São Paulo, SP – Brasil
Fax: (0xx11)3079-2707
e-mail: eblucher@uol.com.br

Impresso no Brasil   Printed in Brazil

ISBN 85-212-0323-3

EDITORA AFILIADA

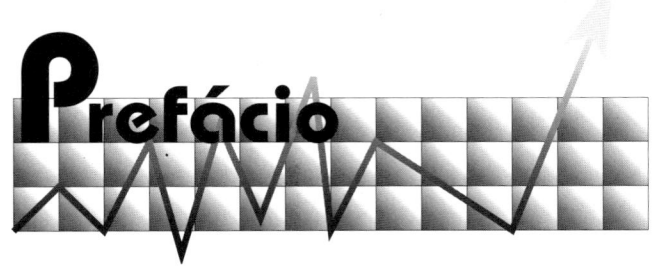

Prefácio

"Metagestão" organizacional é o processo de avaliar, selecionar e desenvolver para o futuro tecnologias de gestão específicas e adequadas para cada organização. Existem muitas tecnologias de gestão de interesse atual, desenvolvidas desde o segundo milênio por especialistas e entidades de diversos países. Essas tecnologias podem ter aspectos importantes e úteis para cada organização, mas pode ocorrer que algumas dessas tecnologias possuam fatores negativos para determinadas situações. Em função desses casos e considerando as necessidades futuras de cada organização, atualmente é muito importante selecionar, adequar ou desenvolver tecnologias eficazes e úteis para aplicar aos períodos futuros de cada entidade. O processo de "metagestão" compreende a avaliação e seleção de aspectos úteis de tecnologias existentes e inclui também atividades de geração de novas tecnologias específicas de gestão desenvolvidas para cada organização. As tecnologias de gestão a serem implementadas em cada organização que realize "metagestão" devem ser coerentes com suas estratégias e objetivos.

Cada organização possui características específicas e também suas equipes possuem determinados conhecimentos, experiência e habilidades, sendo muito importantes as intercomunicações entre as equipes e igualmente com os clientes, fornecedores e entidades parceiras. A "metagestão" inclui a otimização do tempo investido pelos membros responsáveis das atividades de análise, seleção, planejamento, desenvolvimento, aprimoramento e avaliação das tecnologias e métodos de gestão aprovados para sua futura implementação. Portanto, essas atividades e as intercomunicações para aprimorar conhecimentos devem ser planejadas e executadas, utilizando técnicas de otimização do tempo, identificando aspectos relevantes e garantindo a eficácia das comunicações com descrições simples, objetivas e corretas dos conceitos que devem ser disseminados. A qualidade das informações é um fator relevante da "metagestão" para o qual serão também definidos princípios relevantes de gestão de informática.

O desenvolvimento da metodologia de "metagestão" organizacional foi executado no período de 1992 a 1997 realizando projetos de assessoria e pesquisa para vários grupos de empresas. Algumas dessas empresas implantaram as metodologias de "metagestão" sendo que foram observados resultados positivos nas suas atividades. Ao utilizar a metodologia de "metagestão" essas organizações definiram e aplicaram tecnologias avançadas de gestão. No período citado, algumas empresas também realizaram sua certificação com a Norma ISO 9000 de 1994, mas as mesmas, nessa época, já aplicaram tecnologias avançadas, verificando e utilizando sistemáticas que foram consideradas relevantes para sua aplicação futura. Assim, graças a esses processos de considerar as tendências das tecnologias, essas organizações tiveram a vantagem de facilitar sua transição posterior para a Norma ISO 9001 2000. Citamos como exemplos a aplicação de objetivos mensuráveis conforme às definições do "Balanced Score Card" e a utilização das tecnologias de gestão de processos onde se devem definir as interações dos processos de cada organização, incluindo interações com clientes e fornecedores.

Também citamos a aplicação dos conceitos de gestão de competências, definindo para cada cargo relevante seus requisitos de educação, experiência, especialização e habilidades. Esses e outros aspectos de gestão foram aplicados aos sistemas de gestão da qualidade dessas empresas citadas, no período de 1992 a 1997, o qual já estava atendendo alguns dos requisitos relevantes da nova Norma ISO 9001 2000. Portanto, a "metagestão" facilita a gestão de mudanças.

Esse objetivo da "metagestão", ou seja, garantir o sucesso da gestão futura, fazendo com que a gestão de mudanças seja simples e garanta a congruência organizacional, é também um aspecto muito importante para os sistemas de gestão das entidades governamentais e das associações internacionais, pois isso permitirá aprimorar as comunicações das tendências dos objetivos, possibilitando a adequada avaliação por parte das entidades dependentes.

As regras e a metodologia de "metagestão" apresentadas neste livro compreendem os objetivos básicos a seguir citados, sendo que são também tratados outros objetivos nos próximos capítulos:

- *Assegurar a melhoria contínua* e o sucesso da organização que use "metagestão".
- *Aprimorar a criatividade* para melhorar a inteligência de gestão, o capital intelectual e a eficácia das inovações tecnológicas a implementar.
- *Garantir a flexibilidade* dos sistemas de gestão a implementar para sua aplicação eficaz atendendo às diferentes atividades e mudanças da organização, mediante uma adequada classificação e estruturação dos elementos relevantes das tecnologias da organização.
- *Assegurar comunicações adequadas* internas e externas e garantir a adequada participação de todos os envolvidos nos processos de gestão organizacional e de gestão de conhecimentos.
- *Assegurar a congruência organizacional* ao implementar as novas tecnologias de gestão selecionadas e/ou desenvolvidas para os próximos anos com processos de gestão de mudanças, com ações preventivas e planos de contingências para evitar riscos e garantir a harmonia dos processos de mudanças. Para evitar problemas devido às mudanças, a "metagestão" deve definir uma estrutura genérica de atividades, informações e regras que seja adequada para um período futuro de vários anos de tal forma que isso permita a flexibilidade dos sistemas de gestão.
- *Garantir a qualidade da informação,* assegurando flexibilidade, eficiência, eficácia, funcionalidade, portabilidade, utilizabilidade e segurança nos sistemas de informática.
- *Aprimorar a satisfação dos clientes* da organização que realize "metagestão".
- *Otimizar o tempo dedicado a atividades de gestão* aplicando as regras de "metagestão" e garantindo a objetividade por parte dos envolvidos que utilizarão as definições e classificações adequadas de objetos, eventos, informações, atividades, regras e conhecimentos com validade para o período futuro de algo de dez ou mais anos.

Agradecimentos

Este livro de apresentação da metodologia de "metagestão" organizacional foi elaborado com base nos trabalhos realizados no período de 1990 a 1997 para realizar a tese de doutorado de **Hugo Alvaro Murillo Ibañez**, na Faculdade de Engenharia da Universidade de São Paulo (EP/USP). Portanto, apresentamos o primeiro agradecimento ao **Dr. José Joaquim do Amaral Ferreira**, Professor da EP/USP, Diretor de Certificação da Fundação Vanzolini (FCAV) e orientador dessa tese de doutoramento.

Agradeço também a colaboração para a realização desta tese de doutorado, incluindo projetos de inovações tecnológicas de gestão, aos professores Marcelo Schneck de Paula Pessoa, Guilherme Ary Plonski e Melvin Cymbalista da Escola Politécnica da Universidade de São Paulo e da FCAV.

Também apresento meus agradecimentos aos professores Haroldo Clemente Giacometti e Carlos Franco da Universidade Mogi das Cruzes pelas aulas que eu ministrei nessa Universidade nos anos 2001 e 2002 sobre tecnologias de gestão da qualidade e e-Business, sendo que essas atividades foram relevantes para atualizar os textos da tese de doutoramento mencionada e, portanto, para a elaboração definitiva deste livro.

Agradeço às organizações que participaram dos projetos de pesquisas de tecnologias de gestão realizados de 1992 a 1997 com objetivos de implementar processos de gestão da qualidade, gestão de logística e gestão de informática e de verificar e aprimorar a metodologia de "metagestão" organizacional. Essas organizações são as seguintes: ABINEE, FCAV e FINEP, SEBRAE-PR (das cidades de Maringá, Londrina, Cascavel e Foz do Iguaçu do Estado do Paraná), SINDUSCON (do Paraná Oeste), FIEP (Paraná), ACIAP (Paranavaí), CDI (Bolívia), SINDINSTALAÇÃO (São Paulo), ABRAFAB'Q (Londrina) e ABEPREST (São Paulo).

Agradeço aos seguintes colegas pelas atividades realizadas pela ADETEC Desenvolvimento Tecnológico, deste 1990 até 2002: os profissionais Charlie Iwaki, Daniel Stori, Tatiana Rolim e Reinaldo Garcia responsáveis dos trabalhos exaustivos de desenvolvimento de softwares de gestão. Os profissionais colegas das atividades de consultoria, treinamento e auditoria de sistemas de gestão: Osmar Martins, Sonia Bastos, Manuel Martins, Luiz Eduardo Lima, Denise Medeiros, Osvaldo Molina, Alvaro Trajano Penha, Miguel Cabrera e Henrique Perez, bem como à Coordenadora de Logística da ADETEC, Srta. Sandra Lazarini.

Finalmente agradeço aos meus filhos Mateo e Ramiro Murillo pela sua valiosa colaboração nas atividades de correções ortográficas de textos de minha tese e na tabulação de dados das pesquisas realizadas no período citado de 1992 a 1997.

1	**Introdução e definição dos objetivos da "metagestão"** 1
	1.1 Resumo geral 1
	1.2 Gestão de processos 6
	Transformações das estruturas organizacionais 8
	Arquiteturas organizacionais do futuro 10
	Aspectos relevantes e problemas típicos nas organizações atuais 11
	1.3 Objetivos da metodologia de "metagestão" 16
2	**Sistemas e métodos para desenvolver a "metagestão" com aplicação em diversas áreas** 19
	2.1 Sistemas e métodos utilizados nos projetos de 1992 à 1997 19
	2.2 Aplicações parciais de itens específicos de "metagestão" 25
	2.3 Síntese dos resultados dos projetos citados 27
3	**Seleção de aspectos relevantes de tenologias de gestão** 31
4	**"Metagestão" de sistemas da informação** 35
5	**Arquiteturas de regras, atividades e informações** 49
	5.1 Modelo organizacional básico 49
	5.2 Classificação dos elementos organizacionais 53
6	**Gestão de informática e padrões da qualidade da informação para Gestão** 61
7	**Padrões dos processos e produtos de "metagestão" e funções básicas dos Comitês de Gestão** 69
	7.1 Padrões dos processos de metagestão 69
	7.2 Padrões da qualidade dos produtos de metagestão 75
	7.3 Implantação da metagestão co-participativa integrada 77
	Comitê da qualidade 81
	Evolução 84
8	**Sintaxe descritiva de atividades, regras e indicadores** 87
	8.1 Importância das regras 88
	8.2 Classificação 90
	8.3 Classificação hierárquica 90
	8.4 Expressões simples utilizando sintaxe uniforme 91
	8.5 Regras organizacionais 93

9	**Síntese das Aplicações: Metagestão de Sistemas flexíveis da qualidade, Metassistema de Gestão Logística de Estoques e Auditoria de Sistemas da Informação** 101	
10	**Apêndices: Exemplos de algumas técnicas de gestão e dados da pesquisa realizada no período 1990 a 1997** 107	
	10.1 Algoritmos para modelagem flexível dimensional 107	
	10.2 Exemplo: Classificação de elementos organizacionais 115	
	Exemplo de estrutura até itens de produtos 126	
	10.3 Automação de sistema de gestão da qualidade 129	
	Projeto do sistema de qualidade 145	
	Automação do sistema da qualidade 145	
	Estrutura do sistema automatizado da qualidade 146	
	10.4 Sistema de gestão logística 148	
	Cálculo de solicitações de compra 150	
	Cálculo do horizonte de planejamento de curto prazo 152	
	Cálculo das sugestões de compras com base em diferentes dados de encessidades 153	
	Casos de utilização das tabelas TDD 153	
	Previsão de demanda com tendência 154	
	Política de estoques 154	
	Modelo de suavizamento exponencial 155	
	Itens não regulares 166	
	Outras funções do sistema 167	
	10.5 Auditoria de sistemas da informação 168	
	Conclusões das auditorias de sistemas 168	
	10.6 Dados das empresas pesquisadas 170	
	Grupos das empresas e suas áreas de atuação 170	
	Questionários utilizados 175	
	Questionário básico 179	
	Questionário: Avaliação da qualidade de gestão 183	
	Questionário de avaliação periódica 189	
	10.7 Definições e glossário 193	
	10.8 Referências bibliográficas: 196	
	A: Administração organizacional e logística 196	
	B: Gestão da qualidade 198	
	C: Engenharia da informação 199	
	10.9 Resumo dos dados do autor e do seu orientador da sua tese de doutorado 201	

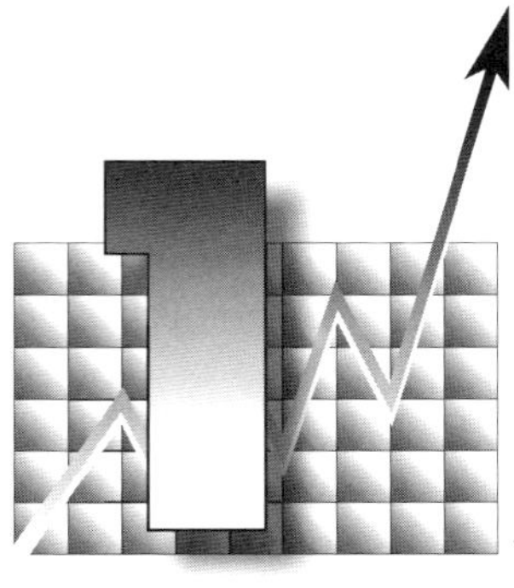

INTRODUÇÃO E DEFINIÇÃO DOS OBJETIVOS DA "METAGESTÃO"

1.1 RESUMO GERAL

Deve ser considerado que existe uma evolução constante das tecnologias de gestão, sendo que alguns princípios definidos nos primeiros anos do segundo milênio continuam sendo aplicados em todas as organizações, tais como os conceitos de contabilidade. Durante os anos 1800 a 1940, tiveram lugar diversas atividades de gestão da chamada revolução industrial, com objetivos de aprimorar a produtividade e melhorar os retornos dos ativos fixos e dos investimentos em novos negócios. Só que, naquela época de ciclos de negócios grandes e lentos com recursos físicos e financeiros escassos, não havia interesse no valor residual dos recursos humanos e também não se realizava capacitação. A partir de 1950 iniciou o movimento da gestão da qualidade, atendendo o foco nos clientes o qual determinou o aumento das atividades realizadas nos escritórios das organizações, as prestações de serviços e o início da adequada gestão dos recursos humanos. Depois de 1980 começaram a ser aplicadas, na maioria das organizações, as tecnologias da informação e de automação, utilizando princípios de reengenharia.

A partir de 1990, começou a ser evidenciado na maioria das organizações o aprimoramento da gestão estratégica, utilizando princípios tais como Balanced Score Card [Robert S. Kaplan 1997-A]. A importância da gestão organizacional para otimizar a correta aplicação das tecnologias existentes começou a ser exigida pela maioria dos clientes, o que levou a estabelecer as Normas de certificação de produtos e de sistemas de gestão organizacional. Nos últimos anos, também já começaram a ser aplicadas as novas tecnologias de gestão de conhecimentos [Nonaka & Takeuchi 1995-A], de E-business [Hewlett Packard 2000-A], de SCM [Hong Yuh Ching

2000-A], de Seis Sigma [Roberto Rotondaro 2002-B], das novas tecnologias de capacitação de residência em software, da novas Normas e Modelos de gestão de informática [Pessoa Marcelo 2002-C], [Murillo Ibanez 1994 2000-C]. E-business compreende a aplicação integrada das tecnologias de e-commerce, e-Supply-Chain-Management, e-ERP, e-CRM, e-Procurement, e-DSS, e-Learning, e-Banking etc.

No início do terceiro milênio, os aspectos e tecnologias relacionadas com as intercomunicações já foram de interesse da maioria dos responsáveis das organizações importantes, que desejam aprimorar a inteligência de gestão das suas entidades. Esse objetivo de Business Intelligence é um dos aspectos relevantes que determinou a realização do presente projeto de "metagestão" como resultado do crescente desenvolvimento de novas tecnologias e das grandes mudanças que estão ocorrendo nas novas organizações internacionais e na globalização das economias dos países. Para assegurar a continuidade das organizações, conseguindo suas inovações e melhorias eficazes, foi desenvolvida a tecnologia de "metagestão" que tem como um dos seus objetivos a otimização do tempo a ser utilizado para realizar os projetos de aprimoramento da gestão organizacional.

O termo "metagestão" significa a realização de atividades extras de curta duração para realizar estudos, análises, planejamento de mudanças e definições das atividades futuras de gestão, ou seja a consecução de alta criatividade das equipes organizacionais para garantir a congruência organizacional na gestão de mudanças para a melhoria contínua eficaz. Nesse sentido, o tempo de dedicação às atividades das organizações pode ser dividido em dois aspectos: o grande tempo dedicado aos trabalhos do dia-a-dia de todos os membros e o pequeno tempo de "metagestão" dedicado somente por alguns membros para pensar em como trabalhar cada vez melhor, ou seja, como atuar no futuro utilizando as novas tecnologias de gestão de projetos e de processos e otimizando as intercomunicações para garantir resultados concretos e grandes melhorias.

A gestão organizacional relacionada com as atividades do dia-a-dia deve ser realizada atendendo e verificando o cumprimento das definições genéricas de "metagestão", com sistemas flexíveis de gestão definidos pelos membros integrantes dos Comitês de Gestão. Portanto, para realizar atividades de "metagestão" deve-se visualizar a organização de fora para dentro, realizando definições unicamente para períodos futuros e com o grande objetivo de assegurar a congruência organizacional, ou seja, evitando atritos e problemas causados pelas mudanças a implantar. Isso determina que agora as definições organizacionais devem partir de definições de aspectos genéricos e globais que possuam validade para muitos anos futuros, mesmo para evitar ter que realizar grandes câmbios que podem causar graves problemas devido à falta de congruência. Por isso foi definido o processo de "metagestão" como uma atividade inteligente a ser realizada em poucas horas e não de forma permanente, mas dedicadas a definir grandes sistemas genéricos e flexíveis que possam ser aplicados por muitos anos. Para esse aspecto devem ser realizadas atividades com visualização do futuro e com grandes definições dos macro-elementos de gestão dos quais ficarão dependentes os outros elementos específicos sujeitos a eventuais mudanças. Por esse motivo o termo "metagestão" refere-se a aspectos globais e genéricos de tal forma que cada processo de uma organização possa realizar alterações dentro das definições genéricas. Um objetivo da "metagestão" é justamente a criação de sistemas flexíveis de gestão para o qual agora é necessário realizar boas comunicações internas, com todos os membros da organização e boas comunicações externas: com clientes, fornecedores e com entidades relevantes, tais como associações nacionais e internacionais de desenvolvimento tecnológico, concorrentes, entidades governamentais etc. Os padrões de "metagestão" definidos no

Capítulo 7 são genéricos para ter aplicação nos diferentes tipos de organizações, mas cada organização deve também definir seus padrões de "metagestão" para garantir sua excelente gestão das mudanças.

Analisando a evolução das tecnologias de gestão, está sendo previsto que, nos próximos anos, todas as organizações terão interesse e aplicarão tecnologias de gestão eficazes. No futuro, as entidades políticas que ganhem eleições governamentais serão as que apresentem os melhores projetos de gestão das entidades governamentais. Nesse sentido, será cada vez mais exigente a competência das pessoas que desejem ocupar cargos de entidades governamentais. Os ministérios, as prefeituras e todas as entidades governamentais dedicarão certo tempo para definir a gestão dos seus processos e para capacitar suas equipes e aprimorar sua criatividade. Também as relações internacionais terão cada vez maior vínculo, tanto que, no futuro, as associações internacionais deverão definir estratégias e objetivos importantes para assegurar que as organizações governamentais e empresariais realizem sua estratégias de forma coerente e integrada, atendendo também a definições internacionais de Normas e Modelos de produtos e de sistemas de gestão. Portanto, podemos assegurar que a tendência para o futuro é que as pessoas com maior competência e criatividade serão as que farão parte dos governos dos países e dos estados e também dos cargos de gestão das organizações governamentais e empresariais, de tal forma que definir os princípios de gestão será um dos aspectos mais relevantes do futuro, quando começará a haver maior coerência entre os objetivos governamentais dos diferentes países e os objetivos de cada organização e os objetivos e Normas genéricas definidas por entidades internacionais. Assim, por exemplo, poderá ocorrer que entidades internacionais, tais como o IAF (International Accreditation Forum), o IRCA (International Register of Certificated Auditors) e outras entidades semelhantes poderão fazer parte da ONU (Organização das Nações Unidas). Isso permitirá assegurar inovações tecnológicas mais efetivas e eficazes para todos os países.

A tecnologia de "metagestão" trata de otimizar o tempo dedicado pelas equipes responsáveis do aprimoramento da inteligência de gestão de cada organização. As equipes de algumas organizações somente dedicam todo seu tempo disponível para realizar as atividades executivas de cada entidade, utilizando tecnologias não alteráveis de gestão definidas pela sua Diretoria com eventual colaboração de técnicos, consultores ou entidades prestadoras de serviços, mas sem realizar o aprimoramento contínuo dessas tecnologias e sem incentivar inovações tecnológicas que garantam resultados positivos de grande melhoria contínua. Também algumas entidades decidem aplicar, em alguns dos seus processos, tecnologias de gestão que possuem grande divulgação internacional e que proporcionam resultados positivos à maioria das organizações que as utilizam, mas isso pode não ser adequado para algumas entidade. Por isso, é muito importante que cada organização execute um processo de "metagestão" de tal forma que as tecnologias a aplicar sejam sempre adequadas às características e condições específicas de cada organização para assegurar grandes resultados positivos e minimizando o tempo dedicado à "metagestão".

A "metagestão" deve ser, portanto, um processo simples e eficaz de selecionar, adequar e/ou desenvolver, avaliar e assegurar os resultados positivos de grandes melhorias de cada organização. Portanto, para cada organização devem ser definidas, adequadas e aplicadas tecnologias de gestão específicas que garantam as suas melhorias. Para conseguir esses resultados, o importante é a concretização da inteligência de gestão de cada entidade como um resultado da criatividade das suas equipes de recursos humanos, pois é muito importante que nas atividades de gestão participem a maioria dos associados e dos funcionários de cada organização. É também importante evitar alterações ou excessiva rotatividade das equipes de cada entidade, sendo relevante a experiência e o aprimoramento das competências de todos os membros. Portanto, para atender a esses objetivos, a metodologia de "metagestão" deve seguir alguns dos seguintes critérios, que são parte dos temas dos capítulos e apêndices deste livro:

1. Verificar as definições da missão e dos negócios e atividades que a organização deve realizar.

2. Analisar os Padrões citados no Capítulo 7 e novas Normas internacionais de gestão, que são técnicas genéricas aplicáveis em todas as organizações, para elaborar suas técnicas específicas.

3. Definir métodos para identificar, avaliar e atualizar os requisitos e planos de inovações futuras dos clientes. Devem ser definidos os métodos de comunicação com as organizações externas.

4. Atualizar os planos estratégicos, as estruturas dos processos da organização e definir as tecnologias de gestão de interesse da organização para aplicar nos seus processos.

5. Definir e atualizar periodicamente os Objetivos genéricos e específicos da organização.

6. Informar as definições realizadas, capacitar e avaliar todos os membros da organização para criar equipes de gestão organizacional. Recomenda-se criar um Comitê de Gestão integrado pelos principais funcionários da organização para que os mesmos possam atuar como consultores e auditores internos. Os consultores internos responsáveis de áreas definidas de gestão poderão dar sugestões de aprimoramento de tecnologias de gestão, mas as tecnologias serão aplicadas e auditadas somente depois da sua aprovação pela Alta Direção. Os funcionários do Comitê devem dominar os conceitos básicos de gestão, não sendo obrigatório que entendam detalhes técnicos e matemáticos, mas sim os conceitos básicos gerais.

7. Aprimorar as comunicações internas, elaborando mapas de conhecimentos dos membros da organização. Definir também termos e métodos de sintaxe descritiva para aprimorar a eficácia das intercomunicações internas e externas.

Portanto, um aspecto relevante da "metagestão" organizacional é que a Alta Direção de cada entidade defina e controle um tempo mínimo de dedicação para analisar, selecionar, desenvolver e avaliar tecnologias de gestão. Portanto, alguns dos seus funcionários deverão assumir cargos adicionais de consultores e/ou auditores internos. Assim, por exemplo, um gerente de certo processo poderá dedicar um mínimo de oito horas por mês para realizar atividades de consultoria interna, com objetivo de apresentar suas sugestões e propostas de aprimoramento dos métodos de gestão das áreas da sua responsabilidade. Esse mesmo gerente também poderá dedicar um mínimo de oito horas por semestre para realizar auditorias internas de atividades que não são da sua responsabilidade executiva. Desse modo, os membros do Comitê de Gestão da organização devem dedicar um tempo mínimo para realizar atividades de "metagestão". É importante considerar que o Comitê de Gestão deve ser gerenciado por um dos Diretores ou por um representante da Alta Direção da organização, sendo que esse gerenciamento deve selecionar as equipes de "metagestão" designando responsáveis por cada uma das tecnologias de gestão definidas para a organização, considerando que cada membro dedique aproximadamente 10 a 30% do seu tempo para as atividades de consultoria e auditoria interna. Também é importante que os membros do Comitê de Gestão sejam capacitados para atuar corretamente nas suas intercomunicações com outros membros da organização e de outras entidades com as quais se devem manter contatos importantes. Atividades de "metagestão" são um processo de pesquisa, desenvolvimento, planejamento e avaliação dos sistemas e processos executivos da organização o qual pode ser considerado como um processo externo da organização, onde os membros do Comitê de Gestão devem atuar com humildade e respeito a todos os outros membros com os que devem manter contatos de atualização de conhecimentos, capacitação, avaliação de desempenho etc. Mas o importante é que cada organização dedique um tempo mínimo para sua "metagestão".

Foi observado em algumas empresas que estruturaram seus Comitês de Gestão que seus membros apresentaram excelente motivação, dado que os objetivos pessoais de cada membro estavam totalmente coerentes com os objetivos da organização e desse modo alguns desses funcionários realizavam atividades de "metagestão" em horas extras dos seus horários de trabalho, mas o mais importante foi que essas equipes demonstraram excelente motivação e criatividade empresarial.

Ao definir os padrões de "metagestão" partindo dos novos princípios e tendências das tecnologias de gestão bem como da situação atual das tecnologias de automação aplicadas nas sociedades cada vez mais participativas e exigentes, foi caracterizado o processo flexível de estruturação, classificação e atualização dos elementos essenciais dos sistemas organizacionais, visando: "qualidade da informação", "qualidade das regras" e garantia de uma visão completa para apoiar as decisões rumo ao sucesso das "missões e atividades organizacionais". O modelo genérico de classificação dos elementos organizacionais, resultado de pesquisas junto a diversas organizações, permite estruturar "bases de dados" a serem atualizadas por processos de "gestão co-participativa", a cargo dos próprios funcionários de uma organização. A classificação e estruturação adequada das "bases de dados" de uma organização depende da adequação da sua estrutura organizacional, determinando isso um processo evolutivo e interdependente. Para uma melhor organização, poder-se-á estruturar bases de dados mais adequadas que, por sua vez, poderão possibilitar melhor qualidade da informação para gestão e, portanto, novas possibilidades de melhoria da organização e assim por diante. Para cada determinada situação deveria existir uma estruturação adequada da organização, das bases de dados e dos sistemas de informação.

Neste livro propõe-se um processo de estruturação simultânea das "atividades" (da organização), das "informações" (bases de dados e sistemas) e das "regras" (organizacionais e de sistemas), para conseguir qualidade da informação e assim assegurar a gestão eficaz de sistemas flexíveis.

Estabelecendo requisitos mínimos para tais atividades de estruturação dos elementos e processos de gestão organizacional, bem como padrões de avaliação das arquiteturas lógicas resultantes (quanto à sua abrangência, flexibilidade, grau de integração, grau de aplicação efetiva etc.), pode ser definida a base referencial para a realização das "auditorias de gestão". Além de estabelecer arquiteturas, as atividades de "metagestão" também identificam e avaliam projetos de tecnologia.

Um aspecto relevante da "metagestão" é a "estruturação integrada dos elementos organizacionais", para o qual podem ser utilizados algoritmos de modelagem flexível de dados. Como resultado, podem-se elaborar sistemáticas de geração e atualização flexível de "regras", sustentadas pelo princípio de "gestão co-participativa". Surge também, atrelada a essa arquitetura flexível de elementos organizacionais, a sistemática de geração de indicadores, que possibilita a "gestão dimensional" ou sistema de visualização, a partir de qualquer unidade organizacional ou localização física, de todas as variáveis referentes aos assuntos de cada unidade, bem como dos seus relacionamentos que podem ser rastreados ao longo de todo o contexto organizacional, sem risco de confusões, em virtude da estruturação ampla e completa de todas as variáveis. A "gestão dimensional" referente a dimensões de tipos de dados, permite o controle adequado ao acesso aos bancos de dados pelos membros do Comitê de Gestão, Funcionários, Clientes, Fornecedores e outras organizações parceiras ou entidades com as que se devem manter intercomunicações. O sistema de metadados apresentado no item 10.1 do Capítulo 10, permite que sejam elaborados sistemas de informação flexíveis com um controle adequado do acesso aos bancos de dados por parte dos diferentes usuários que deverão ter autorização para acessar e/ou para atualizar ou alterar determinados dados e indicadores de medição de objetivos e de mensuração dos diversos processos de gestão. Isso faz com que a tecnologia da informação garanta segurança, informações úteis e contribuições positivas para a gestão e para a melhoria financeira das organizações.

A "gestão preditiva" se depreende como conseqüência da visualização de tendências futuras, possibilitando a simulação de cenários futuros e a ampliação do "enfoque preventivo" com base em qualidade (e não quantidade) de informação. A "gestão preditiva" deve otimizar os prazos e datas para implementar novas tecnologias assegurando a congruência organizacional e evitando riscos e atritos que podem surgir de mudanças sem adequado gerenciamento e planejamento.

Esses aspectos podem permitir eliminar os problemas freqüentes das estruturas organizacionais de serem, por natureza e conseqüência, resultantes do passado e voltadas para o passado, sem comunicações adequadas internas e externas. A brecha que separa o planejamento estratégico da realidade do dia a dia também pode ser diminuída, senão eliminada, com a aplicação da "metagestão organizacional". Tudo isso determina simplesmente a congruência eficaz das ações para o aumento significativo dos resultados concretos das organizações para longo prazo. A gestão empresarial apoiada por um processo de "metagestão" permite flexibilidade e assegura a continuidade do bom desempenho, antes, durante e após a implementação de mudanças. Facilita também a automação eficaz dos processos e proporciona bases de informação completa e integrada, evidenciando todas as variáveis relevantes para priorizar decisões em cada situação, com ampla delegação de responsabilidades no âmbito de toda a empresa.

1.2 GESTÃO DE PROCESSOS

É importante que os membros dos Comitês de Gestão tenham conhecimentos corretos dos conceitos básicos da Gestão de Projetos e da Gestão de Processos. Também os Auditores de Certificação com Normas de Gestão devem ter uma capacitação adequada não apenas da interpretação das Normas e principalmente dos conceitos das novas tecnologias de gestão. Isso foi citado por uma entidade de Certificação com a Norma ISO 9001 2000 para evitar que os auditores decidam erradamente quando uma empresa deve aplicar obrigatoriamente o item

7.3 da Norma e quando uma empresa pode eliminar esse item da Norma. referente a projetos. Também devem ser definidos, gerenciados e monitorados os processos de cada organização, segundo os requisitos dos itens 0.2, 4.1, 4.2.2-c, 5.5.2-a, 7.5.2 e 8.2.3 da Norma ISO 9001 2000.

Para poder decidir corretamente sobre esses casos, primeiro deve haver um conceito claro do termo "projeto". Projeto é uma atividade que pode ser um processo orientado à elaboração de documentos que especifiquem como devem ser realizados determinados produtos ou serviços. Portanto, organizações que precisem de um processo prévio das suas atividades operacionais, para definir as especificações, requisitos e tecnologias a utilizar na elaboração dos seus produtos ou serviços, estarão utilizando a gestão de projetos. Existem empresas que realizam atividades simples e repetitivas para fornecer os mesmos produtos ou serviços a diferentes clientes sem precisar executar projetos, mas essas empresas apenas devem realizar o planejamento das suas atividades operacionais, conforme especificado no item 7.1 da Norma ISO 9001 2000. Empresas que realizam atividades simples e semelhantes para todos os seus clientes devem realizar algumas atividades prévias à execução dos processos operacionais (produção ou prestação de serviços), para definir prazos, datas e locais onde se devem realizar essas atividades operacionais. As atividades prévias à execução dos processos operacionais, realizadas unicamente para definir datas, prazos e locais onde se deverão realizar esses processos operacionais padrão e semelhantes para todos os clientes, devem ser consideradas como atividades de "planejamento de produtos e/ou serviços" e não como "projetos". Caso as alterações de prazos, datas ou locais determinem mudanças nas tecnologias a serem aplicadas na execução posterior dos processos operacionais, nesse caso será necessário aplicar e realizar o conceito definido de projetos. Portanto, projeto é uma atividade orientada para definir não apenas prazos, datas e locais, mas também requisitos e/ou características de produtos, serviços ou bem de tecnologias de gestão de serviços. O resultado de um projeto, denominado saídas de projeto, compreende uma documentação na qual são definidas as informações sobre como se devem executar os processos operacionais de elaboração dos produtos e/ou serviços comprometidos aos clientes. Caso se realizem projetos antes, deve ser também feito o planejamento de cada projeto, definindo prazos, datas e responsáveis pela execução de cada fase do projeto a executar.

A vantagem da abordagem de processos é o controle contínuo que possibilita das inter-relações entre os processos internos, bem como as interações desses processos com entidades externas. Os sistemas organizacionais abertos [Von Bertalanffy, 1968-A], os expandidos em rede [Nolan, Pollack e Ware, 1988-A] e as tecnologias de E-Business [Hewlett Packard, 2000-A), cada vez com maior necessidade de controle das suas interfaces com outras empresas devido aos impactos das suas decisões e ações sobre outras organizações, pessoas, sociedade e meio ambiente, compreendem um número crescente de variáveis a controlar e utilizam complexas combinações de tecnologias, com novos riscos associados, além da taxa de mudança também cada vez maior.

Os sistemas tradicionais de organização e os modelos e paradigmas culturais do passado não serão mais aceitos com facilidade pela sociedade. É necessário gerar e manter sistemas organizacionais flexíveis e sistemas de organização "plataforma" [Ciborra, 1991-A] capazes de realizar atividades múltiplas (multiprocesso) e estruturação adequada de tecnologias (workstations), com objetivo de contribuir eficazmente com demandas de necessidades e com o ambiente ideal de trabalho, estabelecidos com base em princípios e valores em constante mudança mas sempre dentro de padrões éticos que visam, antes de qualquer outro fim, à qualidade de vida.

Diante dessa visão das organizações futuras e considerando a importância do ambiente de trabalho, que deve ser favorável para a eficácia dos sistemas de gestão, foram realizados diversos estudos e desenvolvidos numerosos projetos com objetivos de encontrar um caminho favorável à integração dos elementos básicos e comuns ao complexo universo dos sistemas organizacionais. Foi assim focalizado esse modelo de estruturação de modelos genéricos e abrangentes de gestão de sistemas flexíveis que possibilitem e se apóiem em informações gerenciais com qualidade. A escolha do tema foi feita em razão da experiência profissional do autor, nos últimos 35 anos, atuando nas áreas da qualidade, produtividade, logística, organização e automação, com ênfase em projetos de gestão de novas tecnologias e na procura de métodos para "autogeração de tecnologias de gestão, a cargo de cada empresa". Da junção das experiências em atividades nas quais se procura excelência pela gestão da qualidade com experiências em aplicação de tecnologias da informação, foi comprovado o grande potencial de aprimoramento da competitividade nas abordagens abrangentes que, compreendendo ambas atividades, procuravam a integração global ou congruência de todos os elementos organizacionais.

TRANSFORMAÇÕES DAS ESTRUTURAS ORGANIZACIONAIS

Novas pressões atuam sobre as organizações dos nossos dias, com intensidade cada vez maior. Dessas pressões, podemos citar algumas com características marcantes [Nadler D.A. 1989-A]:

- A inovação tecnológica ameaça posições e necessidades de investimentos.
- Um número crescente de competidores eficientes surge nos diferentes ramos.
- A capacidade de ofertar produtos e serviços é superior à demanda.
- A competição ocorre hoje em escala globalizada.
- Os clientes têm mais opções e esperam maior valor (preço, qualidade e serviço).
- Governos passam a apoiar mais as indústrias dos seus países.
- Os acionistas fazem mais exigências em razão de alterações nos padrões da propriedade.
- Normas e Padrões exigidos pela sociedade determinam a capacidade de ter que realizar inovações e mudanças sem deixar de cumprir tais padrões.
- Modificações na força de trabalho (sexo, raça, nível educacional, distribuição etária etc.) estão determinando uma característica diferente.

A transformação das organizações é avaliada por Nolan e Pollack [Nolan, R. e Pollack, A. 1986-A] e Gerstein [Gerstein, 1987-A] como resultado da evolução das tecnologias, tais como: fac-símile, correio eletrônico, acesso a bancos de dados e educação a distância, EDI (Electronic Data Interchange), Internet, vídeo-conferência, Intranet, software inteligente etc. Essas tecnologias permitiram a funcionalidade organizacional independente da distância e do tempo, contribuindo para facilitar a disseminação de conhecimentos para áreas remotas e para permitir a criação de grupos ligados a distância eletronicamente, bem como a própria criatividade e co-autoria grupal.

Esses autores denominam esse processo de transformação organizacional como "re-arquitetura organizacional". Surgiram assim novos conceitos de organização em "rede" ou organizações "multiprocesso", cujos limites de extensão variáveis são determinados e controlados mediante um papel também diferente dos gerentes, que devem possuir a visão generalizada do todo assegurando o cumprimento de padrões. A necessidade dessas novas arquiteturas organizacionais [Nadler, D.A, Gerstein, M.S. e Shaw, R.B. 1994-A] é resultante da crescente demanda da qualidade. Essa demanda incessante é, justamente, uma conseqüência direta da proliferação e multiplicação da educação: educação no trabalho e nos meios de informação em geral e não apenas em escolas. Essa multiplicação acelera a velocidade das mudanças e, ao mesmo tempo, vem exigindo, ultimamente, certo grau de estabilização da qualidade.

Uma organização em rede [Nolan, R., Pollack, A. e Ware J. 1988-A] é definida como uma arquitetura de unidades organizacionais, na qual bens, conhecimentos e competências são distribuídos e não centralizados. Cada unidade pode ter diferentes missões conforme os projetos a desenvolver e tanto os pode liderar como apoiar, dependendo de cada caso. Surgem assim, projetos ou atividades "em paralelo", onde dimensionar recursos é também uma atividade dinâmica. Essas novas arquiteturas são possíveis em virtude de novas tecnologias, como os Bancos de Dados Distribuídos com capacidade de poder operar com as vantagens da centralização e da descentralização simultâneas. Essa capacidade é também descrita por Hammer [Hammer M. & Champy J. 1993-A], graças à propriedade de poder ter um mesmo Banco de Dados em diferentes equipamentos localizados em diferentes locais, mas sempre apresentando os mesmos dados. Qualquer usuário de qualquer local pode atualizar um determinado atributo de certo arquivo comum, e o software de gerenciamento garante que essa atualização seja propagada para atualizar os outros "arquivos gêmeos", seja imediatamente, após uma atualização de um campo de dados (ou seja, a cada determinado evento controlado), ou a cada determinado intervalo de tempo controlado [Hursch J.L., Hursch C.J., 1991-B]. Com tais recursos, Ciborra define a "organização plataforma" [Ciborra, 1991-A], uma arquitetura ainda mais sofisticada onde cada unidade ou "estação" (work station) passa a ter capacidade de executar múltiplas tarefas num mesmo período de tempo.

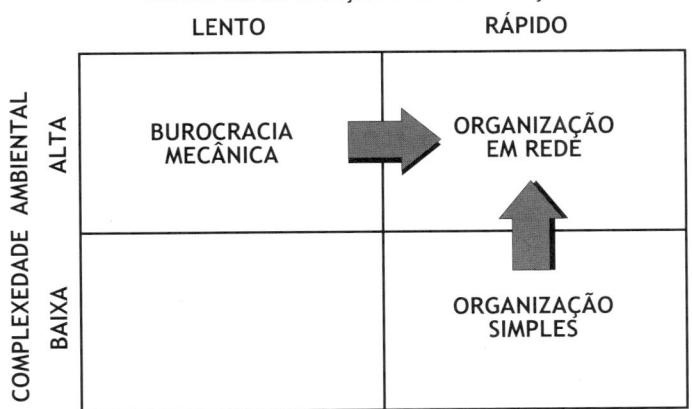

FIGURA 1 — A (Adaptado de Nolan, Pollack e Ware 1988-A)

Como demonstrado na Figura 1, as organizações tradicionais constatam, cada vez mais, que suas atividades nucleares estão mudando mais depressa que suas estruturas de organização, que ficam apontando as necessidades do passado. Enfrentar essa situação, criando uma nova empresa, é também cada vez menos eficiente. Os recursos para enfrentar essa situação com uma nova empresa excedem as disponibilidades das empresas e, portanto, os dois tipos de organizações mais freqüentes (organizações simples e burocracias mecânicas) estão migrando na direção do que chamamos de "organização em rede" [Nolan, R., Pollack, A. e Ware J. 1988-A], em que os diferentes recursos da organização estão distribuídos nas suas diferentes unidades.

A rede deve ser cultivada, mas isso exige tempo, tipicamente muitos anos, e seu sucesso depende muito do pessoal e de um conjunto complexo de relações interpessoais criadas com o tempo. Assim, essas estruturas dependem da capacidade que as empresas têm para aculturar e treinar mais rapidamente seus funcionários [French J.A. 1990-C]. Na realidade, com a velocidade acelerada das comunicações, deve ocorrer também, nos próximos anos, uma mudança significativa dos padrões culturais, de modo a permitir uma adaptação mais rápida das pessoas a novas estruturas organizacionais. Ou seja, deverá haver, no futuro, uma maior capacidade de as pessoas para se adequarem mais rapidamente ou de forma imediata, para trabalhar em novos grupos e/ou projetos.

ARQUITETURAS ORGANIZACIONAIS DO FUTURO

As organizações do futuro deverão passar a dar ênfase à estruturação dos seus processos ou unidades básicas da organização em lugar de dar ênfase à organização da empresa como um todo. Cada unidade deverá consistir numa série de capacidades que permitam a realização de um segmento completo de atividade ou processo de trabalho, em contraposição às unidades fragmentadas próprias das unidades organizacionais hierárquicas [Jaques, E. 1990-A]. Jaques pontualiza que as arquiteturas hierárquicas, que Nadler denomina de "burocracias mecânicas", chegaram a seu fim. As novas arquiteturas estão sendo projetadas a partir das unidades essenciais, seguindo as "cadeias de valor" [Porter M.E. 1985-A], ou seja, "do centro para os lados" e não mais de "cima para baixo". A organização deve ser projetada para atender às necessidades de cargos e equipes significativas. Já a automação intensiva das novas organizações deve considerar arquiteturas distribuídas, porém padronizadas e coordenadas em nível de centros de controle das redes ou em nível da administração central da organização. Para enfrentar as ameaças e a concorrência crescente, as organizações terão que atuar em estreita colaboração e cooperação. Nessa direção, Nadler estabeleceu alguns padrões e características relevantes das "arquiteturas organizacionais" do futuro que apresentamos de forma sumária [Nadler D.A. 1989-A], a seguir.

- Devem fazer parte de redes de clientes, fornecedores, representantes, concorrentes, associações internacionais etc., visando à sua união e intercomunicação para a sobrevivência. (e-Business e ERP) [Price Waterhouse, Coopers, 2001-A].
- Seus limites serão imprecisos, devendo surgir várias lealdades e deixando de existir os limites rígidos. Gerentes deverão ter capacidade de administrar esses limites, de forma coerente com as estratégias mutáveis e as novas características das legislações, também orientadas à padronização. As unidades denominadas STAD

(Sistemas de Trabalho de Alto Desempenho), passarão a ser um padrão de gestão, tanto no campo como no comércio, nos serviços e na indústria [Hanna, D.P. 1988-A], [Lawler, E.E. 1986-A], [Brown, J.S. 1989-A], [Hackman, J.R. e Oldham, G.R. 1980-A]. As unidades STAD utilizarão também princípios de TQC (controle da qualidade total) e tecnologias de informação, de forma totalmente integrada.

- Equipes multidisciplinares serão outro padrão, mesmo em tempo parcial e a distância.
- As subunidades e equipes serão relativamente autônomas em comparação com as organizações tradicionais. Receberão recursos, normas genéricas e/ou padrões internos e valores, mas terão que sobreviver com seus próprios meios.
- O principal meio de controle será uma "cultura forte", mediante a correta definição e aplicação uniforme, em todos os níveis, de normas e/ou padrões e valores organizacionais em lugar de regras pessoais. Isso dependerá da nova habilidade das pessoas para construir a organização conforme a visão geral do grupo e não apenas de visões individuais.
- As organizações não serão mais avaliadas pelas suas formas mecânicas, e sim pelos seus efeitos e resultados sobre o meio ambiente. (Balanced Score Card) [Robert Kaplan 1997-A]
- As formas organizacionais serão fluidas e transitórias. Haverá soluções padronizadas para situações contingenciais e a cultura das equipes permitirá uma rápida adequação às mudanças.
- Uma pedra fundamental das novas organizações será a ênfase no aprendizado, a velocidade de treinar as equipes e a capacidade de preservação dos conhecimentos adquiridos.
- As mesmas pessoas poderão tratar tanto questões estratégicas, como atividades de consultoria e auditoria interna e atividades executivas e operacionais, nas diferentes áreas organizacionais, além de aspectos tecnológicos e sociais.
- Haverá mais ênfase no planejamento a médio e longo prazo do que apenas no curto prazo, otimizando os recursos financeiros de forma equilibrada, contemplando o aspecto global e o custeio por resultados (RBC: Result Based Costing) [Catelli 1992-A] e não apenas por atividades (ABC: Activity Based Costing).
- Haverá ênfase em auditorias da qualidade, segurança e controle interno de sistemas, visando o cumprimento de padrões globais e, igualmente, em atividades preventivas, evitando a propagação de problemas pontuais para outras partes da rede.
- A padronização permitirá avaliar, medir e comparar resultados, de modo a ter cada vez maior número de padrões estabelecidos dentro de sistemáticas cada vez mais integradas, porém com métodos mais simples da sua constante atualização.

ASPECTOS RELEVANTES E PROBLEMAS TÍPICOS NAS ORGANIZAÇÕES ATUAIS:

a) *A tecnologia como agente de mudança cultural*: Assim como a descoberta dos anticoncepcionais influenciou na maior liberdade sexual, também novas tecnologias têm servido para inspirar novos modelos comportamentais [Kehl, Sérgio 1994-A].

b) *Desenvolvedores de novas tecnologias nem sempre consideram aspectos culturais*: Algumas tecnologias têm prejudicado o meio ambiente; outras não foram adequadamente planejadas considerando mudanças de hábitos e práticas, tais como a propensão a manter turnos noturnos e ambientes insalubres. Também nem sempre se utilizam tecnologias para fins importantes, como educação básica [Kehl, S. 1994-A].

c) *A sociedade pode rejeitar tecnologias*: Assim como produtos podem ser rejeitados pelo mercado, também determinados modelos organizacionais podem ser rejeitados por clientes, funcionários, acionistas, entre outros, determinando desmotivação, conflitos, reclamações, ineficiências etc. Estruturas organizacionais podem influir no fracasso de organizações, especialmente quando existem barreiras entre áreas ou quando diferentes áreas utilizam tecnologias sem integração [French J.Alfred 1990-C].

d) *Independência de modelos culturais*: Não existem meios científicos que provem que determinado modelo cultural seja o melhor ou pior. Os sistemas e processos de gestão deveriam ser independentes dos modelos culturais [Kehl, S. 1994-A].

e) *Dificuldade para se desvincular de paradigmas culturais*: Deve ser contemplada a dificuldade que existe, para muitas pessoas, de se desvincular dos seus paradigmas culturais e modelos comportamentais. Dificuldade para desaprender [Nonaka 1995-A], [J. Terra 2000-A]. Em certas organizações há dificuldade para convencer as pessoas sobre a necessidade de mudanças e sugestões de novos modelos organizacionais. Nem sempre se consegue aprimorar processos, com suficiente velocidade, devido à dificuldade de abstração da rotina diária e raciocínio sobre novas formas de organização [Hersey e Blanchard, 1974-A].

f) *Falta de integração adequada de novas tecnologias*: Num grande número de modernas organizações, observam-se lacunas entre diferentes tecnologias. Pode-se constatar a necessidade de uma constante alteração de sistemas de administração empresarial e uma grande dificuldade para isso acontecer. Uma causa importante desse problema é a falta de planejamento integrado dos recursos, carência de padrões e de arquiteturas integradas de informações em geral. A grande queda dos custos de hardware e software determinou a intensa proliferação de novas tecnologias, provindas de diferentes fontes mas sem qualquer integração. A cada dia são adquiridas novas tecnologias sem desativar as tecnologias antigas. Isso determina custos muito elevados com pessoal especializado, para tentar elaborar sistemas permanentes de integração, conversão, tradução etc. [French J. Alfred 1990-C].

g) *Dispor de grande quantidade de informação não garante qualidade*: O princípio de disponibilizar, a "toque de mouse", todas as informações que desejam os usuários, não garante a preservação do conhecimento organizacional. O sistema de gestão de sistemas de informação deve evitar a proliferação caótica de nomes, acrônimos, regras, termos, variáveis, indicadores etc. [French J. Alfred 1990-C].

h) *Falta de diálogo entre especialistas de diferentes áreas*: A especialização leva a grandes progressos, em diferentes disciplinas, mas surgem também brechas entre especialistas de áreas de recursos humanos e qualidade e profissionais que atuam em áreas diferentes (automação, engenharia, desenvolvimento tecnológico, legislação, gestão de energia etc.), determinando a necessidade de reciclagem profissional, dado que certas decisões precisam de visão integrada.

i) *Falta de qualidade nas regras organizacionais*: Foi verificado em algumas das empresas pesquisadas, a falta de classificação, estruturação e controle adequados das suas diversas regras organizacionais (às vezes conflitantes ou redundantes). A classificação inadequada das regras e sua gestão sem participação efetiva dos envolvidos pode determinar o insucesso de uma organização. A falta de estrutura adequada e de "regras de qualidade" prejudica a congruência dos elementos organizacionais e a preservação de conhecimentos [Ross, 1994-C].

j) *Pouca ênfase no alinhamento cultural para produtividade grupal*: Foi verificado que, mesmo renovando tecnologias, a maioria das empresas pesquisadas baseia seus progressos em esforços individuais. Essas ações individuais determinaram, em certos casos, desequilíbrios das estruturas organizacionais pesquisadas, com implicações negativas para a disseminação e preservação do conhecimento organizacional.

k) *Treinamento insuficiente*: Os planos de treinamento de algumas organizações não possuem coerência com seus diagnósticos, estratégias e prioridades dos seus objetivos. Programas de treinamento sem continuidade podem determinar obstáculos para agilizar mudanças urgentes.

l) *Estruturação seqüencial de processos e/ou falta de coordenação*: A sequenciação de atividades determina dependências de certos processos em relação a outros, sendo que uma falha, em determinada atividade, pode paralisar a operação do conjunto. Quando cada processo possui tecnologias independentes, sem adequada integração, a situação fica ainda mais prejudicada [French J. Alfred 1990-C]. A falta de uma adequada arquitetura integrada de atividades, regras e sistemas dificulta a estruturação de processos de operação paralela e simultânea.

m) *Vulnerabilidade frente às mudanças*: Empresas que adequaram seus sistemas conforme as Normas ISO 9000 tiveram que refazer as estruturas dos seus manuais da qualidade após a realização de mudanças organizacionais, passando períodos de vários meses sem qualquer normatização aplicável e válida. Improvisações e falta de planejamento das atividades e dos processos de mudanças, de melhoria contínua e de restruturação organizacional foram as principais causas dessa situação, bem como de baixos desempenhos operacionais.

n) *Demoras na implementação de mudanças*: Foi verificado numa empresa uma demora de quase quatro anos para mudar de uma tecnologia de informática para outra. A demora não foi decorrente da duração das atividades de desenvolvimento tecnológico e sim dos processos de correção e retrabalho de atividades e processos mal projetados no sistema original. As causas desses problemas decorrem da falta de uma visão integrada dos processos, das regras e dos sistemas de informação. Isso determinou a falta de "reusabilidade" [McClure C.L. 1992-C] do software e dos bancos de dados básicos. Em outras empresas, foram constatados custos elevados de garantia de assistência técnica, devido à falta de informação sobre projetos antigos. Era o caso de projetos elaborados por engenheiros que abandonaram a organização, sendo que os sistemas já se encontravam nos clientes. A falta de informação e/ou de bases de dados genéricas impedia identificar e reparar rapidamente os erros bem como de desenvolver novos produtos, dentro do conceito citado de "reusabilidade".

o) *Falta de Planejamento*: O planejamento realizado simultaneamente à execução da mesma tarefa, ou seja, a improvisação, é um fator limitante da gestão que determina erros, atrasos, retrabalhos e deterioração do ambiente de trabalho. Na falta de processos formais de planejamento as decisões se tomam em tempo de execução, provocando desequilíbrios pela falta de controle de prioridades que pode levar à predominância dos interesses dos processos comerciais, por exemplo, sobre os dos operacionais. Empresas com carências de processos de planejamento normalmente não têm registros de eventos, devido à predominância de acordos verbais e à falta de sistemas de informação logística [Corrêa, Gianesi, 1993-A].

p) *Empresas com estrutura em rede*: A necessidade de gerir adequadamente empresas expandidas, dentro do conceito de empresas virtuais em rede, com processos autônomos e utilização intensiva de telecomunicações e automação cada vez mais descentralizada nos eventos essenciais dos negócios, determinam necessidades de permanente alteração de processos, sistemas e regras. Novos riscos e novos tipos de problemas devem ser enfrentados nessas organizações, tais como a gestão de projetos paralelos, atualização de sistemas em tempo real, controle dos limites das organizações e prevenção da propagação dos problemas através das redes interconectadas [Nadler D.A. 1989-A], [Hanna, D.P. 1988-A], [Lawler, E.E. 1986-A], [Brown, J.S. 1989-A], [Hackman, J.R. e Oldham, G.R. 1980-A]. Para esses casos, é relevante que as equipes de gestão organizacional dediquem algo de 10 a 30% do seu tempo a atividades de intercomunicação, definição de modelos e projetos, planejamento, avaliação etc.

Desses problemas sintetizados, conclui-se que, nos últimos anos, modelos de gestão em geral não exigiam aperfeiçoamentos e ajustes permanentes, dado que as mudanças não ocorriam com a velocidade atual e também não existia uma intensa proliferação de tecnologias cada vez mais baratas, disponíveis para qualquer tipo de empresa, nem a necessidade de que cada organização elabore seu próprio modelo de gestão.

Os modelos organizacionais convencionais eram suficientes para que uma empresa consiga operar e sobreviver sem grandes dificuldades. Entretanto, as exigências de maior flexibilidade e maior velocidade de resposta, para atender às necessidades de clientes, mais a própria inovação tecnológica, determinam a necessidade de revisar e criar novos sistemas de geração, manutenção e adequação permanente dos modelos organizacionais, considerando princípios de gestão de mudança. Para elaborar o modelo proposto de "metagestão" foi necessário partir de trabalhos importantes de diversos autores de trabalhos importantes da área de Engenharia da Informação, especificamente em "modelagem de dados" e "modelagem de metadados": [Martin, J.; Odell J. J. 1996-C], [Tsichritzis, D.C., Lochovsky, F.H 1982-C], [Smith J.M., Smith D.C.P. 1977-C], [Rumbaugh, J.; Blaha M.; Premerlani, W; Eddy, F.; Lorensen, W. 1991-C], [Ross, R. G. 1987-C], [Moriarty, T. 1993-C], [Halle, B.V. 1994-C], [Gupta R., Howitz E. 1991-C], [Gómes G. R. et al. 1995-C], [Dolder & Lubomirrsky. 1988-C], [Date, C.J. 1975-C], [Chen, Peter. 1990-C], [Booch G. 1994].

Para abordar aspectos de sistemas da qualidade, foram considerados diversos trabalhos sobre as Normas ISO 9000 2000, ISO 14000, ISO TS/16949, ISO/IEC 17799, ISO 9000-3 etc.: [Pessoa, Marcelo S. De Paula e Spinola, M.M. 2002-B], [Dekker, M. 1992-B], [Fundação Prêmio Nac. da Qualidade. 1994-B], [Gary, E. MacLean 1993-B], [Murillo Ibanez, H. A. 1993-B], [Kival, C.W., Millet P.B., Brandão Jr., D. 1994-B], [Fund. C.A. Vanzolini, 2001-B].

Apresentamos neste livro uma metodologia de gestão visando compatibilizar objetivos, respeitar normas e possibilitar decisões corretas para manter elevados padrões de desempenho, mesmo diante de câmbios, para o aprimoramento contínuo dos processos e/ou diante de mudanças drásticas que se justifiquem ou se possam realizar de forma pró-ativa e não reativa.

Seja pelo surgimento crescente de normas de âmbito internacional, bem como pela necessidade de ter que avaliar continuamente a situação dos mercados, dos concorrentes e, especialmente, para considerar as oportunidades e ameaças decorrentes das inovações tecnológicas, é necessário considerar os processos de gestão empresarial tanto de fora para dentro como de dentro para fora. De fora para dentro, avaliando as tendências das tecnologias e as necessidades de câmbios, para poder antecipar-se às ameaças e oportunidades do meio ambiente. De dentro para fora quanto à gestão do dia a dia, verificando o cumprimento de procedimentos e objetivos de melhoria contínua, assegurando o desempenho adequado dos processos e coordenando ações preventivas para garantir a congruência de todos os elementos organizacionais, registrando fatos e atualizando bases de dados para preservar o conhecimento organizacional.

Foram evidenciadas dificuldades para conseguir a congruência citada, entre a visão estratégica de fora para dentro com a situação real da empresa e também dentro do próprio ambiente interno da organização. Essas brechas podem ser conseqüência da incerteza das previsões, quase sempre diferentes das realizações, mas, na realidade, são muito mais dependentes de falhas de estruturação, padronização e integração dos sistemas organizacionais.

Desse modo, face à dinâmica dos problemas do dia a dia das empresas, as estruturas empresariais ficam mais voltadas para atender às necessidades do passado do que às necessidades atuais e do futuro, mas o ponto mais crítico é a falta de congruência organizacional e de visão integrada por parte de alguns executivos.

As empresas têm dificuldade para monitorar o desempenho dos seus processos e, igualmente, para avaliar o desempenho dos seus colaboradores e fornecedores. Diante da falta de princípios, normas, informações e critérios estáveis de priorização de projetos, algumas empresas têm sua gestão vulnerável, na qual decisões são tomadas sem considerar todas as variáveis envolvidas, realizando improvisações, correções e retrabalhos. Em outros casos, os estilos gerenciais se apóiam em pressupostos antigos que deixaram de ter validade [Hammer M. & Champy J. 1993-A], [Davenport, T.H, 1993-A], [Johansson, H.J., Pendlebury, A.J. e Wheeler W.A., 1993-A].

Para conseguir resultados mais eficazes, é necessário conceber às organizações como um projeto em constante mudança e alteração. A empresa é um sistema complexo, sujeito a desgaste, aperfeiçoamento contínuo e às vezes a mudanças drásticas que nem sempre levam aos resultados esperados. Isso leva à necessidade de conceber os processos de gestão de uma forma muito mais abrangente, iniciando pela separação dos processos de geração de sistemas dos sistemas propriamente ditos. Temos, deste modo, processos de "metagestão" dos processos de gestão do dia-a-dia das empresas. A "metagestão" pode ser facilitada por "metaprocessos", ou atividades orientadas à geração e manutenção dos sistemas de informação e gestão, de tal forma que, tanto sistemas e a própria estrutura organizacional das empresas estejam mais sintonizados com o futuro do que com o passado e que todas as suas partes se encontrem sempre integradas.

Além da revisão bibliográfica, foram também extraídas conclusões dos projetos de aprimoramento da qualidade de gestão, realizados para grupos de empresas da ABINEE (Associação Brasileira da Indústria Elétrica e Eletrônica), da ACIAP (Associação Comercial e Industrial de Paranavaí), da SINDUSCON Oeste Paraná (Sindicato da Indústria da Construção) e para empresas isoladas que realizaram também esses projetos, no período 1992 a 1997. Alguns dos projetos citados, tiveram apoio do SEBRAE do Paraná e um deles, realizado para a Cooperativa Agropecuária de Guarapuava, teve apoio da FINEP por meio de um PEGQ (Programa de Especialização em Gestão da Qualidade) . Para os projetos citados foram realizadas diversas pesquisas e avaliações, tanto a cargo das entidades patrocinadoras, como das organizadoras e do autor, das quais surgiram informações relevantes para o presente trabalho.

Entre as causas mais características dos problemas mencionados no item **"Aspectos Relevantes e Problemas Típicos das Organizações Atuais"**, cabe citar as seguintes, segundo pesquisas realizadas para as empresas citadas no Apêndice 10.6:

- Falta de tempo dos principais envolvidos para se dedicar a projetos e avaliação de gestão.

- Ausência de cultura e/ou de sistemáticas de planejamento e controle de projetos e atividades em geral, bem como de práticas de registro e controle formal de eventos críticos, dificultando a implementação de sistemas de gestão da qualidade.

- Falta de envolvimento, interesse e apoio da Alta Administração.

- Falta de colaboração, intercomunicação e participação do pessoal chave das organizações.

- Estruturas organizacionais com compartimentos estanques e excessiva centralização de decisões, denotando carência de adequado entrosamento e comunicação entre suas áreas.

- Falta de capacitação e/ou de treinamento dos recursos humanos.

- Dificuldades em função de decisões governamentais sem planejamento. Citamos como exemplo a decisão de uma empresa estatal de fechar uma área de negócio, da qual dependiam várias empresas de manutenção de transformadores de energia, sem realizar um aviso prévio.

- Problemas operacionais, decorrentes de períodos críticos de transição, tal como mudanças de prédios e ampliações de instalações físicas. Este tipo de problema na maioria dos casos representa um problema transitório que é devidamente contornado. Mas existem casos decorrentes de mudanças não planejadas com grande impacto no desempenho, tal como os casos de alterações das tecnologias de informática citadas nos itens **f), n)** e **o)** anteriormente citados.

1.3 OBJETIVOS DA METODOLOGIA DE "METAGESTÃO"

Alguns objetivos gerais foram citados no Prefácio deste livro (assegurar a melhoria contínua, aprimorar a criatividade, garantir a flexibilidade, assegurar comunicações adequadas, congruência organizacional, qualidade da informação, aprimorar a satisfação dos clientes e otimizar o tempo dedicado a atividades de gestão), sendo que aqui são citados objetivos mais específicos para poder delinear um modelo genérico e abrangente e para compreender melhor os processos de gestão e, dessa forma, poder determinar um processo genérico de geração simultânea e específica, para cada organização, de arquiteturas de atividades, informações e regras organizacionais.

Poder-se-á contar com princípios e ferramentas capazes de gerar e/ou manter sistemas, assegurando sua atualização às necessidades ou demandas. Isso não implica ter que implantar de forma imediata novas estruturas e novos sistemas organizacionais. Trata-se apenas de verificar necessidades futuras e de elaborar novas arquiteturas, com antecedência suficiente para planejar e executar as mudanças, sem causar desequilíbrios inadequados no sistema organizacional. Isso significa que, por trás dos processos-fim e dos processos-meio de uma organização, devem haver sistemáticas de manutenção de todos os processos operacionais. Ou seja, os "metaprocessos" que são uma verdadeira garantia adicional da existência de processos de gestão de mudanças (garantia da qualidade da gestão flexível).

O "metaprocesso" de gestão deve garantir o controle da congruência de todos os elementos de cada unidade organizacional, bem como a congruência entre as próprias unidades organizacionais, considerando que as empresas serão projetadas como redes de unidades organizacionais. Quanto menor o tamanho e menor a complexidade dessas unidades, mais rápido e eficaz será o processo de ajuste, mas fica estabelecido *a priori* que o projeto dessas unidades deve ser abrangente, compreendendo arquiteturas integradas de "atividades", "informações" e "regras", elaboradas de forma simultânea, com a participação de todos os envolvidos.

Os processos participativos não são algo novo [Lawler, E.E. 1986-A], dado que métodos de gestão co-participativa (co-gestão) já se utilizam em numerosas organizações. O fator relevante é o trabalho participativo para elaborar modelos contingenciais de organização, para períodos futuros, planejando todas as fases dos processos de mudança, geração a geração, com auxílio de bases de dados e bases de regras, bem como de sistemas de registro de todos os elementos dos sistemas da qualidade (elementos organizacionais), co-participando em processos de planejamento integrado dos recursos organizacionais [Cynthia A. Melendy. 1995-A].

Os objetivos específicos da tecnologia de "metagestão" podem ser sintetizados como segue:

- Justificar a importância e necessidade do processo de "metagestão" de sistemas flexíveis organizacionais, com a finalidade de avaliar, desenvolver, implementar, manter, aprimorar e fornecer garantia da qualidade (apoio) aos processos de gestão.
- Estabelecer uma sistemática genérica e requisitos das atividades essenciais do processo de "metagestão", a saber: identificação e avaliação do ambiente organizacional e das tecnologias; estruturação de arquiteturas (de atividades, informações e regras); formulação de processos, técnicas, sistemáticas e padrões de gestão; acompanhamento das implantações, registro e controle da preservação das informações relativas aos conhecimentos organizacionais considerando princípios de gestão co-participativa.
- Estruturar um modelo básico e genérico de classificação dos elementos organizacionais mais relevantes (arquitetura de atividades, dados para informações e regras).
- Avaliar a qualidade da informação quanto à sua eficácia de possibilitar ou facilitar a gestão da congruência simultânea dos elementos organizacionais (pessoas, recursos, informalidade, atividades, informações e regras), face a novas estratégias

e processos de restruturação decorrentes da permanente interação com o ambiente externo.

- Apresentar sugestões para a estruturação de indicadores, priorização de decisões e elaboração de regras organizacionais, utilizando semântica uniforme com formatos padrão de sintaxe.

- Aplicar os conceitos aos processos de auditoria de sistemas, considerando o aspecto da "qualidade de informação para gestão".

- Aplicar estes conceitos à geração e permanente atualização de sistemas flexíveis da qualidade de organizações, seguindo padrões como o das Normas ISO 9000.

OBSERVAÇÃO

Sobre as Normas ISO 9000, ISO 14.000 e outras específicas para determinados assuntos e áreas de gestão, cabe observar que existe um processo evolutivo e tendências da integração das Normas de gestão. A tendência que venha a surgir, no futuro, uma regra genérica e internacional para o desenvolvimento de todas as Normas de gestão de todos os países e dos diferentes tipos de organizações e diferentes aspectos de gestão, incluindo a atualização e/ou aprovação das Normas existentes e o desenvolvimento de novas Normas para organizações governamentais e privadas. Isso determinará a unificação de algumas Normas como já aconteceu com a Norma ISO TS 16949 para a área automotiva, pois foi verificado que surgem dificuldades quando uma organização deve atender a várias Normas referentes aos mesmos assuntos. Mas uma organização pode atender a mais de uma Norma desde que cada uma seja para um assunto específico de gestão. A regra genérica citada deverá citar os itens básicos da ISO 9000 2000 e deverá realizar uma classificação de todos os assuntos de gestão e de todos os tipos de organizações que terão atuação no futuro. Os temas de gestão podem ser classificados por diversos assuntos ou técnicas de gestão (exemplo: estratégia, qualidade, recursos humanos, conhecimentos, telecomunicações, meio ambiente, energia, logística, produtividade, informática, engenharia, estatística, pesquisa operacional, metrologia, saúde, alimentos, comercialização, finanças, projetos, processos, e-Business etc.). As organizações são classificadas pelos diferentes tipos de empresas privadas e de entidades associativas e governamentais. Estas prováveis tendências de vir a ocorrer novas integrações de Normas de Gestão, de forma semelhante à citada da ISO TS 16949, vêm ao encontro dos objetivos acima formulados, mas trata-se apenas de uma possível tendência da eficácia das novas Normas de gestão internacional e das suas integrações.

SISTEMAS E MÉTODOS PARA DESENVOLVER A "METAGESTÃO" COM APLICAÇÃO EM DIVERSAS ÁREAS

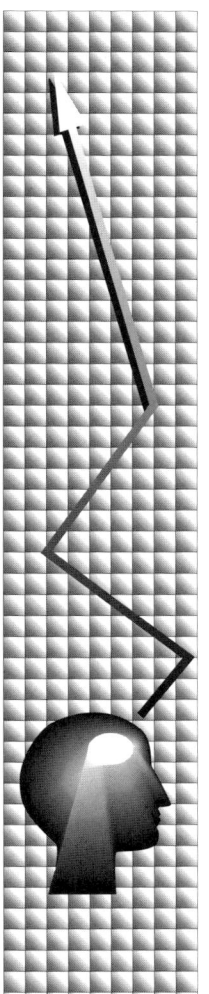

O fato de dedicar um tempo para definir padrões e métodos genéricos de gestão para o futuro faz que nesse período se realizem também comunicações importantes internas e externas entre especialistas de cada área de gestão. A tendência é que todas as organizações no futuro estarão utilizando certo tempo para realizar essas atividades de definição de objetivos, Normas e regras para o aprimoramento das tecnologias de gestão, isso levará a um grande aprimoramento de todas as organizações, em função dessas atividades de socialização. Socialização é a intercomunicação de conhecimentos tácitos entre as pessoas participantes. A maior interação entre as pessoas especializadas em determinadas tecnologias de gestão permitirá que se realizem decisões específicas cada vez mais eficazes com apoio da maioria das organizações. Portanto, a aplicação de atividades de "metagestão" em diversos tipos de organizações, especialmente em organizações governamentais, associações internacionais e nos diferentes processos organizacionais de cada entidade, determinará a melhoria da criatividade e da inteligência de gestão de cada entidade e a melhoria da qualidade de vida, assegurando a paz mundial.

2.1 SISTEMAS E MÉTODOS UTILIZADOS NOS PROJETOS DE 1992 A 1997

Parte dos métodos definidos de "metagestão" tem por base as experiências das pesquisas realizadas nos projetos de consultoria executados de 1992 a 1997, de aprimoramento da qualidade de gestão, adequação de sistemas de gestão às Normas ISO 9000, implementação de técnicas da qualidade total, automação de sistemas e também desenvolvimento de softwares flexíveis.

O modelo genérico de unidades organizacionais citado no Capítulo 5 é resultado das pesquisas realizadas em 98 organizações, no período de 1992 a 1997, sobre formas de classificação dos diversos elementos organizacionais. As pesquisas formais se realizaram em 10 grupos de empresas, sendo 67 empresas dos 6 grupos de empresas de associações e 31 empresas dos 4 grupos de empresas independentes localizadas em São Paulo, Manaus, Brasília, Paraná, Santa Catarina, Estados Unidos e Bolívia, totalizando 98 organizações de diferentes ramos e portes. Na avaliação inicial, realizada foi utilizada uma metodologia de execução dos projetos denominada "Metagestão Co-participativa da Harmonia Organizacional", a qual possibilitava, em alguns casos, como uma opção, a certificação com as Normas ISO 9000. Os objetivos destes projetos variavam de empresa a empresa. O objetivo central destes projetos foi estruturar um sistema de gestão integrada, sendo a certificação com a Norma ISO 9000 apenas uma conseqüência e opção de algumas organizações. Procedeu-se em outras empresas com a automatização dos Sistemas de Gestão da Qualidade, de forma integrada e dentro de sistemas globais de gestão. A metodologia genérica utilizada nesses projetos é apresentada a seguir.

- *Identificação de Fatores Estratégicos*: Foram utilizados Questionários solicitando definir os seguintes aspectos: Ameaças e Oportunidades do Ambiente Externo; Forças e Fraquezas do Ambiente Interno; Revisão da Definição da Missão da Empresa; Definição dos seus Negócios (atratividade e força); Fatores Críticos de Sucesso (FCS's) para otimizar a eficiência da utilização dos recursos de cada processo e de cada negócio de cada organização e Objetivos genéricos e específicos de cada Organização para assegurar a eficácia dos seus resultados e da sua melhoria contínua. Foi também registrada a Situação Atual dos FCS's e dos Objetivos; as Decisões Críticas, as Estratégias e os Projetos em andamento ou em fase de elaboração.

- *Diagnóstico Organizacional*: Os diagnósticos foram realizados em três etapas: Diagnóstico organizacional, com questionários de avaliação de aspectos estratégicos e da qualidade de gestão, verificando a congruência de fatores relevantes da organização. Diagnóstico no nível de processos meio ou de apoio, contemplando os itens da Norma ISO 9000 que tem aplicabilidade em processos típicos de gestão da qualidade de uma organização e Diagnóstico no nível operacional de processos fim da empresa, considerando os itens específicos de processos operacionais das Normas ISO 9000.

- *Diagnóstico Complementar*: Para algumas das empresas foram também realizados diagnósticos globais dos Sistemas de Informação (Questionário de identificação de Objetivos e Indicadores, dos quais se derivaram as Bases de Dados, bem como de identificação das Regras Formais existentes em cada organização).

- *Estruturação de Grupos de Gestão Co-participativa*: Foram estruturados praticamente em todas as empresas Comitês de Garantia da Qualidade (CGQ), Grupos de Apoio Técnico (GAT: integrados pelas áreas: qualidade, informática, engenharia e marketing) e Grupos Operacionais ou "Times de Processo" (GT's), todos representados pelo CGQ.

- *Treinamento* das Equipes na metodologia de Trabalho Co-participativo.

- *Definição dos Objetivos de cada Projeto de assessoria*: Estabelecimento de metas e definição de recursos e meios de estruturação dos sistemas da qualidade que, em certos casos, compreenderam planos diretores de informática. Em todos os casos foram elaborados Planos de Ação, para cada Projeto de cada Organização com os Cronogramas Correspondentes.
- *Inventário de Elementos Organizacionais*: Listas de clientes, fornecedores, contratistas, representantes, pessoas, cargos, equipamentos, ferramentas, materiais, instrumentos de medição, tipos de documentos, registros de eventos críticos, informações etc.
- *Elaboração de Planos de Sistemas de Gestão de Processos*: Compreendendo a classificação dos processos organizacionais segundo hierarquias (para facilitar foi desenvolvido um software com algoritmo de classificação hierárquica flexível). Uma vez definidos os processos-fim de cada organização, os mesmos são cadastrados na lista de todos os processos, incluindo nessa lista entidades externas, tais como clientes e fornecedores. A seguir, o software realiza a análise de cada processo, um de cada vez, incluindo clientes e fornecedores, verificando se o processo selecionado tinha interações com cada um dos outros processos e desse modo é realizada a tabela de interações de processos, como o exemplo a seguir:

Processo origem	Processo destino	Tipo de Interação	Descrição da Interação	Registro da Interação
VENDAS	CLIENTES	Informação	Envio de Proposta de Venda	Proposta
VENDAS	PRODUÇÃO	Informação	Informação de Propostas Aprovadas	Ordem de Produção
VENDAS	CLIENTES	Produtos	Envio dos Produtos Comercializados	Nota Fiscal

O exemplo apresenta somente um processo origem (vendas) com três interações, mas para cada organização se realiza uma tabela com todas as interações dos processos, colocando como processo origem a todos os processos e Clientes e Fornecedores (um de cada vez) e colocando para cada processo origem todos os processos destino com interações relevantes. Interações relevantes entre processos são as que se realizam de forma contínua e que afetam aos clientes, precisando ter um registro e controle pelo fato de ser uma atividade relevante.

Na tabela citada como exemplo aparecem como tipo de interações fluxos de informações e de produtos, mas em geral existem também fluxos de bens e de serviços. Depois de realizar a tabela de interações de processos, o sistema permite elaborar os mapas de processos, conforme especificado no item 10.3 do Capítulo 10, ou seja, gráficos dos processos relevantes.

Os Planos dos sistemas de gestão de processos compreenderam, em determinados casos, aspectos de restruturação de alguns processos, mas em todos os casos foram realizados mapeamentos globais dos processos, especificando fluxos de informações, bens e serviços; identificando objetivos dos processos, seus respectivos indicadores e, para certas empresas, a correspondente especificação de bases de dados. Nesta fase de planejamento de sistemas de gestão, foram estruturadas equipes para identificar o que se denominou: "melhor processo conhecido nas condições atuais". Cada grupo de trabalho teve autonomia para planejar, de forma global, necessidades de atividades de aprimoramento de processos ou casos em que se limitaram apenas a definir o "melhor processo" que atendia, nesse momento, às exigências dos clientes. Em certos casos se estruturou o sistema de "metagestão" de processos, visando realizar atividades permanentes de aprimoramento de processos, com objetivos de planejar mudanças. A estruturação dos processos e dos seus objetivos, indicadores e registros foi um aspecto fundamental e parte integrante do planejamento dos sistemas de gestão da qualidade.

- *Elaboração de Planos de Sistemas de Gestão da Qualidade*: Definida a arquitetura dos processos e estruturados os grupos de gestão co-participativa, o passo a seguir compreendeu a elaboração de Planos da Qualidade, definindo requisitos mínimos da qualidade e especificando pontos críticos, tipos de controles e uma sistemática para a atualização destes planos. Nesta fase foi completada a arquitetura das regras da organização, definindo a classificação analítica e a codificação flexível de todos os documentos do sistema da qualidade (Ver Apêndice 10.3: Automação de Sistema de Gestão da Qualidade).

- *Desenvolvimento e Implantação de Procedimentos*: Compreendendo atividades específicas a cargo dos Comitês de Gestão e dos Grupos Co-participativos de forma coordenada, mas com uma separação rigorosa das atividades de planejamento das atividades de execução e implantação, segundo planos de implantação que compreenderam programas de treinamento a cargo das próprias equipes ou com apoio de outras equipes de consultores internos e externos. O objetivo foi o de elaborar regras documentadas unicamente onde sua falta determinaria grave prejuízo para a organização.

- *Curso de Formação de Auditores de Sistemas da Qualidade ISO 9000*: Seguindo os padrões do QMI [Quality Management International] e do IRCA [International Register of Certificated Auditors].

- *Realização de Auditorias de Sistemas da Qualidade*: (em todas as empresas) e de Diagnósticos para avaliar o andamento das atividades de reestruturação organizacional e/ou de automação (em algumas empresas).

- *Consolidação de processos de "metagestão"*: Somente realizado em algumas empresas.

- *Complementação do treinamento*: técnicas estatísticas, metrologia, ferramentas e técnicas da qualidade, planejamento estratégico, gestão logística, análises de mercado, benchmarking, e-Business e avaliação estratégica e econômica de projetos de tecnologia.

Cada projeto tinha diversos objetivos que serviram para estudar tópicos isolados de cada assunto e somente em algumas organizações se implantaram os modelos estruturados e integrados.

Observando os resultados dos projetos, nos últimos projetos executados houve maior ênfase na aplicação dos princípios de metagestão, que permitiram melhorias eficazes. Isso em função do aperfeiçoamento da "metodologia" (quanto a seu detalhamento de aplicação em cada entidade, cada vez mais estruturado) e diante da possibilidade de se contar com novas ferramentas genéricas, tais como sistemas de classificação de documentos, software para geração e classificação flexível de bases de dados, modelos de indicadores e de geração de tabelas de planejamento de documentos do sistema de gestão da qualidade, compreendendo alternativas e definição genérica de aspectos básicos do conteúdo dos documentos gerenciais dos sistemas de gestão da qualidade.

Em algumas empresas os processos evoluíram até a automação de sistemas de gestão da qualidade e desenvolvimento de "metasistemas", com o objetivo de proporcionar flexibilidade às estruturas organizacionais e seus sistemas fundamentais. Os resultados, nesses casos, ainda com aplicações isoladas, deram um indicativo de que tais sistemas são viáveis e muito mais adequados que os sistemas convencionais de gestão.

Nos últimos grupos de empresas pesquisadas, foi verificado que essa situação foi concretizada, devido ao fato de se contar com softwares de geração e classificação flexível de bases de dados, bem como com outros softwares de geração de indicadores (EIS´s).

Um aspecto relevante das ferramentas de "metagestão" compreende o fato de que estas estão mais dirigidas para empresas estruturadas por processos, onde esses processos têm características próprias de uma empresa em rede, ou seja, unidades enxutas e específicas com alta coesão (processos especializados), alta independência (processo completo com atividades independentes das outras unidades) e modularidade (ou seja, resultantes de um estudo global de todos os processos, visando minimizar seu número). Em duas das empresas pesquisadas foram estruturadas arquiteturas integradas de dados, atividades e regras. Realizando, de forma simultânea, a estruturação integrada da sua organização, das suas regras e dos seus processos de informatização na forma de "metasistemas". Os resultados parciais destes casos, com soluções positivas, foram decisivas para consolidar os modelos propostos de "metagestão" integrada.

Para grupos de empresas do mesmo ramo, foram realizados estudos específicos, dos quais surgiram aplicações também específicas, mas sempre partindo da metodologia global e dos mesmos padrões e contando com a participação de grupos de trabalho dessas empresas. Um resultado desses estudos determinou a aplicação de Normas específicas para grupos de empresas do mesmo ramo (Exemplo: Acreditação Hospitalar, Normas para Laboratórios, Normas para empresas da Construção, Normas para empresas Automotivas, Normas para Hotéis, Normas para Desenvolvimento de Software e Segurança da Informação etc.). Sendo que algumas dessas empresas também atendiam aspectos relevantes da Norma genérica ISO 9000. Portanto isso determinou que se realizem dois níveis de modelos organizacionais de "metagestão": um para empresas do mesmo ramo e outro para empresas de diferentes ramos de negócio. Surge assim um nível geral de classificação dos elementos organizacionais, cuja importância está relacionada com a generalização das Normas de sistemas de gestão da qualidade, ou seja os padrões genéricos para todo tipo de organizações (Normas genéricas tais como ISO 9000 e ISO 14000). Surgem também níveis ou padrões específicos para determinados ramos de negócios (nível mais específico para cada tipo de organizações). Estas conclusões foram resultantes das metodologias aplicadas a empresas de iguais e de diferentes ramos.

Os modelos de "metadados" apresentados nos próximos capítulos garantem a flexibilidade dos sistemas específicos que os utilizam. Numa arquitetura organizacional em rede, onde cada unidade possui uma estrutura independente de bancos de dados, também devem ser definidos padrões aos quais devem ajustar-se as arquiteturas de dados de todas as unidades da rede. A padronização das técnicas de flexibilização dos modelos de dados constitui a base da qualidade da informação. A gestão conjunta de várias unidades flexíveis deve também assegurar a flexibilidade global, mesmo operando com vários projetos de forma simultânea ou paralela. Esses conceitos se aplicaram numa empresa ao formular sistemas genéricos de planejamento e controle de vários tipos de obras (civis, elétricas e de telecomunicações) e também em outra organização onde foi realizado um sistema integrado de gestão logística de estoques multinegócio (Ver apêndice 10.4 Capítulo 10).

Estudos de tendências das tecnologias, seja nos aspectos lógicos ou físicos, fazem parte da metodologia de "metagestão". Dentro desse enfoque, além da consideração das tendências em arquiteturas organizacionais e de engenharia da informação, compreendendo análise de modelagem de sistemas orientados a objetos e eventos, foram realizados estudos das tendências das tecnologias de bancos de dados, conectividade, comunicação de dados e de software de apoio ao desenvolvimento e gerenciamento de tecnologias. Foram também identificados softwares que facilitam o controle de bancos relacionais de documentos.

Alguns desses softwares permitem controlar arquivos de documentos em Bancos de Dados Relacionais, em modo "cliente-servidor", de modo a possibilitar o processo de gestão co-participativa, pois qualquer usuário pode alimentar as bases de dados dos procedimentos da empresa e atualizá-los com sugestões baseadas em estudos, pesquisas e na própria experiência de todos e cada um dos colaboradores. As sugestões e/ou alterações são controladas pelo software flexível citado e, uma vez aprovadas pelas autoridades definidas, as mesmas podem ser oficializadas e passar a vigorar como requisito acordado e oficializado.

A tecnologia de "metagestão" e a validação de "metassistemas", bem como seus desdobramentos de administração por dimensões e a própria prática da "gerência preditiva" (ver Capítulo 7), foram validadas por comparação com aplicações reais de aspectos específicos. Tomando como referência as aplicações parciais realizadas em diferentes organizações, com seus respectivos problemas e resultados, foram deduzidos os resultados que poderiam ter sido conseguidos mediante a aplicação, em cada unidade, de várias aplicações conjuntas de flexibilização integrada dos "sistemas da qualidade".

Considerando as características citadas dos trabalhos que serviram de base para as pesquisas realizadas, a metodologia utilizada nessas pesquisas pode ser sintetizada nos itens a seguir:

- Formulação de uma metodologia inicial (denominada: Gestão Paralela), que enfatizava os processos de planejamento, desvinculando-os dos processos de execução.
- Levantamentos de problemas dos projetos realizados para grupos de empresas.
- Complementação desses dados com outros resultantes de outros projetos para empresas individuais nas áreas de estruturação organizacional, gestão da qualidade e informatização.
- Avaliação de resultados, estudo de problemas e pesquisa bibliográfica nas áreas de Estruturação Organizacional, Gestão da Qualidade e Engenharia da Informação.
- Consideração adicional dos subsídios de um projeto de assessoria compreendendo atividades de Gestão da Qualidade e de Informatização Geral da Organização.

- Formulação da metodologia de "metagestão" e aplicação da mesma em algumas empresas, contando com apoio das entidades: ABINEE, ACIAP (Associação Comercial e Industrial de Paranavaí), SEBRAE-PR (Serviço de Apoio à Pequena Empresa do Paraná), SINDUSCON-PR (Sindicato das Indústrias da Construção do Paraná Oeste), FIEP (Federação das Indústrias do Paraná) e da FUNDATEC (Fundação Paranaense para Desenvolvimento Tecnológico da Indústria da Construção). Também se aplicou a metodologia a projetos de informatização global de uma Cooperativa Agropecuária Mista. Nesta última também se realizou um PEGQ (projeto de especialização em gestão da qualidade), com apoio da FINEP e a cargo da FCAV (Fundação Carlos Alberto Vanzolini).

- Formulação do modelo lógico e genérico de classificação flexível dos elementos organizacionais. Esse modelo de "metagestão" de sistemas utiliza os algoritmos detalhados no Apêndice 10.1 do Capítulo 10.

- Elaboração de software para facilitar a classificação e manipulação dos elementos organizacionais. Esse software foi útil para materializar o modelo lógico e genérico elaborado de elementos organizacionais. O software serve como um gerador de bases de dados flexíveis, com o mesmo padrão de estruturação, ou seja, vem ao encontro do objetivo de flexibilizar não apenas bancos de dados individuais e sim conjuntos de unidades organizacionais em arquitetura de rede.

- Aplicação do modelo lógico para o projeto citado de informatização de sistemas logísticos multinegócio.

- Análise de resultados e aperfeiçoamento do algoritmo para sua aplicação adicional em projetos de MRP (Material Requirement Planning) [Corrêa e Gianesi - 1993 A].

- Aplicação do modelo lógico num projeto de Planejamento Integrado de Recursos Físicos realizado para um grupo de Hospitais (Hospitais de São Paulo e Belo Horizonte).

- Análise de resultados e extensão do modelo lógico para classificação de bens de ativo fixo e programação dinâmica da manutenção de equipamentos e instalações, com base em análises da situação dos bens e dos seus componentes.

- Avaliação das aplicações parciais elaboradas e dedução de resultados para a generalização do modelo de "metagestão" de sistemas flexíveis.

2.2 APLICAÇÕES PARCIAIS DE ITENS ESPECÍFICOS DE "METAGESTÃO"

- Processos de gestão estratégica e de gestão da tecnologia (para avaliação dos ambientes externo e interno empresarial e revisar a definição de estratégias organizacionais).

- Processos de elaboração de arquiteturas integradas de Atividades, Sistemas de Informação e Regras.

- Processos de definição de Indicadores de Gestão e derivação dos mesmos de Bases de Dados por processo (EIS: Enterprise Information System).
- Processos de modelagem flexível de dados: Modelo Integrado de Sistemas e Padrões da Qualidade das Informações para Gestão.
- Padrões para congruência na gestão de várias unidades organizacionais autônomas, para assegurar a flexibilidade e a qualidade total de organizações que evoluem para estruturas em rede. Processos específicos de gestão de unidades organizacionais de acordo com padrões globais de gestão da organização.
- Procedimentos de acompanhamento à adequação de processos: identificação do "melhor processo conhecido", estudo e análise de problemas, ações preventivas, atividades de sistematização (Exemplo: identificação de necessidades de treinamento, planejamento e controle de provisão de recursos físicos), avaliação de desempenho grupal e sistemáticas de divulgação.

Os resultados parciais destas abordagens apontaram, em quase todos os casos, a importância de enfoques mais abrangentes como os de "metagestão". Foi concluído que unicamente abordagens de gestão integrada (com processos que apóiem tal integração) é que garantem a congruência dos elementos organizacionais e os resultados esperados. Em outros casos, às vezes conseguem-se resultados parciais satisfatórios, mas, de modo geral, abordagens parciais sem enfoque global, não asseguram resultados concretos, significativos e duradouros.

Um problema observado em algumas organizações foi a estruturação incompleta e, portanto, incorreta dos seus Sistemas de Gestão, apontando apenas ao cumprimento dos itens básicos da Norma ISO 9000, mas sem adequar esta última à realidade da empresa como um todo. Nessas abordagens parciais, os problemas surgiram quando se implementaram outras atividades, tais como a informatização encarada de forma isolada e a adequação a nova Norma ISO 9001 2000. As organizações que tinham equipes para realizar atividades de gestão já estavam atendendo aos requisitos relevantes da Norma ISO 9001 2000 e sua adequação para essa nova Norma foi algo simples. Suas equipes de gestão incluindo consultores externos utilizaram poucas horas para a adequação dos seus manuais da qualidade e para realizar auditorias internas e ações corretivas para atender a nova Norma. Ou seja, essas empresas não precisaram de consultoria para essa adequação, pois suas equipes de gestão solicitaram somente treinamentos e auditorias externas.

Nas aplicações de adequação de sistemas de gestão da qualidade às Normas ISO 9000, utilizando alguns princípios parciais de metagestão, como a gestão de documentos, dados e registros da qualidade, foi verificado que a clara identificação de processos, mediante mapeamentos, leva sempre a identificar "eventos críticos" (nas interfaces dos processos), onde podem ser identificados ou definidos "registros da qualidade". A partir desses registros pode ser derivada praticamente toda a coleção de bases de dados de uma organização, além de propiciar todos os indicadores de gestão dos seus processos internos. Observamos, portanto, que mesmo a aplicação parcial de melhorias em determinados processos, quando utilizando princípios de "metagestão", isso sempre induz à generalização e aplicação de abordagens mais amplas de gestão integrada. Em outras palavras, a utilização desses princípios faz com que abordagens parciais deixem interfaces prontas para posteriores ampliações e/ou novos desenvolvimentos de outros sistemas, sem perder a integração decorrentes da visão inicial ou planejamento global organizacional.

2.3 SÍNTESE DOS RESULTADOS DOS PROJETOS CITADOS

A implantação de processos de "metagestão" pode ser realizada sem utilizar sistemas informatizados, mas, nesse caso foi verificado que existem algumas limitações. A implantação com apoio de sistemas flexíveis informatizados (metassistemas), com padrões de "metagestão" que asseguram o controle sistemático da integração e adequação dos sistemas, dentro de modelos de dados flexíveis e de forma permanente, ao longo do tempo, implica investimentos em bancos de dados com recursos avançados, dentro de uma única arquitetura de sistemas integrados e dentro de padrões uniformes de aplicação de tecnologias.

Essa situação é difícil de materializar em empresas de pequeno porte devido ao volume de investimentos, sendo que em empresas de médio e grande porte o processo pode ser dificultado pela diversidade de tecnologias que elas utilizam, sem adequada integração.

Em determinadas instituições financeiras, com centenas de técnicos nas suas áreas de informática, foi verificado que entre 20 e 40% desses técnicos, realizam atividades de integração de sistemas de tecnologias de diferentes gerações [French J.A. 1990-C]. Isso é resultado da constante aquisição de novas tecnologias, sem adequada padronização, nem planejamento integrado, enquanto tecnologias obsoletas, em geral, não são desativadas. A qualidade da informação depende, entre outros fatores, da correta aplicação e utilização de técnicas de gestão, aspecto que é também um ponto crítico nessas grandes instituições. A solução desse problema e a padronização tecnológica de software ficam também dificultadas pela alta variabilidade de padrões de tecnologia de hardware [McClure C.L. 1992-C]. Contudo, é justamente para estas instituições que a metodologia de "metagestão" pode levar a reduções de custo sem precedentes, assegurando qualidade da informação e padrões de segurança em processamento de dados várias vezes superior aos atuais.

Das empresas pesquisadas, algumas se interessaram da metodologia integrada de "metagestão" de sistemas, regras e atividades. Numa delas os resultados foram verificados com a implantação de um "metassistema" logístico de gestão de estoques para vários tipos de negócios (mercados de produtos de consumo doméstico, revenda de peças de equipamentos e veículos, farmácias de produtos de veterinária e comercialização de insumos agrícolas), (ver Apêndice 10.4 do Capítulo 10). Para um grupo de hospitais se desenvolveu um "meta-sistema" de gestão integrada de recursos físicos e manutenção de equipamentos e instalações.

Os resultados obtidos dos projetos citados são sintetizados a seguir:

- Formulação da metodologia de "metagestão" integrada de sistemas flexíveis, envolvendo processos com os seguintes objetivos: definição de processos de gestão propriamente ditos; elaboração de arquiteturas integradas de "atividades", "sistemas" e "regras" e elaboração de procedimentos e sistemas flexíveis de gestão preditiva e aprimoramento contínuo dos mesmos, compreendendo gestão de mudanças, treinamento e desenvolvimento e preservação do conhecimento organizacional.

- Elaboração de um modelo de classificação genérica dos elementos organizacionais, incluindo regras para aplicação do conceito de "metagestão" com apoio de estruturas de dados utilizados por "metassistemas" (sistemas que utilizam "metadados"), cujo objetivo é o de desenvolver sistemas flexíveis para produção de informação de qualidade. Foi elaborado um algoritmo para classificar entidades organizacionais segundo diferentes dimensões, considerando tanto estruturas hierárquicas de classificação, como arquiteturas em rede e mistas (redes com algumas hierarquias).

- Foi desenvolvido um software que permite gerar bases de dados flexíveis, na forma de cadastros de entidades classificados em vários níveis. O modelo básico de arquitetura organizacional descrito, que constitui uma ferramenta de classificação abrangente de todos os eventos, objetos, informações e regras, representa também uma referência do conhecimento organizacional da empresa. Bases de dados somadas a bases de regras podem ser denominadas de "bases de conhecimentos" [Charniak, E, Wilks, Y., 1976-C].

- A qualidade da informação depende da adequada arquitetura integrada de "atividades", "dados" e "regras". Para verificar esse resultado foi elaborada uma arquitetura integrada, para uma aplicação específica de gestão comercial de estoques de vários negócios. Aplicações como essa podem ser complementadas com indicadores atrelados a redes de objetivos e com sistemas de priorização de decisões, com base em determinados fatores. A conclusão levou a sugerir um caminho para determinar padrões de qualidade da informação, do ponto de vista da sua potencialidade para gestão, mediante a consideração de fatores críticos para operação eficaz de metassistemas (Ver Capítulo 6).

- Foi utilizada uma metodologia de estruturação padronizada de indicadores e uma sistemática de priorização de decisões, baseada no seu impacto sobre redes de objetivos. Como resultado foram propostas regras de sintaxe muito simples para a manipulação desses indicadores, assegurando a congruência dos objetivos em diversos níveis. Isso pode ser materializado com softwares tradicionais de acesso a bases de dados para representação gráfica da sua evolução no tempo, ou seja, sistemas existentes no mercado denominados de EIS (Enterprise Information Systems). A utilização desses softwares em ambientes organizacionais globalmente arquitetados, toma a característica diferencial de poder disponibilizar, para qualquer local da organização, de todas as dimensões de informação necessárias e adequadas a cada tipo de aplicação. Ou seja, estando todas as dimensões de informação adequadamente classificadas e estruturadas, pode contar-se com as bases que permitirão "informação de qualidade para gestão". A essa característica diferencial se denominou de "gestão dimensional das informações", atendendo requisitos de Balaced Score Card [Robert S. Kaplan 1997 A].

- O conceito de "metagestão" foi também aplicado na área de desenvolvimento de sistemas, para a gestão de "sistemas flexíveis da qualidade". Como resultado foram desenvolvidos os "metassistemas" mencionados, como o que se detalha no Capítulo 9.

- As aplicações citadas de processos de "metagestão" compreenderam aplicações específicas e de certo modo parciais, mas sempre estas consideraram restrições decorrentes das interfaces com outros processos de gestão. Ou seja, foram aplicações enquadradas em processos abrangentes e integrados de gestão, partindo de definições estratégicas globais, contemplando arquiteturas organizacionais abrangentes e considerações de planos futuros. Portanto, os resultados obtidos foram avaliados quanto a sua implicação na gestão global e os processos introduzidos poderão continuar a ter validade diante de mudanças previstas, garantindo sua continuidade rumo à gestão integrada dessas organizações.

- Também é sugerida uma sistemática para complementar processos de "Auditorias de Sistemas Informatizados". Atualmente é enfatizada a importância da "qualidade da informação para gestão", mas não existindo antigamente padrões para auditar esse aspecto, apenas prevaleciam as opiniões pessoais dos auditores (Ver Capítulo 9).

- Outro resultado compreende subsídios para a informatização de "Sistemas Flexíveis de Gestão da Qualidade", quanto à utilização de recursos convencionais de tecnologia da informação.

- Para empresas que possuem unidades com diferentes negócios ou projetos paralelos, é particularmente interessante dispor de processos de "metagestão". É o caso de firmas de engenharia, consultoria, empresas construtoras e de desenvolvimento e implantação de tecnologias, que devem ter capacidade de executar mais de um projeto, em paralelo.

- Para uma empresa foi elaborado um anteprojeto de "metassistema" de "Planejamento e Controle de Obras", para diferentes tipos de obras (Telecomunicações, elétricas e civis).

- Os processos originados ou controlados com metagestão, têm duas características básicas: atualizam-se de modo permanente, a cada pequenos intervalos de tempo e se orientam mais enfaticamente ao futuro do que ao passado. A característica das atividades de elaboração de modelos de gestão para períodos futuros, visando evitar desequilíbrios no sistema da qualidade, levou a formular o conceito de "gestão preditiva", baseados na situação ou estado de vários aspectos dos sistemas presentes e no impacto das tecnologias. Ou seja, o controle formal da desatualização tecnológica, a estruturação de arquiteturas orientadas ao futuro e o planejamento de mudanças por etapas, otimizando os prazos de desatualização tecnológica, ao considerar as vantagens de realizar mudanças contra as desvantagens dos desequilíbrios que as mudanças introduzem. Assim, as mudanças deverão ter um planejamento, podendo não ser conveniente a atualização imediata em novas tecnologias e ser mais adequado realizar mudanças cautelosas, evoluindo por degraus e não de forma contínua e crescente.

Todos esses resultados determinaram que somente a sincronização, a integração e a congruência de todos os elementos organizacionais podem garantir o sucesso e a continuidade de um empreendimento. A gestão otimizada das mudanças e o controle da congruência organizacional são os principais objetivos da "metagestão" de sistemas flexíveis.

Foi também realizada uma pesquisa de opinião de diversos especialistas em gestão organizacional, os quais recomendaram que seja realizada uma rede de especialistas. Ou seja, uma associação de técnicos especializados em diversas áreas de gestão de tal forma que cada um desses técnicos seja registrado num cadastro de um Site da Internet. Dessa forma, qualquer organização poderá acessar esse Site e selecionar as áreas de tecnologia do seu interesse e assim poderão realizar consultas e interações diretas com os especialistas nas áreas do seu interesse. Para cada área de tecnologia o Site deve permitir acessar a uma lista dos especialistas dessa tecnologia e, desse modo, poderão ser realizadas comunicações para atualizar conhecimentos relevantes. A rede de especialistas poderá incluir especialistas de diversas áreas e de diversas localidades. A realização desse tipo de redes pode ser uma forma de atender a tecnologia de gestão de conhecimento. Sendo que cada organização está estruturando suas equipes de gestão, também os responsáveis de cada área de certa tecnologia poderão se cadastrar nessas redes de especialistas. Para facilitar essas comunicações entre especialistas de cada tipo de tecnologia de gestão foi também sugerido que seja organizada uma associação que realize um Fórum para cada tipo de tecnologia, convocando aos membros associados que sejam cadastrados como especialistas no assunto a ser tratado em cada Fórum. Essa atividade pode ser realizada também por associações de empresas.

Existe a possível tendência que no futuro as entidades governamentais e as associações internacionais de empresas e organizações passarão a implementar atividades de "metagestão" o qual implicará que cada área de cada país possua determinados objetivos e isso leve a realizar o aprimoramento das relações entre os diversos países. No futuro poderão ser definidos objetivos e Regras genéricas pela entidade ONU (Organização das Nações Unidas) e de acordo a essas definições muito genéricas as entidades governamentais e as associações internacionais, tais como o Mercosul, poderão definir objetivos e Normas mais específicas. Caso existam definições mais objetivas de estratégias e planos de desenvolvimento tecnológico, isso permitirá que cada organização possa definir suas metas e objetivos de forma mais coerente aos objetivos gerais das áreas onde atua para um aprimoramento cada vez maior da qualidade de vida e da paz mundial. Atualmente a ONU coordena os eventos Empretec realizados no Brasil pelo Sebrae.

SELEÇÃO DE ASPECTOS RELEVANTES DE TECNOLOGIAS DE GESTÃO

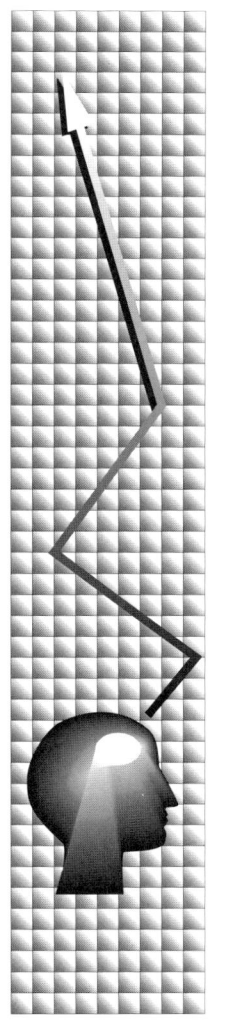

Há grandes possibilidades de inovações tecnológicas em diferentes áreas. Apenas podem ser citados alguns exemplos tal como as necessidades de aprimorar a qualidade de diversos produtos e equipamentos para evitar problemas e impactos ambientais, para aprimorar a sua utilização e para reduzir custos. Também existem diversas oportunidades para aprimorar as atividades de transporte em especial em cidades onde há problemas pelo excesso de veículos. Já estão sendo realizados aprimoramentos relevantes nas áreas de telecomunicações, engenharia (eletrônica, civil, mecânica, química, produção e industrial), informática etc. com a opção de unificar os meios de intercomunicação tal como atividades de Internet è televisão e os diferentes meios de conexão elétrica e de comunicações. Na área de alimentos, também podem ser realizadas grandes melhorias, possibilitando a produção de alimentos muito mais adequados. Na área da saúde, existem ainda muitas mais necessidades para aprimorar a qualidade de vida e diminuir as doenças graves, mas também, há aprimoramentos simples tais como a técnica que elimine o crescimento de cabelos e pêlos para simplificar e melhorar as atividades de barbear e enfeitar.

Para o sucesso das grandes opções de inovações tecnológicas da nossa humanidade, é também muito importante que sejam todos esses projetos de inovação adequadamente administrados para o qual existem as denominadas tecnologias de gestão. As tecnologias de gestão permitem que sejam selecionadas e executadas corretamente as inovações tecnológicas de produtos, processos, equipamentos, sistemas, alimentos, medicamentos, comunicações, instrumentos musicais etc.

As tecnologias de gestão são também muito abrangentes, sendo que podem ser citados alguns exemplos dessas tecnologias especificando seus aspectos relevantes. A seguir, citamos alguns exemplos de tecnologias de gestão de maior utilização em diversas organizações:

1. *Gestão de Processos*: O relevante é que cada organização seja estruturada por um conjunto mínimo de processos-fim ou processos diretos que fazem parte dos fluxos de bens, serviços e informações. Também devem ser considerados os processos de apoio alguns dos quais são relevantes para a gestão de todos os processos. Cada processo possui entradas e saídas de bens, serviços ou informações, sendo o mais relevante a especificação das interações entre os processos. Para cada processo podem ser definidos objetivos e procedimentos da sua operação, sendo importante aplicar em cada processo a técnica PDCA (planejar, fazer, checar e agir) para assegurar a eficácia da operação do processo. Também deve assegurar-se a disponibilidade de recursos e informações necessárias para apoiar a operação e o monitoramento, medição e análise de cada processo. Quando uma organização optar por adquirir externamente algum processo que afete a conformidade do produto em relação aos requisitos, a organização deve assegurar o controle desses processos terceirizados. A organização deve validar quaisquer processos de produção e fornecimento de serviços onde a saída resultante não possa ser verificada por monitoramento, inspeção ou medição subseqüente, ou seja nos casos onde as deficiências só fiquem aparentes depois que o produto esteja em uso ou depois que o serviço tenha sido entregue.

2. *Gestão da Qualidade*: Existem uma grande quantidade de ferramentas da Qualidade Total as quais são relevantes inclusive para a gestão dos processos. Sobre as tecnologias de gestão da qualidade foram citadas 26 referências bibliográficas no item 10.8 do Capítulo 10.

    A Gestão da Qualidade Total de produtos e serviços deve ser analisada verificando cada uma das suas ferramentas. Para sistemas de gestão da qualidade existem diversas Normas sendo que uma organização pode certificar com mais de uma Norma realizando um único processo de gestão integrado. As ferramentas de gestão da qualidade são conhecidas pela maioria das organizações. Uma das tecnologias mais avançadas da gestão da qualidade é a tecnologia de Seis Sigma [Roberto Rotondaro 2002 B] que possibilita atividades com resultados muito avançados da qualidade dos produtos e serviços. Seis Sigma inclui a aplicação de técnicas estatísticas com sistemas bastante avançados assegurando a capabilidade dos processos com requisitos rigorosos de controle das medições das variáveis relevantes do processo. Ao utilizar o requisito de Seis Sigma, os desvios padrão das alterações de cada variável controlada devem ter valores muito pequenos para que ao multiplicar por seis (6 x S) se obtenha um valor que não ultrapasse os limites de controle especificados para a variável a controlar.

3. *Gestão de Logística*: As tecnologias de logística interna e externa compreendem diversas técnicas e modelos de pesquisa operacional realizados para otimizar as definições das diferentes variáveis de atividades de gestão de estoques, planejamento e controle da produção, gestão de transportes e todo tipo de gestão de visitas, viagens, vendas de produtos etc. Portanto, a gestão logística permite que sejam aplicadas as técnicas de MRP, MRP II, ERP, Just in Time, Kanban etc. Existem diversos modelos matemáticos de pesquisa operacional para otimizar

previsões de demanda, quantidades de materiais de reposição de estoques, quantidades e tipos de materiais a produzir, sistemas e meios de transporte etc. Alguns desses modelos matemáticos podem não ser aplicáveis para certas organizações sendo que nesse caso se devem realizar modelos específicos para as características da organização. Também os softwares comercializados de gestão logística nem sempre são aplicáveis as características de cada organização o qual representa dificuldades e problemas. Mas softwares flexíveis que permitem que sejam incluídos dados sobre as características de cada organização, podem gerar sem necessidade de alterações processos do software que assegurem sua adequação. (ver Capítulo 9 e Apêndice 10.4 do Capítulo 10). A tecnologia de Gestão da Cadeia de Suprimentos permite que sejam aplicadas tecnologias de logística para os fluxos de processos que incluem subfornecedores, fornecedores, clientes diretos e clientes finais, para o qual se devem realizar planos estratégicos, planos táticos e planos operacionais [Hong Y.C. 2000-A].

4. *Gestão Comercial*: Compreende tecnologias de marketing e de aprimoramento das atividades de vendas. Sendo relevante aplicar as tecnologias de e-Business (e-commerce, e-Supply-Chain-Management, e-ERP, e-CRM, e-Procurement, e-DSS, e-Learning, e-Banking etc).

5. *Gestão Financeira*: Devem ser consideradas as tecnologias gerais de contabilidade e de controle financeiro, tais como os cálculos de taxas de juros para diversos períodos e também os aspectos relacionados as leis aplicadas a área financeira. Sendo importante controlar o retorno dos investimentos e dos ativos fixos. São relevantes as tecnologias de controle de custos, tais como os custos por atividades e por resultados, [ABC, GECON: Catelli 1992-A].

6. *Gestão da Manutenção*: Alem das tecnologias de manutenção preventiva e preditiva é também relevante considerar a tecnologia de TPM (Total Productivity Maintenance). Para manutenção de equipamentos existem tecnologias de gestão de estoques de peças de reposição, tais como o método de Weibull que verifica a situação de cada equipamento, sendo que equipamentos novos ou muito antigos podem ter mais reposições de peças.

7. *Gestão da Informática*: Ver Capítulo 6.

8. Gestão Estratégica e Balanced Score Card Robert S. [Kaplan 1997 - A]

9. Modelos matemáticos de Pesquisa Operacional, Técnicas Estatísticas e Técnicas de Simulação.

10. *Gestão de metrologia*: São tecnologias estatísticas para calcular as incertezas dos instrumentos de medição. A incerteza total de um instrumento deve ser calculada considerando as incertezas expandidas das medições realizadas no processo de calibração e considerando também as incertezas dos padrões utilizados, realizando as somas quadráticas desses tipos de incertezas. Para poder aprovar uma calibração se deve comparar a incerteza total do instrumento contra as tolerâncias máximas definidas para cada instrumento.

11. *Gestão dos Recursos Humanos e Gestão do Conhecimento* [Nonaka & Takeuchi 1995-A].

Uma tecnologia relevante é justamente a Gestão de Conhecimento que define conhecimentos tácitos das pessoas (não reproduzíveis) e conhecimentos explícitos que são registrados em diversas mídias e que podem ser reproduzidos, copiados e transmitidos. É importante realizar um mapa de conhecimentos com bancos de dados de todos os membros da organização e da lista dos conhecimentos e tecnologias de interesse da organização. Dessa forma podem ser especificados e atualizados os requisitos de competências para os cargos da organização e as competências de cada um dos membros. O mapa de conhecimentos é um sistema que permite identificar a relação de cada membro da organização com cada uma das tecnologias e conhecimentos registrados. Assim, por exemplo, ao relacionar uma tecnologia com um certo membro, pode ser observado o nível de conhecimento que esse membro possui sobre essa tecnologia (exemplo: conhecimento elevado, médio, baixo ou nulo), bem como informações se esse membro precisa utilizar essa tecnologia. Caso o membro precise utilizar essa tecnologia, o sistema pode especificar dados sobre os estudos adicionais que deve realizar esse membro ou se esse membro deve treinar a outros membros com essa tecnologia etc. Para cada cargo da organização, devem ser especificados requisitos de competências de educação, especialização, experiência e habilidades. Isso deve ser comparado com as competências que possui cada membro e deve ser especificada a porcentagem de atendimento a cada requisito, sendo que casso um membro da organização assuma mais de um cargo se deve verificar qual a porcentagem de atendimento aos requisitos de cada cargo. Para esses registros existem softwares de gestão de conhecimentos.

11. *Gestão de Energia*: As técnicas de gestão de energia térmica e elétrica são de maior aplicação em diversas organizações, as quais utilizam os conceitos de contabilidade energética que trata de avaliar os valores de consumo de energia nos diferentes processos de geração e de consumo de energia. Existem tecnologias que tratam de utilizar fontes de energia de biomassa que são sistemas energéticos renováveis e que evitam utilizar fontes energéticas não renováveis. Também existem tecnologias de cogeração de energia e outras tecnologias para uso de energia solar e de outras fontes alternativas.

12. *Gestão do Meio Ambiente*: As tecnologias de gestão do meio ambiente são atendidas pela Norma ISO 14.000, sendo que para cada caso de ação sobre o meio ambiente se devem aplicar tecnologias específicas.

"METAGESTÃO" DE SISTEMAS DA INFORMAÇÃO

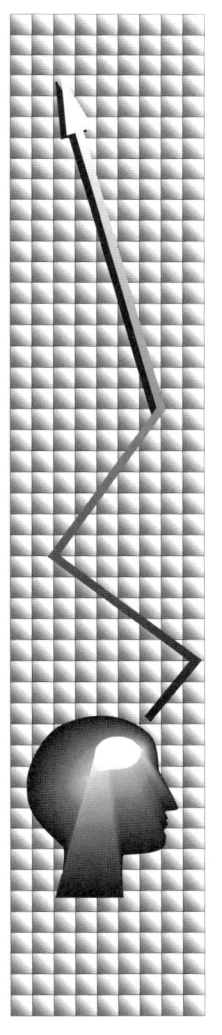

A informação é um recurso essencial para a gestão organizacional [Martin, J. 1982-C] e seu conteúdo depende fundamentalmente das estruturas dos dados de onde emerge, elaboradas de acordo a regras e/ou tecnologias próprias da aplicação. As estruturas desses dados, ou modelos de dados, são normalmente elaborados com base nas arquiteturas das atividades organizacionais. Como estas últimas estão normalmente desfasadas com as necessidades organizacionais para o futuro, as arquiteturas de dados e sistemas ficam ainda mais desfasadas, dado que leva um bom tempo estruturar e/ou atualizar sistemas informatizados. As soluções que podem ser consideradas para resolver essas situações são as apresentadas na página seguinte.

- Elaborar projetos de restruturação organizacional, primeiro e, posteriormente, projetos de atualização das arquiteturas de sistemas. Esta é a opção mais tradicional, ou "planejamento reativo" da informática, como reação às mudanças organizacionais.

- Elaborar arquiteturas de dados com base em modelos organizacionais teóricos, previstos para o futuro. Neste caso de "planejamento pró-ativo", surgem problemas de congruência entre mais de um sistema pró-ativo e uma organização real desatualizada, ou bem, decorrentes da restruturação organizacional diferente à prevista.

- Elaborar projetos de restruturação drástica, conjunta e simultânea das arquiteturas organizacionais e de sistemas. Este caso poderia ser mais adequado que os anteriores, porém representa

> custos e investimentos, além de problemas para atualizar tecnologias ou prazos incompatíveis decorrentes das demoras dos projetos dos sistemas.
>
> - Ter um processo de gestão permanente dos processos de mudança, ajustando continuamente as arquiteturas da organização, dos sistemas e das regras da organização. Este último processo é o que denominamos de "metagestão" organizacional (de processos, sistemas e regras). Sendo que os metassistemas devem ter tanto flexibilidade nos seus modelos de dados localizados (nos diferentes processos ou unidades), como flexibilidade global na operação conjunta de todas as unidades organizacionais. A "metagestão" de sistemas compreende um processo integrado de melhoria contínua da qualidade de gestão, sendo sua principal vantagem a capacidade das empresas gerarem suas próprias tecnologias de gestão, sem ter que recorrer a modelos externos ou metodologias específicas elaborados para outras culturas, ambientes e condições.

À melhor estrutura de atividades organizacionais corresponderá uma melhor estrutura de bases de dados que, por sua vez, possibilitará melhor qualidade da informação para gestão e, portanto, novas possibilidades de melhoria da estrutura da organização e assim por diante. Para cada determinada situação, deveria existir uma estruturação adequada da organização, das bases de dados e dos sistemas de informação.

Os processos de "metagestão" compreendem, desse modo, um conjunto de atividades orientadas a gerir, de forma permanente e simultânea todas as arquiteturas de todos os elementos de uma organização de um modo integrado, completo e contínuo, utilizando tecnologias e meios que evitem a reconstrução das empresas e sim apenas o constante ajuste de parâmetros e dos seus módulos, para adequá-los face às novas estratégias e/ou demandas do meio ambiente, mas sempre de forma planejada. Os processos de "metagestão" são particularmente importantes e necessários para empresas que possuem arquiteturas organizacionais em redes de processos.

Contrariamente às organizações denominadas de "burocracia mecânica" [Nadler, D.A, Gerstein, M.S. e Shaw, R.B. 1994-A], ou organizações de "silos hierárquicos" [Hammer M. & Champy J. 1993-A], as organizações em rede não têm grandes unidades organizacionais, mas elas são um conjunto de numerosas pequenas unidades ou processos em rede.

O conceito de "metagestão" foi derivado do conceito de "metamodelo" introduzido por James Martin [Martin, J,. Odell J. 1996-C], como um modelo que define outros modelos.

O "metamodelo" define, num determinado nível, "tipos de objetos" (tipos de entidades, tipos de atributos, tipos de processos, tipos de relações etc.), ou seja, definições da maneira segundo a qual será expresso o próximo nível.

Segundo James Martin, pode-se estruturar modelos flexíveis de dados em três ou mais níveis. Ao estruturar uma entidade em, por exemplo, três níveis, se no primeiro nível se identificam tipos de entidades, no segundo nível caberia identificar entidades propriamente ditas (pessoas, lugares, atividades, informações, regras e recursos tais como equipamentos). Já no terceiro nível teríamos elementos concretos de, por exemplo, motores (uma entidade da classe equipamentos) que, num quarto nível, se poderiam identificar atributos de cada motor, tal como representado na figura a seguir (Figura 1-b) [Martin, J,. Odell J. 1996-C]: "metamodelo", modelo, dados e características.

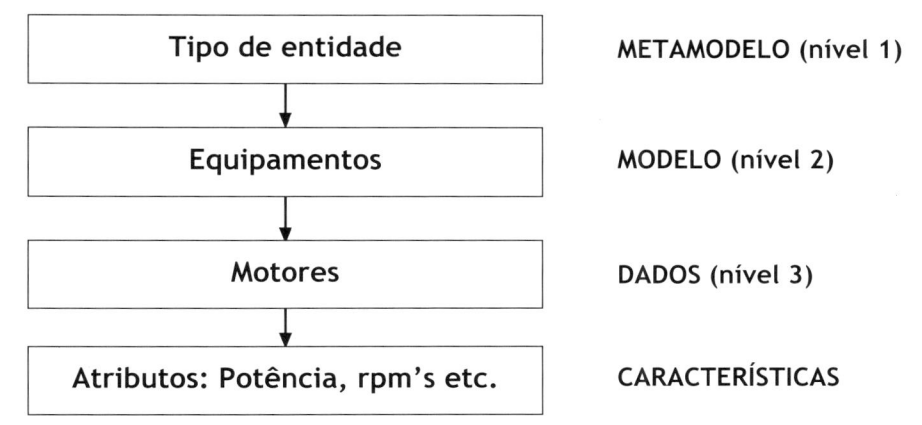

```
┌─────────────────────────────┐
│      Tipo de entidade       │    METAMODELO (nível 1)
└─────────────┬───────────────┘
              ▼
┌─────────────────────────────┐
│        Equipamentos         │    MODELO (nível 2)
└─────────────┬───────────────┘
              ▼
┌─────────────────────────────┐
│           Motores           │    DADOS (nível 3)
└─────────────┬───────────────┘
              ▼
┌─────────────────────────────┐
│ Atributos: Potência, rpm's etc. │  CARACTERÍSTICAS
└─────────────────────────────┘
```

FIGURA 1-b Modelo de Metadados.

Por exemplo, se uma alteração deve ser realizada num modelo, é necessário alterar antes o "metamodelo". Isso implica a necessidade de ter que atuar em mais de um nível de uma estrutura de classificação. Cada nível é sua própria unidade independente que representa apenas uma parte das necessidades totais da modelagem.

A manutenção do modelo deve ser, desse modo, fragmentada, sendo que a abrangência dos "metamodelos" determina os limites da flexibilidade do modelo. A flexibilidade pode ser aumentada alterando as definições do "metamodelo". Deste modo, pode-se elaborar "modelos de dados" flexíveis, conforme diferentes abordagens apresentadas por diferentes autores [Martin, J,. Odell J. 1996-C], [Tsichritzis, D.C. e Lochovsky, F.H. 1982-C] e [French, J.A. 1990-C].

Independentemente de outros fatores, os processos de gestão das empresas poderão ter diferentes graus de efetividade ou graus de qualidade de gestão, na medida em que a estruturação dos elementos organizacionais seja ou não adequada a sua realidade. Empresas que possuam certo grau de abstração dos elementos organizacionais, classificando e tratando os mesmos por níveis de abstração, poderão ter condições de implementar processos de "metagestão" adequados a sua realidade e elaborados para conseguir otimizar os objetivos de congruência dos elementos organizacionais (atividades, informações e regras). Essas organizações poderão atualizar seus processos de gestão com maior rapidez do que outras que não possuam tal capacidade e assim terão uma melhor garantia da qualidade de gestão.

Uma entidade organizacional pode ser concebida como composta por dois partes relevantes, ou seja, a parte humana que existe nas partes interessadas ou co-participantes (clientes, funcionários, acionistas, fornecedores e comunidade) e a parte técnica ou sistema organizacional integrado por recursos (máquinas, materiais, instalações etc.), atividades, informações e regras. De fato entre estes dois aspectos, o fator humano representa o fim e o fator técnico ou sistema organizacional representa apenas o meio.

As principais premissas deste trabalho compreendem as seguintes afirmações:

- O fator humano e a qualidade de vida como um todo são o principal objetivo de qualquer empreendimento/organização.
- Sobre aspectos que afetem o fator humano não existem ações que levem a resultados garantidos. Assim, não é possível assegurar nem medir que diante

de certa ação se aumentará a motivação de certas pessoas da organização, em determinada porcentagem.

- O fator técnico ou sistema organizacional, compreendendo todos os recursos físicos e elementos organizacionais mensuráveis ou objetivamente documentáveis, representam apenas um meio para conseguir os objetivos mais amplos de qualidade de vida.

- Os sistemas organizacionais mal estruturados, além de dificultar os objetivos de lucro e/ou de resultados, podem influenciar negativamente sobre os aspectos humanos. Assim, por exemplo, regras que determinem injustiças ou que limitem e restrinjam a autonomia dos profissionais podem determinar significativa desmotivação dessas pessoas.

- A "metagestão" compreende um processo que tem com objetivo central, a consecução do máximo equilíbrio e congruência possíveis dos elementos organizacionais que possam ser documentados objetivamente e/ou que sejam mensuráveis. Essa estrutura integrada de elementos denomina-se "Sistema Organizacional", ou simplesmente Sistema de Gestão da Qualidade, se o fim for a qualidade da gestão.

O fator determinante de sucesso dos "metamodelos" de gestão está focalizado na possibilidade de poder atualizar as arquiteturas das bases de dados, ou seja, na capacidade de produzir informação de qualidade para gestão, mesmo diante de mudanças. Não basta assegurar informações gerenciais adequadas para determinadas condições e situações, pois existem mudanças constantes e as arquiteturas devem poder ser atualizadas em tempo real.

Com informação estruturada, completa, oportuna e relevante, é mais provável de se conseguir a congruência de todos os elementos organizacionais, ou seja, o equilíbrio de todos os meios para garantir os fins da empresa a curto e longo prazo.

As conclusões desse trabalho podem também ser aplicadas parcialmente a empresas não informatizadas, considerando apenas os conceitos e documentos informativos do modelo do sistema genérico organizacional, mas dentro de uma abrangência limitada de variáveis.

Numa arquitetura organizacional em rede, ao ser suas unidades de porte pequeno e de alta especialização, suas alterações são muito mais fáceis de se materializar, podendo-se até substituir ou criar novas unidades de forma mais rápida do que as antigas estruturas empresariais pesadas. Ao ser de menor porte, as unidades das redes organizacionais podem ser ajustadas, face às mudanças, também com maior facilidade e com menor impacto sobre o equilíbrio global de uma organização que possua um grande número de unidades com diferentes projetos em plena execução paralela. Algumas organizações em rede têm um mínimo de atividades administrativas, devido ao fato de estarem delegadas, em grande medida, às próprias unidades ou processos operacionais. Também, nesse tipo de organização, o conceito de estruturação por "funções", perde significado. Ao contrário das "burocracias mecânicas", cada processo, ou unidade de uma rede, pode ter várias funções a serem estruturadas e geridas com bastante autonomia. Essas redes de unidades organizacionais devem ter unidades de coordenação ou controle de padrões de qualidade da informação e pelo menos um processo de gestão das suas mudanças e/ou gestão de diferentes projetos em execução paralela. Para garantir uma coordenação permanente de mudanças e conseguir a congruência dos elementos organizacionais, os membros dessas organizações devem constituir grupos de trabalho que realizarão atividades esporádicas de gestão das mudanças e/ou atividades planejadas de permanente restruturação das arquiteturas organizacionais.

A Figura 2 representa um diagrama das principais entidades de um empreendimento organizacional: Sua organização propriamente dita (processos, atividades, recursos, regras e a própria informalidade) e seus sistemas de informação manual e/ou automatizados (que também podem ter processos, informações, regras e recursos). Os processos de gestão têm como alvo ambas estruturas e sua qualidade depende em grande parte da qualidade da informação.

FIGURA 2 Arquiteturas Organizacionais.

A arquitetura de sistemas é normalmente dependente da arquitetura organizacional, sendo que a primeira deve ser estruturada em função de fatores constantes da organização (ou fatores que possuam menor variabilidade). Os fatores constantes são normalmente os relacionados com a "missão", seus "fatores críticos de sucesso" (ou recursos mínimos necessários para garantir o sucesso da missão) e os "objetivos". Aos "objetivos" de uma organização estão normalmente atrelados os "eventos críticos", de cujos registros podem ser obtidos indicadores de gestão, tal como representado na Figura 3. Observa-se também que tanto objetivos como registros se localizam normalmente nas interfaces dos processos.

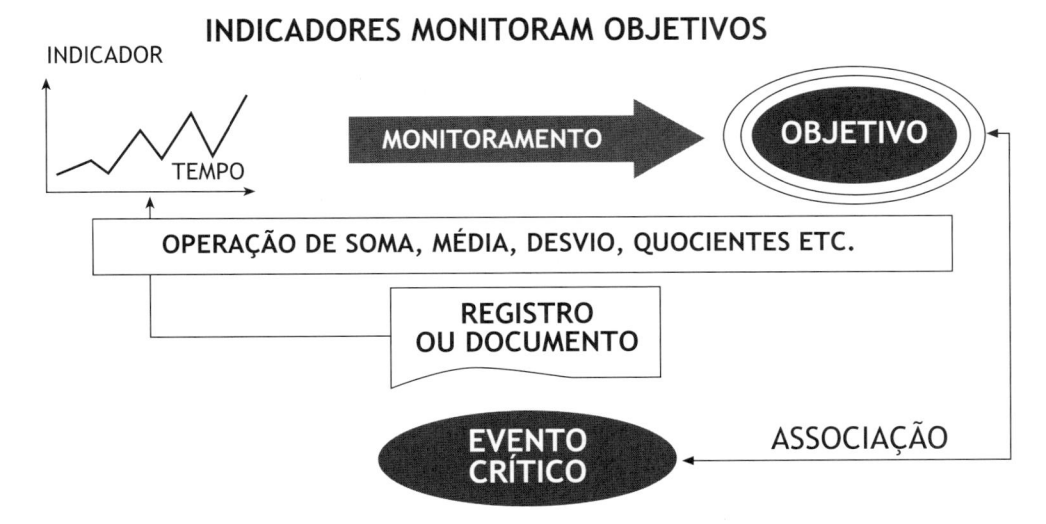

FIGURA 3 Registros da Qualidade de Eventos Críticos.

Deste modo, identificando os objetivos dos processos ou unidades organizacionais, podem ser definidos seus indicadores de avaliação e monitoramento. Tais indicadores surgem de dados contidos nos registros dos eventos críticos, normalmente designados como registros da qualidade, quando relacionados a processos relevantes de gestão da qualidade. Práticas de reengenharia com novas tecnologias [Hammer M. & Champy J. 1993-A], normalmente alteravam a sistematização da execução desses eventos críticos visando uma melhor sincronização ou novas formas de materialização das interfaces existentes entre processos. Assim, por exemplo, a utilização de sistemas de leitura de códigos de barras ou bem a utilização de notebooks a cargo de vendedores, permitem registrar tais eventos críticos onde estes acontecem, da forma mais rápida possível, para seu envio aos centros de decisão.

A importância dos Registros da Qualidade é decisiva, pois eles representam os elos de ligação entre as arquiteturas de processos (estrutura organizacional) e as arquiteturas de bases de dados. Isso é decorrente do fato relevante de que *"um evento atrelado diretamente a um objetivo produz mudanças do estado das entidades fundamentais de uma organização"*. Este conceito fica mais claro ao considerar o conteúdo dos dados dos Registros da Qualidade que são atributos de diversas entidades fundamentais.

Assim por exemplo, um Pedido de Vendas possui dados que são atributos de arquivos tais como: Clientes, Produtos, Vendedores, Filiais etc. (entidades fundamentais). Também os Pedidos de Vendas possuem dados de tabelas tais como: preços, unidades monetárias, calendário e situação ou estados do pedido (recebido, aprovado, com estoque disponível, liberado, despachado etc.). Identificando todos os eventos críticos de uma empresa e seus respectivos Registros da Qualidade, ficam pois identificados todos os dados importantes de uma organização e assim fica estabelecido que os "eventos críticos" são pois os elos de ligação entre as arquiteturas de processos e atividades (organização) com as arquiteturas dos sistemas de informática. Partindo destas considerações, no Capítulo 9 apresentam-se aplicações de arquiteturas flexíveis de sistemas, tal como o Sistema da Qualidade de uma organização, enquadrada dentro da arquitetura genérica de "metagestão". De momento situamos apenas que os "eventos críticos" são aspecto essencial de atenção, tanto para aprimorar o desempenho organizacional, como para permitir o vínculo e a gestão simultânea de processos e dados.

A seguir representa-se um diagrama mais completo das arquiteturas organizacionais, incluindo os processos de "metagestão" (Figura 4).

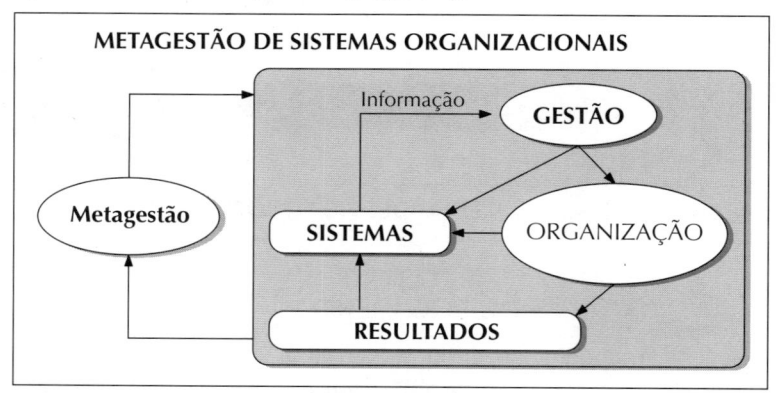

FIGURA 4 Processos de "metagestão" de permanente atualização de arquiteturas e padrões.

Nesta Figura 4, já se apresenta a abstração e segregação dos processos de "metagestão", dos processos de "gestão", propriamente ditos. Os objetivos dos processos de "metagestão" podem ser então facilmente visualizados, ao estarem dirigidos à atualização permanente das arquiteturas integradas de atividades, dados e regras. Mas existe um aspecto essencial da "metagestão" que é o referente ao conceito de "gestão preditiva". Ou seja, uma propriedade relativa à otimização dos câmbios ou processo com capacidade de atualizar tecnologias por degraus e não de forma permanente, sem o qual não teria sucesso a própria "metagestão" de sistemas. Assim, a "metagestão" compreende a atualização dos processos de gestão sem desequilíbrios e de forma totalmente planejada, considerando planos estratégicos e a situação das diferentes entidades organizacionais que podem ser caracterizadas através de Auditorias de Posição. Avaliando a situação presente e otimizando a escolha dos momentos mais adequados para realizar mudanças.

O conceito de "gestão preditiva" pode ser definido como um processo de gestão de mudanças com base no estado dos recursos físicos, a situação das estruturas de organização, dados e regras e a situação e perspectivas das novas tecnologias. Os processos básicos de "metagestão" podem ser sintetizados na figura a seguir (Figura 5):

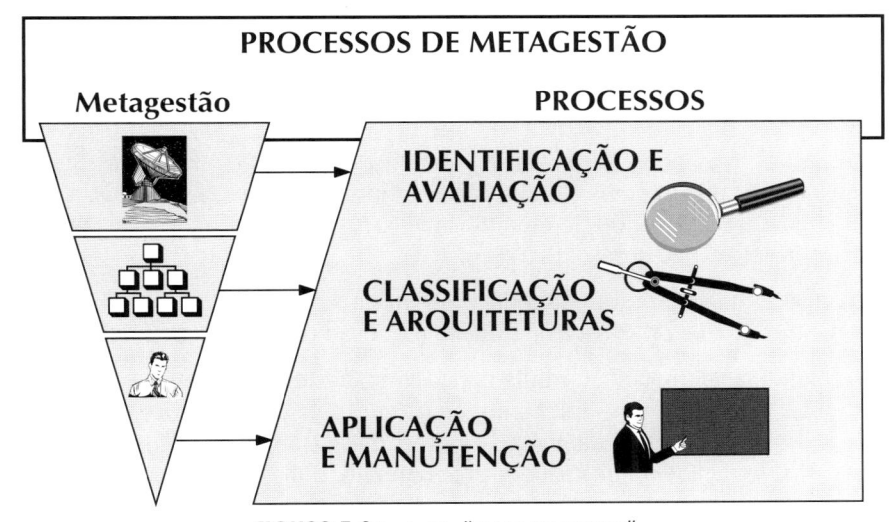

FIGURA 5 Principais "metaprocessos".

Na Figura 5 se apresenta o resumo dos três grupos principais de metaprocessos: identificação e avaliação dos ambientes externo e interno, propiciando métodos para que os executivos definam estratégias de forma sistemática; os processos de elaboração simultânea de arquiteturas de organização, sistemas e de regras e, finalmente, os processos e sistemáticas de planejamento e controle da aplicação e manutenção dos sistemas de gestão da empresa, otimizando os prazos de desatualização tecnológica (dentro das estratégias) e controlando desequilíbrios resultantes das mudanças planejadas. O conceito de "gestão preditiva" compreende também análises de prováveis efeitos das decisões a tomar, efetuando simulações para se antecipar aos fatos ou verificando tendências de indicadores. Com o auxílio de bases referenciais de informações, apoiadas em arquiteturas completas e corretas de todas as dimensões envolvidas, podem-se tomar decisões compatíveis com o ponto de vista consensual dos co-participantes de uma organização. Portanto, as técnicas de "metagestão" permitem e facilitam a ação das pessoas na procura de objetivos de congruência organizacional. Em outros termos, a eficácia da "metagestão" depende da própria habilidade dos recursos humanos para conseguir equilibrar as estruturas organizacionais, bem como para evitar a propagação de eventuais pequenos problemas através das redes de organização e, naturalmente, para conseguir treinar, aculturar e entrosar as pessoas nos menores períodos de tempo possíveis.

Com as técnicas de "metagestão" todos esses aspectos relacionados com a avaliação de resultados e, portanto, do desempenho grupal das pessoas podem ser facilitados, planejados, controlados e avaliados.

O conceito de "metassistema" [Martin, J,. Odell J. 1996-C], [Tsichritzis, D.C. e Lochovsky, F.H. 1982-C] e [French, J.A. 1990-C] surge diante da necessidade de proporcionar "flexibilidade e estabilidade" aos complexos sistemas organizacionais, possibilitando visões completas de todos os parâmetros das unidades organizacionais, verificação das variáveis que afetam em cada situação e constituindo bases de referência ou modelos genéricos e contingenciais, para facilitar a implementação planejada de soluções, sem perda de eficiência. Trata-se de integrar estruturas de organização, sistemas e normas, garantindo a congruência dos planos estratégicos com os processos de gestão das mudanças e com a operação rotineira das empresas, realizando tudo isso com enfoque participativo e apoio na própria iniciativa individual.

A "metagestão" compreende portanto o conjunto de ferramentas para facilitar as mudanças sem perda de congruência, ou seja: para **"mudar bem, na primeira vez"**, ou seja: **"fazer melhor o que já se faz bem feito"**.

Um "metassistema" pode gerar mais de um sistema operacional para utilização simultânea, como ocorre, por exemplo, em empresas que desenvolvem diferentes negócios ou projetos de engenharia, partindo de uma mesma estrutura ou de padrões a serem aplicados em diferentes projetos e/ou obras.

A "metagestão" visa garantir, além dos sistemas predefinidos ou existentes, o equilíbrio organizacional durante os processos de infusão e difusão de novas tecnologias.

Contemplando as definições formuladas de "metagestão", podemos estabelecer a seguir sua estruturação. Para esse fim é apresentado na figura a seguir (Figura 6), o relacionamento entre as três estruturas básicas da gestão empresarial, ou seja: as atividades dos processos, os sistemas de informação ou informações propriamente ditas e as regras. Não se mencionam os recursos por serem estes insumos externos sem papel ativo nos processos de gestão e de decisão. Quanto às regras, estas podem estar implícitas em sistemas informatizados, em processos automatizados ou em simples documentos. Regras também existem para a condução dos negócios do dia a dia e para a execução das atividades das organizações.

FIGURA 6 Organização, sistemas, informações e regras.

Na Figura 6 se observa como as próprias atividades, além das funções de gerência, criam sistemas, regras e informações. Este processo, sem adequada estrutura, determinará uma interação caótica desses elementos.

Isso pode ser comprovado em organizações que compram "pacotes" de software sem planejamento. Ao adquirir um "pacote", a empresa está adquirindo também "regras" que podem ser conflitantes com outras regras ou mesmo supérfluas ou redundantes. Assim, a empresa deve contratar especialistas para conseguir a convivência de regras importadas com as regras internas, bem como para conseguir construir pontes de integração dos diferentes sistemas que se adquirem sem planejamento. Na Figura 7 se apresenta o fluxo normal dos processos de mudança (esquerda) e o processo de gestão simultânea de mudanças de organização, sistemas e regras que se propõe.

PROCESSOS DE MUDANÇA

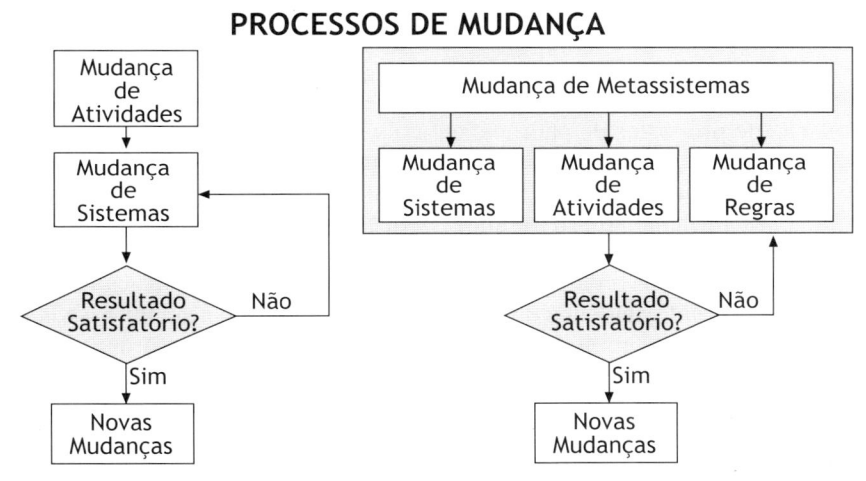

FIGURA 7 Processos de mudança.

No primeiro caso, as mudanças são realizadas em áreas isoladas e normalmente não se realizam estudos completos de mudança de regras, assim, as organizações não conseguem otimizar a eficiência nem a produtividade dos seus processos. Para viabilizar os processos de gestão simultânea dos elementos organizacionais, é necessário ter um processo formal de "metagestão", visando centralizar nos mesmos as atividades de definição das arquiteturas bem como as atividades de controle dos processos de mudança. Também devem ser consideradas as funções de Consultoria e Auditoria Internas, como apresentado na Figura 8 a seguir:

Existem nas empresas diversos tipos de auditorias, tais como: auditorias financeiras e de controle interno, auditorias de segurança em processamento de dados, auditorias de processos e produtos, auditorias de sistemas da qualidade, auditorias do impacto ao meio ambiente etc. As diferentes abordagens de auditoria são de extrema importância, especialmente para organizações em rede. Para validar os processos de "metagestão", caberia auditar não apenas o cumprimento de padrões estabelecidos, como também a qualidade dos padrões frente a Normas Genéricas ou mesmo o cumprimento de padrões estabelecidos para elaborar e/ou mudar regras ou normas internas, visando sua melhoria. Já os grupos de "metagestão" podem também elaborar padrões de como elaborar esses diferentes tipos de auditorias, ressalvando que os grupos de auditores devem observar a restrição importante de independência. Assim, estes também não podem auditar processos onde os mesmos tenham envolvimento direto.

ESTRUTURA DE GESTÃO FLEXÍVEL ORGANIZACIONAL

FIGURA 8 Processos importantes da gestão organizacional.

A formulação de propostas de padrões, pelos consultores internos, é uma das principais atribuições e justificativas dos processos de "metagestão" organizacional. A avaliação da congruência organizacional, que constitui o aspecto mais relevante de todas estas abordagens, deveria ser uma responsabilidade de todos os processos citados de gestão e "metagestão", mas cabe, em última instância, à função de "auditoria de gestão" tal objetivo final de avaliação da congruência dos elementos organizacionais, mas sempre com base em evidências objetivas se não através de não conformidades de regras elaboradas para conseguir essa congruência almejada. Somente se devem auditar os padrões, tecnologias e arquiteturas aprovadas pelos Acionistas. Acionistas também podem ser designados como Alta Direção da organização.

A Figura 8 pode ser também representada como segue:

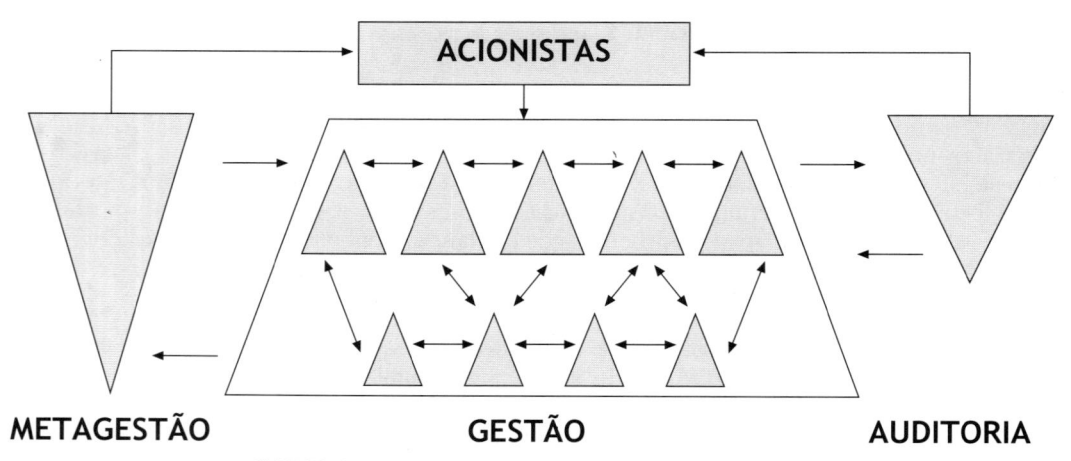

FIGURA 9 Gestão de empresas de rede de processos.

A parte central da Figura 8 foi substituída, na Figura 9, por uma rede de processos, onde se destaca mais uma função dos processos de "metagestão", relativa à coordenação dos processos centrais de uma organização em rede, substituindo as antigas "funções de administração centralizada". Os triângulos do centro representam "processos" ou unidades organizacionais de alto desempenho, com suficiente autonomia, atividades completas e integradas, com recursos humanos habilitados para realizar diversas funções, tarefas e formulação das suas própria regras, dentro dos valores da organização e com uma filosofia de ampla colaboração entre toda a organização e mesmo com alta interação com outras empresas de clientes, fornecedores, concorrentes etc.

Também para este tipo de organizações a função de auditoria adquire um papel de grande relevância. Um diferencial importante das empresas em rede é, justamente, a sua capacidade de se reprojetar [Hanna, D.P. 1988-A], o que pode ser realizado dentro de princípios e padrões de projeto formulados pelas funções de "metagestão".

As funções do pessoal das empresas em rede são desse modo, sem hierarquias e enriquecidas pelas ferramentas de "metagestão". Esse enriquecimento pode ser materializado na própria integração das arquiteturas de dados e regras, constituindo "bases de conhecimentos" alimentados pelos próprios participantes. Trabalhar nesse ambiente, com essas ferramentas de "metagestão", tais como as estruturas dimensionais de dados, em permanente evolução, determina que a capacitação e o próprio aculturamento dos recursos humanos pode ser concretizado de forma muito rápida e eficaz.

Os "tijolos" das novas organizações são as "equipes" e não as pessoas, pontualiza Nadler [Nadler D.A. 1989-A]. Assim, o reprojeto das arquiteturas em rede exige de definições muito precisas das missões e estratégias empresariais, contemplando processos completos e onde os erros que eventualmente venham a ocorrer, tenham suas causas nos próprios processos e não em outras unidades. A "metagestão" objetiva que esse processo constante de reprojeto das unidades organizacionais se realize de forma concomitante entre pessoas e sistemas, ou seja, não se devem adquirir determinados sistemas para certas pessoas, nem contratar determinadas pessoas para certos sistemas, senão apenas reprojetar, em conjunto, os sistemas, as equipes, as regras e as atividades. Dentro dessa perspectiva, o aculturamento dos profissionais terá características sem precedentes. Shein afirma que cultura organizacional é "o comportamento culto de um grupo de pessoas, ao enfrentarem os problemas apresentados pelos seus ambientes exteriores e interiores" [Shein, E.H. 1985-A]. Assim, na medida em que as ferramentas de "metagestão" venham a otimizar a congruência dos elementos organizacionais, atualmente tratados sem uma plena integração, estarão dadas as condições ideais de motivação dos recursos humanos, orientados à plena concretização das aspirações dos seus membros, quanto ao crescimento sistemático do "conhecimento da organização", ou seja, das "equipes", como resultado dos esforços individuais. Nesse sentido, as funções compartilhadas e enriquecidas pelo intercâmbio e pelo treinamento diversificado, aumentam decisivamente a motivação [Hackman, J.R., Oldham. 1988-A].

A existência da "metagestão" serve também como um alvo orientador e como instrumento facilitador para que as pessoas possam agir com plena autonomia, dentro de diretrizes e regras claras e corretamente definidas com objetivos de assegurar congruência. Também as pessoas deverão saber conseguir sua plena autonomia dentro das regras de interesse comum.

A "metagestão" pode ser concebida como um "arco" que direciona as "flechas" que seriam os funcionários. Como "flechas" humanas e adultas, estas terão ainda melhores condições de aprimorar sua trajetória e otimizar o caminho da organização. Portanto, a primeira prioridade deve ser a liberação da inteligência humana em todos os processos da organização, substituindo a obediência pela criatividade grupal. Igualmente, as organizações mal divididas ou com barreiras verticais, devem passar a ser divididas de forma diferente, por arquiteturas flexíveis de processos horizontais baseadas em padrões de unicidade que aumentem a visão de todo e a comunicação integral entre todos os membros da empresa [Vianna M.A.1996-A].

Portanto, os metaprocessos devem permitir a multiplicação de talentos integrados e ligados ao ecossistema maior a que pertence.

Desse modo, o conhecimento deve ser descentralizado, sendo essa a única forma de conseguir atualizar as "bases de conhecimento" das organizações do terceiro milênio, melhorando continuamente sua qualidade de gestão ou inteligência organizacional, graças à participação plena e autodesenvolvimento das pessoas. Todos estes objetivos que visam criar, nas organizações, verdadeiros empreendedores, dependem de fatores essenciais.

Não adianta criar as condições para as pessoas darem o melhor de si, se todos estiverem concentrando suas energias na direção errada. O "arco" que guia as "flechas" deve apontar o rumo certo e os líderes devem aumentar sensivelmente sua capacidade de visão a longo prazo, determinando tendências das tecnologias em lugar de correr atrás de cada novo lançamento e aprimorando sua capacidade para fazer acontecer as coisas da forma mais conveniente. Tudo isso não se consegue apenas com grande capacidade de persuasão e sim com o estabelecimento de estruturas de gestão auto-ajustáveis para diferentes situações e com mecanismos de combate às turbulências para garantir o equilíbrio dos elementos organizacionais.

Sem uma estrutura adequada de "metagestão", a estruturação de processos de alto desempenho corre riscos de fracassar. Isso foi em parte verificado em experiências relatadas por Walton, nas quais os processos de alto desempenho, implantados em empresas baseadas em organizações hierárquicas, que as denomina de "burocracias mecânicas", foram aniquiladas, justamente, pela burocracia e pelo poder das estruturas que não tinham nem os meios e nem os valores essenciais almejados [Walton, R.E. 1977-A].

Outro fator relevante são as novas tecnologias disponíveis tais como sistemas de replicação de bancos de dados distribuídos, gerenciadores de redes locais e remotas, telecomunicações, processamento de imagens, tecnologias integradas de automação e controle, ferramentas para produtividade de software e as metodologias de análise, projeto e programação orientadas a objetos, são algumas das fontes das ferramentas de "metagestão". Mas, de outro lado, a proliferação desorganizada das tecnologias adquiridas sem planejamento, como tem acontecido em algumas instituições financeiras, tem originado e criado novos problemas de integração e mesmo de inibição do retorno efetivo desses investimentos. Nesse sentido, outra conclusão do modelo proposto pode ser também estabelecida, pelo fato de constituir o meio eficaz para viabilizar o "planejamento integrado de recursos" [Cynthia A. Melendy. 1995-A]. O Planejamento Integrado de Recursos (IRP: Integrated Resource Planning) pode ser uma conseqüência direta dos processos de "metagestão", visando a correta aplicação e integração de tecnologias e fornecendo um padrão referencial de gestão dos investimentos de capital.

Sem adequada estruturação dos processos de "metagestão", algumas organizações continuarão a ter problemas dessa índole, ou seja, baixo retorno de investimentos em tecnologia e custos crescendo exponencialmente pela falta de integração tecnológica.

Pode ser concluído, deste modo, que a "metagestão" de sistemas vem ao encontro das metodologias de projetos integrados de empresas, compreendendo a padronização das técnicas de registro e diagramação de processos e sistemas. Nesse sentido, para cada organização deve ser estabelecida a necessidade de considerar, integralmente, todas as pessoas e organizações envolvidas (co-participantes), todos os fluxos físicos (bens, serviços, dinheiro, informações e energia), todos os objetivos (de qualidade, eficiência, produtividade, agilidade e bom atendimento), todos os indicadores para medir esses objetivos e todas as dimensões de informações de apoio à decisão (em todas e cada uma das posições ou localizações).

Também devem ser consideradas todas as estratégias, políticas, normas, regras, procedimentos, instruções de trabalho e dados de referência necessários à gestão correta e segura da organização. Essa consideração abrangente e integrada das organizações leva também implícita a proposição de separar a visão e gestão externas das internas e de assegurar, ao mesmo tempo, a congruência de ambas as visões.

A aplicação prática da conceituação da "metagestão" compreende atividades e sistemáticas que se executam para planejar, criar, manter e validar sistemas organizacionais, partindo da postura de visualizar a empresa de fora para dentro. Essa postura visa estruturar a empresa em forma harmônica com o meio ambiente, com uma visibilidade atualizada das necessidades dos clientes, concorrentes (reais e potenciais), fornecedores, entidades de classe, financeiras e governamentais etc. Os recursos necessários para o planejamento de uma organização devem ser retirados dos seus próprios resultados (exceto empresas que contam com subsídios). Assim é necessário reforçar essa visão realista da organização, evitando sua condução apoiada apenas em fatores favoráveis da economia ou na inércia das ações iniciais impulsionadas pelos seus fundadores.

A materialização de uma empresa que possa mudar adequadamente, com os seus próprios recursos e que, ao mesmo tempo, tais mudanças não venham a provocar quedas no seu desempenho, é o resultado prático almejado deste novo enfoque de gestão que visa incrementar a vida útil das organizações.

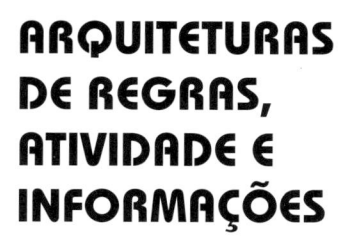

ARQUITETURAS DE REGRAS, ATIVIDADE E INFORMAÇÕES

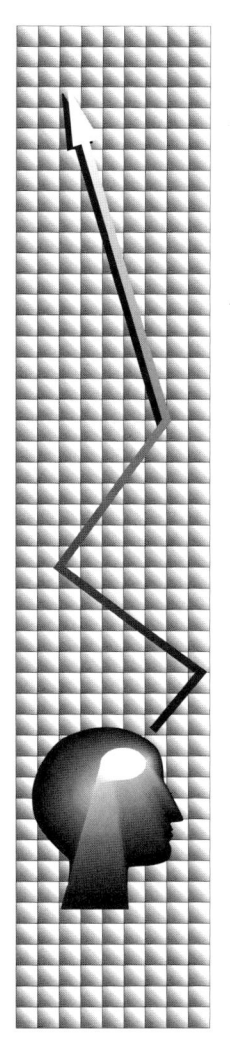

5.1 MODELO ORGANIZACIONAL BÁSICO

As arquiteturas organizacionais devem ser projetadas para cada missão, tipo de negócios, capacidade de investimento e cada situação em particular. Assim, por exemplo, em empresas que precisam de unidades organizacionais dedicadas, o modelo de "organização plataforma" (multiprocesso) pode ser uma solução inadequada e chegar a perder de uma organização que possua "unidades dedicadas de alto desempenho" [Nadler, D.A, Gerstein, M.S. e Shaw, R.B. 1994-A]. Portanto, para considerar as reais necessidades das organizações, devem-se realizar estudos abrangentes das arquiteturas de organização, compreendendo não apenas aspectos parciais e sim um processo integral de estruturação de todos os elementos organizacionais, com metodologias formais orientadas ao aprimoramento da qualidade da gestão, ou seja, ao objetivo de aumentar sua vida e garantir sua sobrevivência. O modelo tradicional de uma organização empresarial compreende os processos fim, ou operacionais, os processos meio ou de gerência e os processos de direção ou gestão, como é explicado na Figura 10, na página seguinte, [Hammer M. & Champy J. 1993-A].

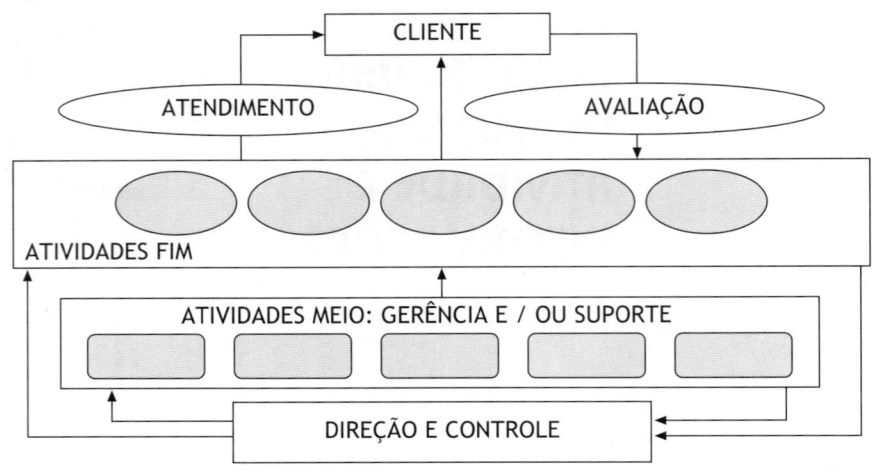

FIGURA 10 Modelo organizacional.

Nas organizações modernas, as atividades fim se enriquecem e as atividades meio poderiam aproximar-se, paulatinamente, as atividades de "metagestão". Para formular o modelo organizacional, foi realizada uma análise mais abrangente dos processos envolvidos nas unidades organizacionais, visando, justamente, conseguir um modelo genérico que seja útil para diferentes realidades (não apenas para organizações em rede), fornecendo meios para a geração de sistemas de gestão auto-ajustáveis ante mudanças. O modelo proposto se refere à parte processual da empresa (relativa à "metagestão organizacional" e a gestão propriamente dita, estratégica, tática e operacional), mas não entra no sistema social ou relativo às relações informais. Contudo, a base flexível das suas sistemáticas, com alta participação de todos os envolvidos, configura o ambiente de trabalho ideal para o aculturamento do pessoal. Na Figura 11, na página seguinte, são apresentados os principais elementos dos diferentes níveis de uma estrutura clássica organizacional, classificados, apenas para melhor apreciação, em grupos de três dimensões.

Partindo da Missão de uma organização, podem ser definidos seus Fatores Críticos de Sucesso, Presupostos Críticos e outros Valores [Rockart J.F., Henderson J.C., Sifonis J.C. 1984-A]. Da Missão, dos Fatores Críticos de Sucesso, dos Objetivos Gerais e das estratégias, podem ser derivados os objetivos táticos da organização.

Então, podem ser identificados os "eventos críticos" associados aos objetivos e seus respectivos registros que representam "entidades associativas" (arquivos com chaves concatenadas das entidades fundamentais associadas). Análises da evolução das entidades associativas, ou seja, sua seqüência de "estados" ao longo do tempo, permitem visualizar processos. Os processos são um conjunto de atividades, envolvendo diferentes recursos, que fornecem valor a um determinado cliente [Johanson H.J et al. 1993-A], sendo que a seqüência das atividades pode ser predeterminada analisando os "eventos críticos" associados aos objetivos que o processo persegue. Desse modo, na Figura 11 apresentam-se os elementos organizacionais de forma dedutiva, destacando também suas relações mais importantes.

O modelo da Figura 11 considera três dimensões de cada vez, devido a que mais do que três dimensões leva a dificuldades de compreensão e a risco de redundâncias. A partir dessa análise podem ser também consideradas diferentes tipos de informações e diferentes

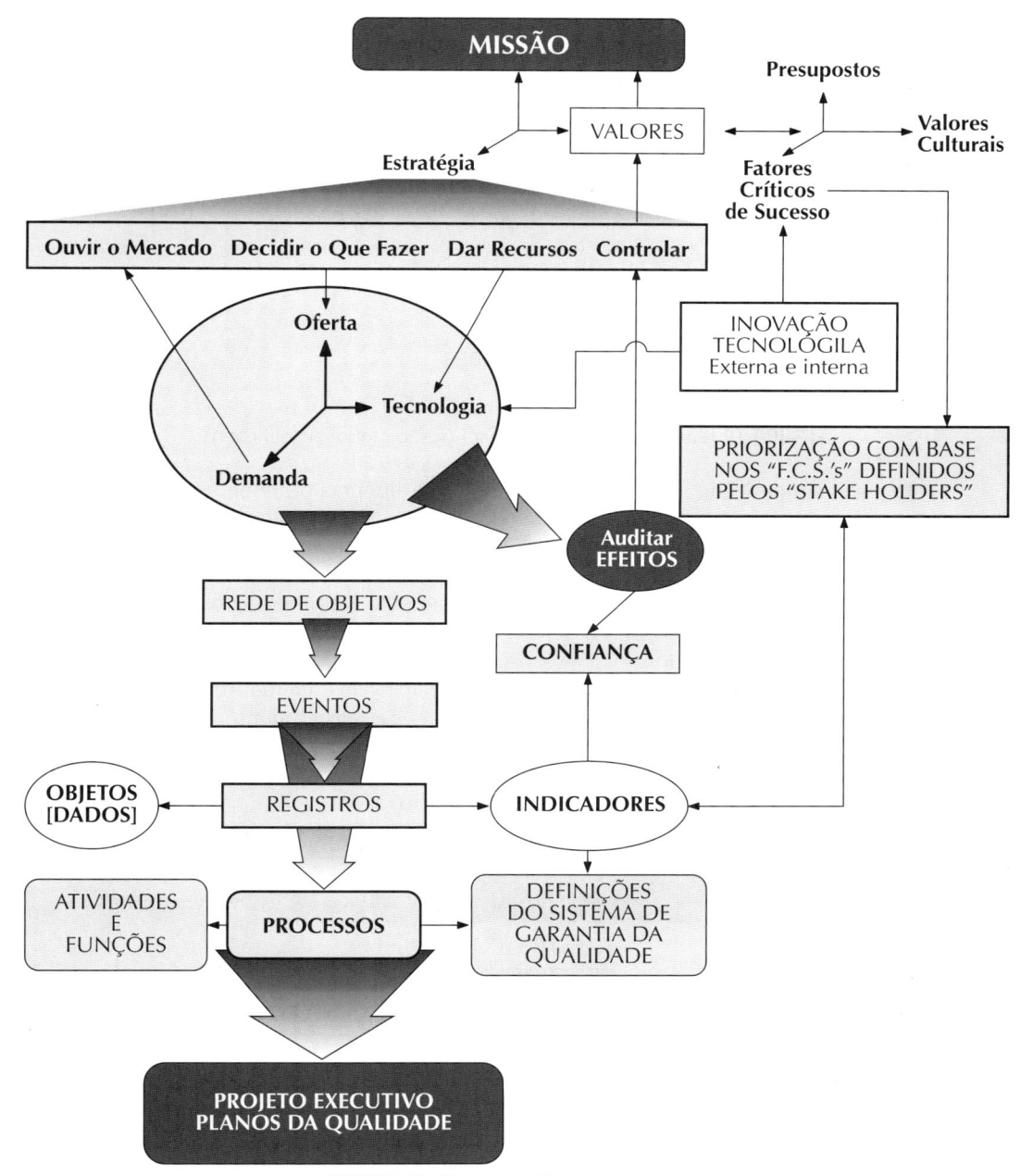

FIGURA 11 Elementos Organizacionais.

tipos de regras. O objetivo desta análise é encontrar uma forma genérica de classificação de todos os elementos organizacionais básicos em tipos ou dimensões genéricas. Um modelo completo de arquitetura integrada de organização foi proposto por Nadler [Nadler, D.A, Gerstein, M.S. e Shaw, R.B. 1994-A], na Figura 12:

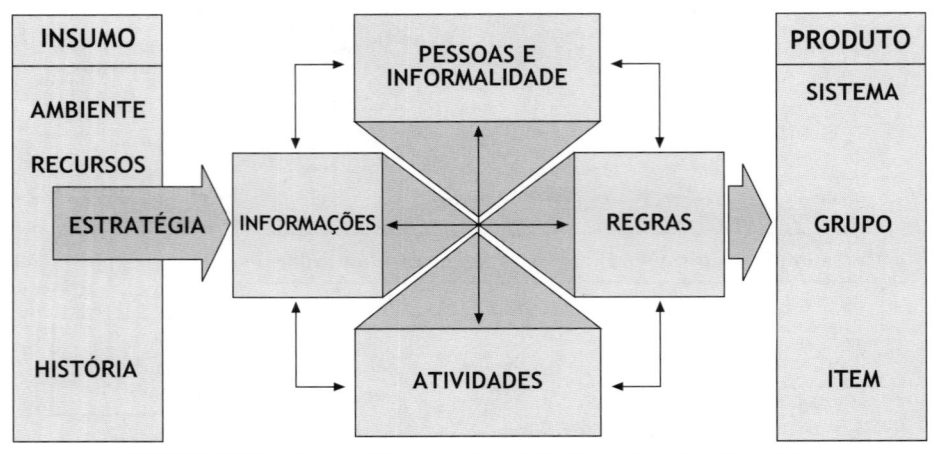

FIGURA 12 Arquitetura Organizacional (visão global simplificada).

Nesta visão simplificada são separados recursos (influência do meio ambiente, história, estratégias e insumos), dos aspectos centrais da organização (pessoas, atividades, regras e informalidade) e dos resultados finais (satisfação dos co-participantes). O objetivo central da qualidade da gestão compreende a congruência dos quatro fatores centrais. Partindo dessas visões globais, foi realizado um estudo sistemático dos elementos organizacionais, contemplando todos os possíveis processos fim e meio, além dos meta-processos de geração de modelos e sistemas de gestão.

Foram analisadas diversas formas de classificação dos elementos organizacionais, considerando hierarquias e também diferentes formas de agrupamento desses elementos, até chegar a classificação básica da Figura 13 que constitui uma arquitetura integrada de atividades, informações e regras.

Figura 13 Arquitetura Integrada dos Elementos Organizacionais.

Na Figura 13 temos a representação de uma arquitetura integrada de todos os elementos organizacionais: Pessoas e Sistemas, com base em informações e segundo determinadas Estratégias e Regras executam Eventos como parte das suas Atividades.

Os Eventos alteram o estado dos Objetos e estes dão lugar a Informações, seja através de Sistemas informatizados ou manuais. As informações podem constituir valores de características de Objetos ou bem informações agregadas associadas a registros de eventos. Diversos documentos podem conter informações e ou regras e estas últimas podem estar implícitas em sistemas. Para completar a arquitetura de atividades, informações e regras foi também considerada a categoria de Habilitadores, ou termos conceituais necessários para qualificar o estado dos objetos, caracterizar ações, determinar tipos de valores e unidades de medida, especificar aspectos temporais e outras habilitações sintáticas.

Nessas categorias da Figura 13 podem ser agrupados todos os elementos organizacionais. Apenas não se detalham, neste modelo, características das pessoas nos aspectos relativos à comunicação informal, que seriam objeto de estudos sociais não compreendidos dentro do escopo da definição formulada para Sistema Organizacional. Mas, ao considerar a congruência global das arquiteturas não se pode deixar de considerar também esse aspecto fundamental (informalidade). Entretanto, como o objetivo deste trabalho está limitado à proposição de ferramentas de "metagestão", apenas podemos ressaltar que estas são excelentes facilitadoras dos processos de gestão, para a consecução da congruência de todos esses elementos e a otimização da gestão global da organização. Taxonomia é a tecnologia de classificação que se apresenta a seguir.

5.2   CLASSIFICAÇÃO DOS ELEMENTOS ORGANIZACIONAIS

Do diagrama da Figura 13 se definiram elementos organizacionais, dos quais se procedeu a realizar uma subdivisão hierárquica para efeitos de análise. De outro lado, das empresas pesquisadas, se obteve a descrição dos seus processos, atividades, regras e informações relevantes e se procedeu a verificar a validade dos modelos. Cabe mencionar, que esse modelo tem a característica de ser flexível e pode ter ainda ajustes e alterações, dependendo do caso. O primeiro nível do modelo, ou seja os grupos básicos da sua classificação, poderia ser também alterado, dado que o algoritmo da sua implementação em banco de dados permite essa opção. Porém, dificilmente justificará uma alteração nos primeiros três níveis hierárquicos do modelo, conforme verificado na prática, mesmo pela sua simplicidade e por compreender, esses agrupamentos básicos, todos os eventos e objetos de uma organização, capazes de ser mensuráveis e documentáveis em forma objetiva.

São 4 grandes grupos de elementos organizacionais que permitem a melhor classificação dos mesmos, para permitir sua aplicação a qualquer tipo de organização, a saber:

- 01.   INF: **INFORMAÇÕES**
- 02.   EVH: **EVENTOS E HABILITADORES**
- 03.   ORG: **OBJETOS ORGANIZACIONAIS**
- 04.   DEF: **DEFINIÇÕES (Atividades e Regras)**

Estes grupos básicos se subdividem da forma a seguir, com o seguinte formato: *Código numérico* (01 a 04); *Abreviação com três caracteres alfanuméricos* (*INF, EVH, ORG e DEF*) *e a Descrição alfanumérica*. Os "tipos de entidades" se apresentam em ordem de hierarquia ou de prioridade, segundo o impacto nos processos de "metagestão".

01. INF: INFORMAÇÕES
    01.01.   TIN: TIPOS DE INDICADORES
    01.02.   TVO: TIPOS DE VARIÁVEIS ORGANIZACIONAIS
    01.03.   TDC: TIPOS DE DOCUMENTOS/INFORMAÇÕES
    01.04.   TFR: TIPOS DE FORMATOS DE DOCUMENTOS

02. EVH: EVENTOS E HABILITADORES
    02.01.   TRC: TIPOS DE REGISTROS DE EVENTOS CRÍTICOS
    02.02.   THO: TIPOS DE HABILITADORES DE EVENTOS

03. ORG: OBJETOS ORGANIZACIONAIS
    03.01.   TOR: TIPOS DE PESSOAS E ORGANIZAÇÕES
    03.02.   TRO: TIPOS DE RECURSOS ORGANIZACIONAIS
    03.03.   TPD: TIPOS DE PRODUTOS
    03.04.   TSV: TIPOS DE SERVIÇOS

04. DEF: DEFINIÇÕES E CONCEITOS
    04.01.   TAT: TIPOS DE ATIVIDADES
    04.02.   TEO: TIPOS DE ESTRUTURAS ORGANIZACIONAIS
    04.03.   TLO: TIPOS DE LOCALIZAÇÕES ORGANIZACIONAIS
    04.04.   TRG: TIPOS DE REGRAS

A classificação apresentada reduz-se praticamente a eventos e objetos, dado que o grupo de definições pode ser enquadrado também como uma classe de objetos conceituais. Já as informações estão mas relacionadas com atributos, propriedades e características dos objetos. Os objetos (categorias 03 e 04) poderiam também ser classificados em quatro classes, a saber: Definições ou Conceitos, Pessoas ou Organizações, Recursos Organizacionais e Produtos ou Serviços. As Definições ou Objetos Conceituais se podem classificar em: Atividades, Estruturas, Localizações e nas Regras propriamente ditas. A classificação apresentada obedece também a critérios práticos, visando materializar uma arquitetura integrada de todos os elementos organizacionais. Cada um destes tipos de elementos pode ter diferentes níveis, diferentes características e diferentes instâncias, como exemplificado (Figura 14-a, na página a seguir).

De acordo com a metodologia de Análise de Sistemas Orientada a Objetos [Yourdon E. 1989-C], devem ser estabelecidos cinco níveis para caracterizar os objetos:

- **Nível de Assunto:** *Referente ao domínio do problema e para proporcionar uma visão geral de um modelo extenso.*
- **Nível de Classe e Objeto:** *Agrupamento devido a semelhanças.*
- **Nível de Estrutura:** *Organização do domínio e responsabilidades do sistema.*
- **Nível de Atributo:** *Dado (característica ou propriedade) ou informação de estado para o qual um objeto em uma classe tem seu próprio valor.*
- **Nível de Serviço:** *Comportamento específico que um objeto deve exibir.*

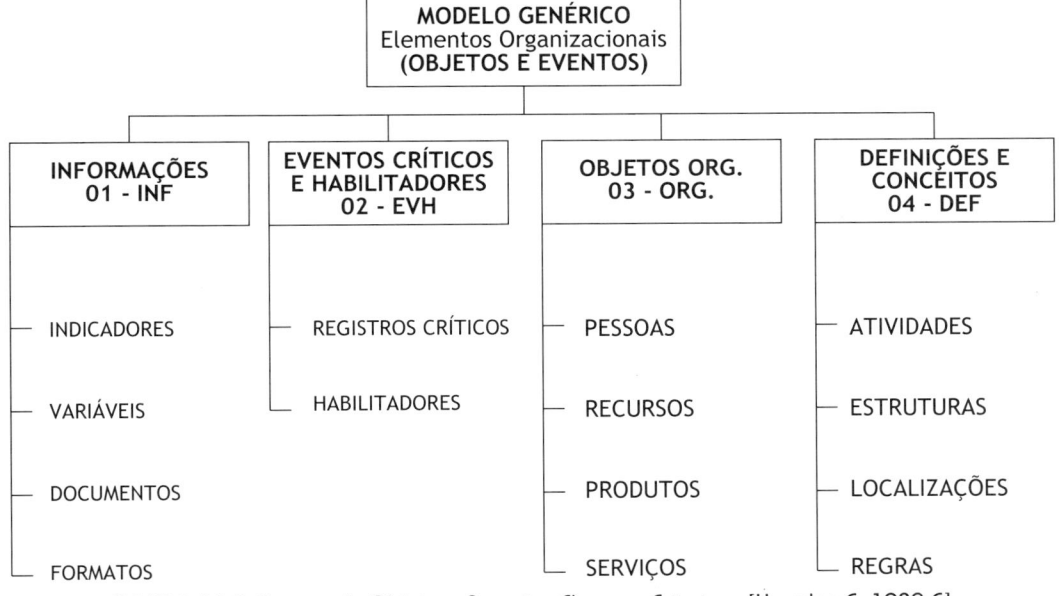

ARQUITETURAS DE REGRAS, ATIVIDADES E INFORMAÇÕES

```
                    MODELO GENÉRICO
                  Elementos Organizacionais
                    (OBJETOS E EVENTOS)
   ┌──────────────┬──────────────┬──────────────┐
INFORMAÇÕES   EVENTOS CRÍTICOS  OBJETOS ORG.  DEFINIÇÕES E
 01 - INF     E HABILITADORES   03 - ORG.      CONCEITOS
                 02 - EVH                      04 - DEF

— INDICADORES   — REGISTROS CRÍTICOS  — PESSOAS    — ATIVIDADES
— VARIÁVEIS     — HABILITADORES       — RECURSOS   — ESTRUTURAS
— DOCUMENTOS                          — PRODUTOS   — LOCALIZAÇÕES
— FORMATOS                            — SERVIÇOS   — REGRAS
```

FIGURA 14-A Classes de Objetos: Assunto, Classe e Estrutura [Yourdon E. 1989-C].

A seguir representa-se a estrutura da entidade PRODUTOS, que corresponde ao terceiro grupo de elementos organizacionais, ou Objetos Organizacionais:

CLASSIFICAÇÃO DE OBJETOS ORGANIZACIONAIS

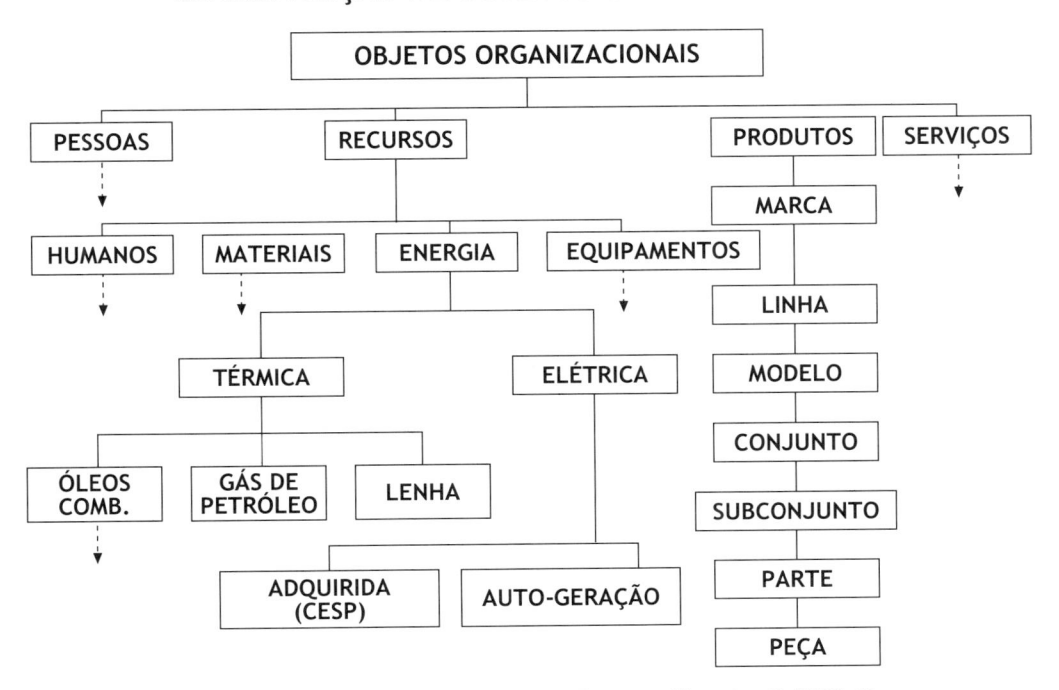

```
                        OBJETOS ORGANIZACIONAIS
        ┌──────────────┬──────────────────┬─────────────┐
      PESSOAS       RECURSOS           PRODUTOS     SERVIÇOS
        │     ┌────┬────┬────┬────┐        │            │
      HUMANOS MATERIAIS ENERGIA EQUIPAMENTOS MARCA
                              │              │
                       TÉRMICA  ELÉTRICA    LINHA
                         │                   │
              ┌──────┬───┴──┬──────┐       MODELO
           ÓLEOS  GÁS DE  LENHA             │
           COMB.  PETRÓLEO                CONJUNTO
                    │                       │
               ADQUIRIDA  AUTO-GERAÇÃO   SUBCONJUNTO
                (CESP)                      │
                                          PARTE
                                            │
                                          PEÇA
```

FIGURA. 14-b Classes de Objetos: Assunto, Classe e Estrutura [Yourdon E. 1989-C]

Nesta Figura 14-b, observamos que os Objetos Organizacionais podem ser divididos nas classes: Pessoas e Organizações, Recursos, Produtos e Serviços. Cada uma destas classes pode ser ainda subdividida, assim, por exemplo, os recursos podem ser: Humanos, Materiais, Energia e Equipamentos e Instalações. Os recursos de energia podem ser ainda divididos em: óleos combustíveis, energia elétrica etc. Vemos também que a classe produtos possui uma árvore de decomposição ou explosão, em sete níveis (no exemplo apresentado) até o item "peças" (ver Apêndice 10.2).

Para cada determinada entidade, pode-se realizar uma classificação segundo classes de objetos e níveis, de acordo com determinada hierarquia, como demonstrado no exemplo da Figura 14-b. Trata-se de uma árvore que apresenta vários níveis. Em determinados casos, compreendendo muitos níveis e em outros casos poucos níveis hierárquicos até identificar os itens específicos da entidade em questão. Com esta classificação genérica a ser aplicada para cada organização em particular, todos os objetos e todos os eventos da mesma seriam identificados, classificados e codificados. Isso tem a vantagem de controlar todo e qualquer evento importante e ao ter uma classificação de todos os elementos organizacionais, de certa instituição ou empresa, haverá garantia da homogeneidade das suas arquiteturas, evitando duplicidade de arquivos e possibilitando um meio adequado de controle e garantia de integração de sistemas. A própria codificação generalizada de todos os objetos e eventos, permitirá uma estrutura de sistemas muito mais harmônica e sob controle permanente.

Numa organização descentralizada em rede, uma determinada entidade ou classe de objeto poderá ser utilizada em diferentes processos, porém poderá ser definida uma única forma genérica de classificar a mesma, mesmo considerando mais de um tipo de classificação específica, para certas condições. Mas, caso necessário, pode ser realizada mais de uma forma genérica de classificação (ver Figura A-06). Também podem ser padronizadas as formas de acesso aos dados. Para todos estes casos, a classificação integral apresentada representa uma ferramenta de padronização e controle, capaz de possibilitar o desenvolvimento de sistemas flexíveis. A classificação integral de todos os objetos e eventos de uma instituição organizacional parte do modelo apresentado na Figura 13 anterior. Para cada organização pode ser elaborada uma classificação, na forma apresentada no Apêndice 10.2 (Classificação de Elementos Organizacionais).

Realizada a classificação global ou institucional, para cada classe de objeto, como o item PRODUTOS, do exemplo da Figura14-b, poder-se-á elaborar uma classificação específica, deste item ou entidade, segundo os 7 níveis especificados. Partindo desta última classificação pode-se elaborar modelos de dados flexíveis, com utilização dos algoritmos do Apêndice 10.1. Dessa forma, poder-se-á estabelecer, para uma mesma entidade ou classe de objeto, mais de uma forma de classificação ou codificação, aumentando os tipos de indicadores de desempenho ou informações gerenciais de avaliação de objetivos.

A classificação em níveis, quando subordinada a tabelas de "metadados" (ou seja a tabelas) permite alterar esses níveis (em número, denominação ou mesmo quanto a sua estrutura) e determina um modelo flexível da mesma. Ou seja, certos usuário autorizados podem realizar essas alterações de um software sem necessidade de realizar atividades de programação. Isso significa que existe uma subordinação das clássicas bases de dados, para tabelas onde podem ser alteradas as estruturas de classificação, os atributos dos objetos e mesmo os comportamentos desses objetos. Temos assim uma solução para elaborar sistemas totalmente flexíveis. Essas alterações de estrutura, atributos e comportamento permitem que um determinado sistema possa se adequar a diferentes aplicações, dentro de um determinado campo de variabilidade. A potencialidade deste conceito é, pois, extremamente importante, devido ao fato de permitir cada vez maior autonomia e independência dos sistemas, que podem ter suas características alteradas de forma automática sem necessidade de reprogramação. Os custos de manutenção dos sistemas também diminuem substancialmente e, finalmente, possibilitam que as informações gerenciais, resultantes da agregação de valores, segundo estruturas de classificação, possam também ser alteradas ou bem que resultem de mais de uma estrutura de classificação para uma mesma entidade.

Os sistemas de informação elaborados com base nestas considerações, compreendendo bases de dados e regras, podem ser denominados de "metassistemas". Devido à forma como os usuários podem obter informações dos mesmos, foi definido o conceito já citado de gestão multidimensional, ou seja, a capacidade de poder realizar consultas com base nas classificações hierárquicas das entidades envolvidas. Assim, por exemplo, poderá ser necessário conhecer o volume de vendas (previstas e realizadas) para uma determinada classe de clientes (nacionais, da região nordeste), bem como uma classe de produtos (mancais para equipamentos agrícolas, de certa marca e do tipo tratores de rodas), para certo período (exemplo: junho de 1997), na unidade Reais (R$). Logo, fixadas essas dimensões e os habilitadores, o sistema deverá recuperar a informação, de imediato, bastando a simples seleção dessas dimensões e habilitadores com um "mouse". Fixando estes modelos de consulta o sistema poderá acumular esses agregados de informações, segundo os modelos de estruturas das classes de dados de determinadas entidades e até elaborar gráficos dos indicadores resultantes, de forma totalmente automática e sempre sujeita a alterações.

Observe-se que apenas estão sendo utilizadas tabelas relacionais de dados. A forma de como elaborar um conjunto de tabelas relacionais que representem um modelo flexível é explicada em detalhe no Apêndice 10.1. Essa representação, através de modelos de dados relacionais, parte da topologia definida para cada estrutura de classificação de certa entidade, podendo haver estruturas em rede, hierárquicas ou mistas. Assim, para uma estrutura hierárquica, na Figura A-01 do Apêndice 10.1, apresenta-se a codificação que se deve fazer com as ocorrências da entidade denominada "insumos".

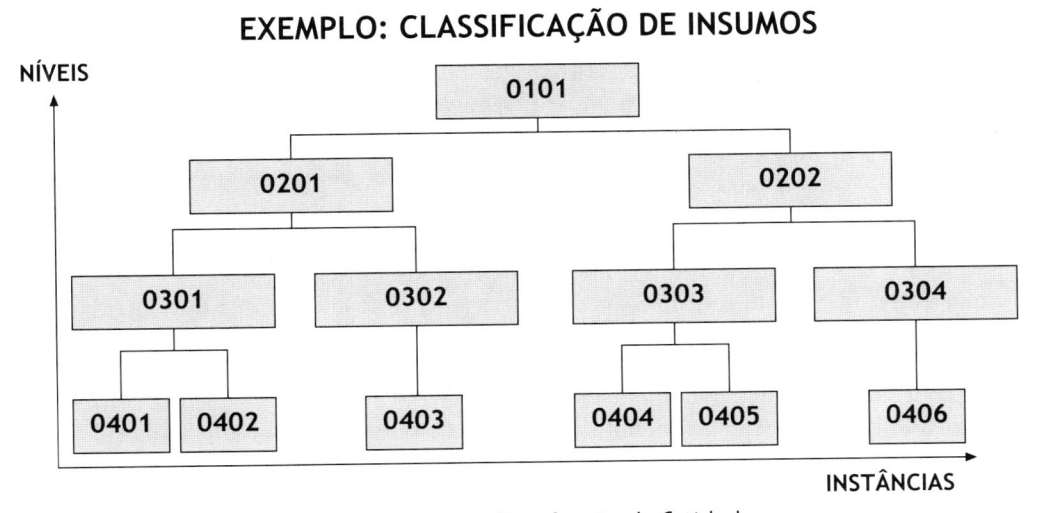

FIGURA A-01 Exemplo de Classificação de Entidades

Para a elaboração do modelo de classificação, são então consideradas duas dimensões:

- **NÍVEIS:** Definição de cada nível de classificação de uma entidade, assim no exemplo citado de "insumos agrícolas". Os níveis são os seguintes: Nível 01 = Negócio de Insumos; Nível 02 = Tipos de Insumos (Defensivos e Corretivos, por exemplo); Nível 03 = Aplicação (Fungicidas e Herbicidas para o caso de Defensivos, por exemplo) e Nível 4 = Itens específicos (exemplo: o fungicida FUNGITEC).

- **INSTÂNCIAS:** Compreendem cada uma das ocorrências em cada nível, assim no Nível 01, temos apenas uma ocorrência: 0101 ou seja: "o negócio de insumos". Já no Nível 02 temos dois instâncias ou ocorrências, a saber: 0201: Defensivos e 0201: Corretivos. No Nível 03 existem ocorrências para as classes Defensivos e Corretivos. Assim, por exemplo, para Defensivos temos duas ocorrências: 0301: Fungicidas e 0302 Herbicidas. No Nível 04 temos por exemplo a ocorrência 0401: FUNGITEC.

Uma vez codificadas as instâncias de cada nível, o modelo de classificação pode ser representado por tabelas relacionais. No Apêndice 10.1 se apresenta um algoritmo para esse fim, bastando definir uma tabela para níveis, outra para instâncias e uma terceira para especificar agrupamentos, isto é, para definir quais instâncias se subordinam a certa instância de nível superior (o algoritmo estabelece um conjunto de registros variável, na ordem da sua hierarquia, todos eles com determinado código de agrupamento). Estabelecidas tais tabelas de dados relacionais, o modelo poderá ser facilmente alterado, pois poderão ser acrescentados ou diminuídos níveis, bem como incluir, excluir ou alterar os nomes das instâncias e também alterar os vínculos de "paternidade", alterando a tabela que estabelece os denominados agrupamentos (ver Apêndice 10.1: Figura A-02 e Figura A-03).

O conceito utilizado para a classificação de todos os elementos organizacionais permite estabelecer relacionamentos entre todos eles, dentro desse sistema de classificação opcional de hierarquias ou níveis e contemplando a dimensão de classes. Contudo, estes critérios de classificação, bem como os algoritmos de flexibilização do modelo, não precisam ser do conhecimento de todos os usuários que apenas terão acesso às informações mínimas necessárias coerentes com a sua responsabilidades definida. Estes poderão "navegar" pelos sistemas, considerando os inter-relacionamentos existentes entre "atividades", "regras", "informações", "objetos", "eventos" e "habilitadores".

As tabelas de elementos organizacionais não são fixas, pois podem ser atualizadas e alteradas, acrescentando novos elementos e também agrupando suas classificações de formas diferentes, com a utilização do algoritmo proposto de controle de classificações. Desse modo, o usuário final não precisará se preocupar com o controle das hierarquias existentes nos diferentes agrupamentos que possam ter lugar. Eles simplesmente deverão manipular tabelas (realizando inclusões, exclusões ou alterações), pois o algoritmo controla as hierarquias de classificações multidimensionais e automaticamente atualiza as arvores de classificação.

O relacionamento entre entidades é realizado de acordo com o modelo de Peter Chen [Chen, Peter. 1990-C]. Assim, por exemplo, para o caso das definições básicas de uma única entidade organizacional, podemos ter o seguinte modelo de Entidade-Relacionamento, considerando uma entidade organizacional que possua apenas uma missão (Figura 15).

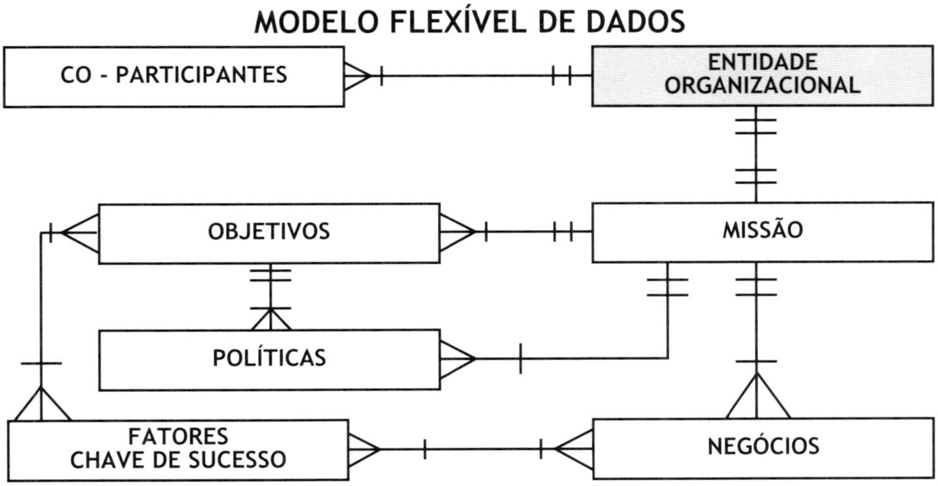

MODELO FLEXÍVEL DE DADOS

FIGURA 15 Modelo Entidade-Relacionamento.

Com base no sistema proposto de classificação de bases de dados do modelo genérico organizacional, podem ser detalhadas as arquiteturas resultantes da integração dos seus elementos básicos, a saber: "atividades", "regras" e "informações".

Tanto para a construção de regras, como para a descrição de atividades e para o acesso às informações das bases de conhecimento, posteriormente se especifica uma metodologia de construção sintática das mesmas. Para gerar bases de dados flexíveis, seguindo este modelo integrado de arquiteturas, foi elaborado um software que permite gerar tais bases de dados de forma totalmente automática.

Observa-se que, dentro destes conceitos, podem ser elaboradas tabelas específicas de outras variáveis das classes de objetos, tais como: atributos e mesmos serviços. Com o qual se pode estruturar um sistema mais abrangente de flexibilização, também em vários níveis e não apenas para cada entidade ou objeto e também para regras destinadas a grupos de objetos, ou sistemas de determinados processos, assegurando deste modo a tão esperada era da autonomia plena das unidades organizacionais mas controlada e guiada por padrões flexíveis. Estes conceitos configuram uma tecnologia de apoio efetivo à metodologia de "metagestão" e podem ter desdobramentos importantes para a integração e flexibilização de normas em geral.

PADRÕES DA QUALIDADE DA INFORMAÇÃO PARA GESTÃO

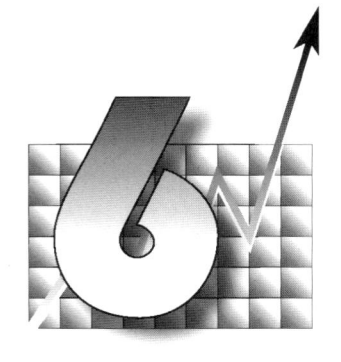

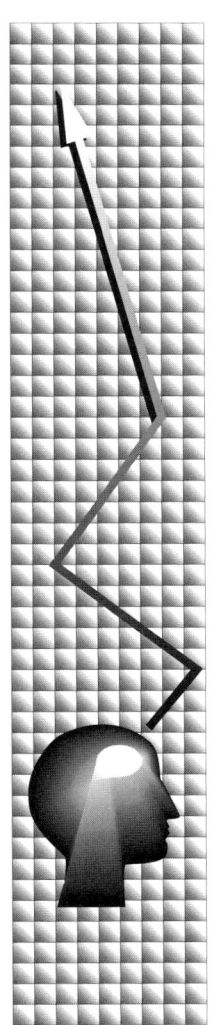

Existem diferentes padrões da qualidade das informações, sendo que, neste Capítulo, é focalizada a qualidade da informação para finalidade de gestão organizacional.

Diversos autores caracterizam a qualidade das informações do ponto de vista do seu conteúdo e/ou da sua forma. Quanto ao conteúdo, a qualidade da informação é avaliada em função dos fatores clássicos: **Relevância** (quanto à sua relação com os objetivos da organização), **Oportunidade** (quanto ao momento de chegada para tomada de decisão), **Exatidão/Precisão** (referente à realidade e correção dos dados e fatos organizacionais), **Abrangência Temporal** (relativo ao conteúdo dos dados históricos e/ou previsões futuras, considerando tendências), **Abrangência Organizacional** (quanto à disponibilidade de informações nas diferentes áreas, assuntos, setores internos e setores externos da empresa) e **Capacidade de Navegação** (relativo à possibilidade de navegar por diferentes dimensões de informação).

Do ponto de vista da sua forma, consideram-se outros fatores clássicos de qualidade da informação tais como: aparência, recursos de comparação e superposição, recursos gráficos com cores e animação, tempo de resposta, facilidade de acesso operacional etc.

Existem padrões relativos à qualidade de informação, tais como:

- **ISO 9000-3:** Esta Norma homologada em 1991 pela ISO (International Organization for Standarization) reconhece que os processos de desenvolvimento e manutenção de software são diferentes daqueles da maioria dos outros tipos de produtos industriais, estabelecendo as diretrizes para facilitar a aplicação da Norma ISO 9001 em organizações envolvidas com o desenvolvimento, fornecimento e manutenção de programas computacionais. A Norma compreende capítulos relativos à Estrutura do Sistema da Qualidade, ao Ciclo de Vida de Desenvolvimento, Testes de Validação e Aceitação e a Atividades de Apoio, tais como: gerência de configuração de software (mecanismo para identificação, controle e acompanhamento de cada versão de software, com objetivo de assegurar a compatibilidade de cada item com o resto do sistema e/ou ambiente), controle da documentação, registros da qualidade, medições (métrica de software), regras práticas e convenções, ferramentas e técnicas, compras, software como produto incluso e treinamento. Esta Norma é um padrão de qualidade de desenvolvimento, fornecimento, distribuição e manutenção de software.

- **ISO 9000-3 2000:** Esta nova Norma é também para a qualidade do desenvolvimento, fornecimento e manutenção de software, porem a mesma está coerente com a ISO 9001 2000.

- **Guia Tick IT** (A Guide to Software Quality Management System Construction using ISO 9001/EN 29001/BS 5750 Part 1-1987, 28 de Fev de 1992 Issue 2.0 London UK): Estes são três guias de instruções para aplicar a Norma ISO 9000-3 1994: Guia para Comprador de Software, Guia do Fornecedor de Software e Guia do Auditor.

- **SEI Software Engineering Institute — CMM: Capability Maturity Model** (Carnegie Mellon University): Este método define cinco níveis de maturidade (New SEI Maturity Model Target Key Practices) para melhoria e avaliação do processo de desenvolvimento de software, a saber: Controle Gerencial Inicial (pouco formalizado), Definição do Processo (processo estabilizado com nível repetitivo sob controle estatístico), Controle de Processo Definido e Consistente (processo pronto para melhoria da qualidade), Controle de Processo Gerenciado (melhoria da qualidade com base em medições do processo) e Processo Otimizado (sob controle e com melhoria contínua da qualidade e sistemáticas de prevenção de falhas). Uma pesquisa realizada em 1991 demonstrou que a maioria das áreas e projetos se encontravam nos níveis 1 a 3. A pesquisa foi realizada junto a 27 áreas de software e em 296 projetos importantes de empresas dos Estados Unidos de Norte América (Gunter Air Force Base, U.S. Space Command, Magnavox, Hughes Aircraft, GTE, JPL, Westinhouse, IBM's SID, Ford Aerospace, Mc Donnell Douglas, Northrop, Medtronics, TRW e Strategic Air Command). 81 % das áreas de software se encontravam no nível 1 e 19 % entre os níveis 2 e 3. Quanto aos projetos, 88 % se encontravam no nível 1, 10 % entre os níveis 2 e 3 e 2 % no nível 5 [Bannert, John. IEEE Software, 1991-C]. Este modelo CMM está sendo aplicado em algumas entidades do Brasil com avaliações realizadas pela entidade ISD (Integrated System Diagnostic).

- **NORMA ISO/IEC 17799:** Esta Norma de segurança da gestão da informática foi realizada pela ISO com base na Norma BS 7799 do BSI (British Standards Institution).

- **NORMA ISO/IEC 9126 (QUALIDADE DO PRODUTO):** Esta Norma se refere à qualidade do "produto software" e não ao Sistema de Gestão da Qualidade para desenvolver produtos de software. A mesma define seis características da qualidade de software, a saber:

Caracterísiticas da qualidade do produto de software

⇒ **Funcionalidade:** refere-se à existência das funções que satisfaçam necessidades explícitas ou implícitas, além de propriedades específicas e as subcaracterísticas: adequação, precisão, interoperabilidade e conformidade em relação a padrões funcionais e de segurança;

⇒ **Confiabilidade:** capacidade do software de manter seu nível de desempenho, sob condições estabelecidas, por determinado período de tempo, além das sub-características: maturidade e tolerância a falhas e recuperação;

⇒ **Utilizabilidade:** refere-se ao esforço necessário para se utilizar o software, bem como para julgamento individual desse uso. O julgamento citado é realizado por um conjunto de usuários explícitos ou implícitos, contemplando as subcaracterísticas: compreensibilidade, aprendizagem e operabilidade;

⇒ **Eficiência:** relacionamento entre o nível de desempenho do software e a quantidade de recursos utilizados, sob condições estabelecidas, contemplando as subcaracterísticas: desempenho em relação ao tempo e em relação aos recursos;

⇒ **Manutenibilidade:** esforço necessário para fazer modificações específicas no software, contemplando as subcaracterísticas: legibilidade, modificabilidade, estabilidade e testabilidade, e

⇒ **Portabilidade:** refere-se à habilidade do software ser transferido de um ambiente para outro, contemplando as subcaracterísticas: capacidade para instalação, adaptabilidade, conformidade em relação a padrões de portabilidade e capacidade para substituir.

Como pode ser observado, esta Norma Internacional é aplicável na definição dos requisitos de qualidade do software e na avaliação de produtos de software propriamente ditos, ou seja uma Norma de produto e não de sistema de gestão.

A avaliação compreende medição, pontuação e julgamento, referente a produtos de software, incluindo os seguintes aspectos:

⇒ definição de requisitos de qualidade de um produto de software;

⇒ avaliação de especificação para verificar se ele irá satisfazer os requisitos de qualidade durante o desenvolvimento (que as especificações considerem aspectos técnicos do desenvolvimento, para garantir qualidade);

⇒ descrição de particularidades e atributos do software implementado (por exemplo: manual de usuários) e estabelece testes e validações para realizar antes da entrega e antes da aceitação.

Para essas avaliações se faz necessário contar com métricas de aceitação internacional o qual representa um problema na atualidade. Contudo, na falta de métricas adequadas, podem-se utilizar, para fins de avaliação, regras empíricas, técnicas de pontuação e critérios de qualificação, os quais devem ser documentados ao fornecer os resultados das avaliações.

- **ISO/IEC TC/SC7/WG6:** Este grupo de trabalho desenvolveu 7 Guias de Avaliação de Software, para servirem de auxílio à aplicação da Norma Internacional ISO/IEC 9126. Esses guias são: Guia Geral, Plano de Métricas, Guia do Desenvolvedor, Guia do Comprador, Guia do Avaliador, Indicadores e Métricas e Guia para o Desenvolvimento, Documentação e Validação dos Modulos de Avaliação.

- **NORMA DE REFERÊNCIA DA PRIVACIDADE ON-LINE:** Esta Norma realizada pela Fundação Vanzolini para certificar entidades que trabalham com Internet, trata da área de privacidade dos usuários de Internet, de modo tal a proteger os dados de cada usuário de Internet. Esta Norma usa modelos denominados SPICE tais como TSP e PSP.

- **CURSOS DE RESIDÊNCIA EM SOFTWARE:** Estes cursos de residência em software foram inspirados dos programas de residência médica, na formação dos seus profissionais, aliando a experiência prática e a teoria para treinar o residente no exercício da sua profissão. O **MCT** (Ministério de Ciência e Tecnologia) está coordenando Universidades e Institutos para estruturar Centros de Residência. As atividades do programa de Residência em Software dividem-se entre cursos sobre tecnologias e metodologias e sua concomitante aplicação em problemas práticos em um ambiente real de produção de software para o mercado.

Os alunos que participem do Programa de Residência em Software serão avaliados e poderão receber um Certificado de Residência em Software. O Programa de Residência em Software foi concebido nos cinco módulos a seguir citados:

⇒ **Módulo 1: Tecnologia de Desenvolvimento de Software**: atividades de técnicas de programação, suporte, implantação e manutenção de sistemas.

⇒ **Módulo 2: Modelagem e Projeto de Software**: arquitetura de software e estruturação do problema a ser resolvido através de técnicas de análise.

⇒ **Módulo 3: Modelagem de Negócio**: aproximação e familiarização dos profissionais de negócios ás técnicas e recursos disponibilizadas pela Tecnologia da Informação. Este módulo visa a formação de um profissional com visão híbrida, de negócios e de Tecnologia da Informação. Trata-se de saber utilizar a Tecnologia da Informação em proveito dos processos de negócio.

⇒ **Módulo 4: Gerenciamento de Projetos e de Implantação de Software**: atividades do profissional para o gerenciamento e a coordenação de projetos de desenvolvimento e implantação de Tecnologias da Informação.

⇒ **Módulo 5, Gestão do Processo e Qualidade de Software**: atividades do profissional voltado para a qualidade, como melhoria de processo e SQA (Software Quality Assurance) em projetos e atividades de implantação de Sistemas da Qualidade para software.

Cada módulo deste Programa de Residência em Software possui uma duração de 400 horas, divididas em cerca de 160 horas de aulas teóricas e 240 horas de aulas práticas, onde o treinado deverá participar de projetos. Para o ingresso em cada módulo é feita uma avaliação do aluno, verificando o seu nível de conhecimentos.

Conclusões dos aspectos de gestão da qualidade da informação

Considerando os enfoques existentes para avaliar a qualidade da informação e do software, podemos concluir que o aspecto crítico é, justamente, o relativo à integração dos diferentes softwares de uma organização, para poder conseguir cumprir seus requisitos da qualidade.

James Martin afirma: "a informação reflete características da organização que ela atende e não é melhor que a disciplina gerencial que ela facilita" [Martin, J. 1982-C].

Esta afirmação de James Martin contem as seguintes mensagens:

- *A qualidade da informação é uma função da* **arquitetura das bases de dados** *de onde ela provem. Ou seja, depende de uma arquitetura de dados realizada para atender determinada arquitetura organizacional. Assim,* **depende em última instância da organização que ela atende**.
- *A qualidade da informação depende também das regras, modelos e técnicas inseridas nos sistemas de gestão. Ou seja, depende da* **qualidade das técnicas de gestão** *(seja técnicas que utiliza o usuário ou técnicas embutidas nos sistemas informatizados). Portanto, temos um aspecto importante relativo à qualidade das técnicas de gestão.*

Qualidade da informação refere-se à capacidade de mostrar tudo o que se precisa para poder dar os melhores próximos passos, assegurando congruência entre elementos organizacionais, otimizando a desatualização tecnológica e conseguindo o sucesso da missão. Se uma organização não possui um enfoque integrado dela mesma, seus sistemas formais e informais não conseguirão fornecer informação de qualidade. A importância da integração dos sistemas, ou seja, das arquiteturas integradas, é tão relevante, que foram idealizadas tecnologias tais como:

CIM (Computer Integrated or Integrative Manufacturig),
WPA (Wide Plant Automation),
CAPD (Computer Aided Process Design),
CAPO (Computer Aided Plant Operation),
CASA (Computer Aided Software Arquitecture),
CASE (Computer Aided Software Engineering),
IPSE (Integrated Project Support Environment) etc
[Savage, Charles M. "CIM Management for the Future -FGM Tech Report", 1989-C].

Todos estes enfoques procuram integração e, de fato, a falta de integração nas organizações altamente automatizadas, tais como bancos e grandes conglomerados industriais, representa, em nossos dias, o maior risco de fracasso. A integração é tão complexa, nessas instituições que convivem com diversas tecnologias e softwares (que já vêm com regras implícitas), que chegam a considerar a plena integração de sistemas e regras como uma mera utopia.

A plena integração, pelo contrário, não é de forma alguma apenas uma utopia e sim uma necessidade das organizações competitivas do terceiro milênio. A forma da sua consecução será facilitada, justamente, com a metodologia e as ferramentas de "metagestão". Seja com os conceitos relativos a "Arquiteturas Integradas de Organizações, Dados e Regras", ou então com suas aplicações para "Auditoria de Sistemas na Qualidade da Gestão" e na elaboração de "Sistemas Flexíveis da Qualidade", atendendo às Normas ISO 9000-3 2000, ISO/IEC 17799 etc.

O "processo de metagestão" pode ser mal entendido como mais uma função adicional de uma organização. Pelo contrário, o conceito de "metagestão" deve ser entendido como a formalização das atividades orientadas à organizar uma entidade de forma integrada, isto é, um processo formal de elaborar métodos e sistemas de "Gestão Integrada".

Organizações do futuro perderão o conceito de "função" quando esta palavra se referir à "divisão funcional do trabalho". Porém, terá sentido a palavra "função" quando faça referência a toda atividade que se possa automatizar. Deste modo, podemos vislumbrar a convergência das atuais "funções de apoio administrativo" para três destinos, nas organizações do futuro: Uma parte dessas funções serão terceirizadas, outra será totalmente automatizada (tal como já ocorre com contabilidade, custos, controle orçamentário, folha de pagamento etc.) e outra parte poderá ser incorporada às atividades dos processos de "metagestão" e de gestão.

A organização em rede compreendendo um conjunto de unidades autônomas, com seus processos de atualização de regras incorporados em cada uma, precisará de permanente atualização das suas arquiteturas integradas, dentro de um processo de "gestão preditiva" que, avaliando a situação dos elementos organizacionais, determine e otimize os prazos de desatualização tecnológica e elabore sistemas de implantação de novos sistemas, sem perder qualidade, ou seja, sem causar desequilíbrios no sistema da qualidade. Somente nessas condições, poderemos ter "Informação de Qualidade".

Como conclusão destas considerações, podemos afirmar que a avaliação da qualidade da informação, do ponto de vista da sua aplicabilidade à gestão eficaz, depende da existência de um processo de metagestão, bem como do cumprimento de padrões da qualidade que se formulam mais adiante.

Como já foi relatado, podem ser formulados diferentes padrões de qualidade da informação, como os que citamos a seguir Figura 16:

PADRÕES DE QUALIDADE DA INFORMAÇÃO

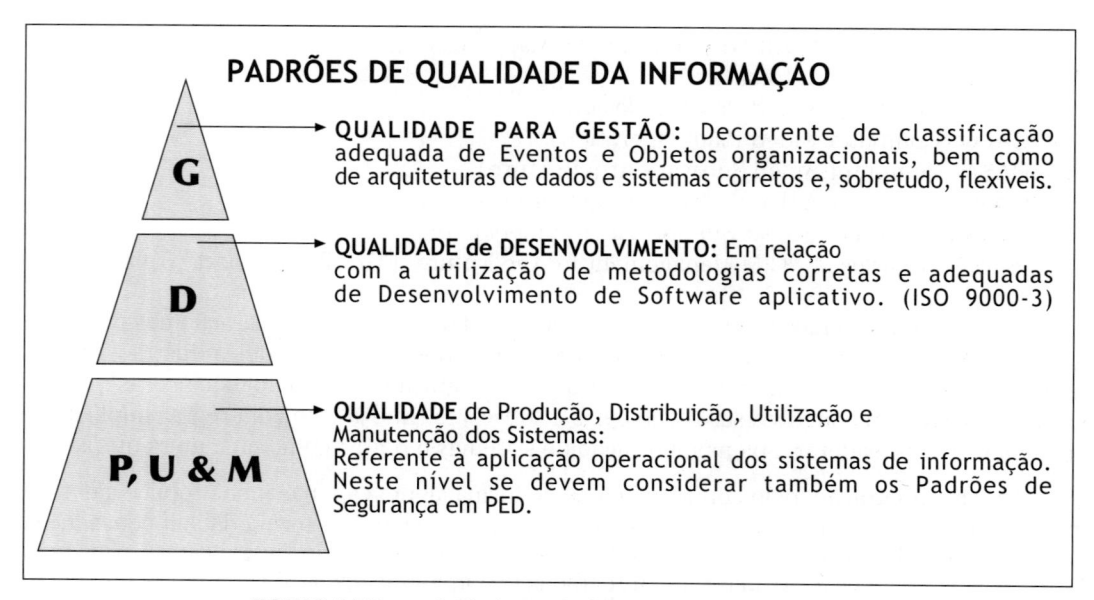

G — **QUALIDADE PARA GESTÃO:** Decorrente de classificação adequada de Eventos e Objetos organizacionais, bem como de arquiteturas de dados e sistemas corretos e, sobretudo, flexíveis.

D — **QUALIDADE de DESENVOLVIMENTO:** Em relação com a utilização de metodologias corretas e adequadas de Desenvolvimento de Software aplicativo. (ISO 9000-3)

P, U & M — **QUALIDADE de Produção, Distribuição, Utilização e Manutenção dos Sistemas:** Referente à aplicação operacional dos sistemas de informação. Neste nível se devem considerar também os Padrões de Segurança em PED.

FIGURA 16 Tipos de Padrões de Qualidade da Informação

Nosso objetivo compreende definir padrões para avaliar a qualidade da informação e, nesse sentido, podemos estabelecer dois caminhos

- Definir padrões de processos de "metagestão"
- Definir padrões de qualidade dos produtos dos processos de "metagestão", especificamente padrões de qualidade de arquiteturas integradas de atividades, sistemas e regras e, de outro lado, avaliar a qualidade dos sistemas quanto à qualidade das regras que possuem, tais como modelos de otimização e técnicas de gestão propriamente ditas.

Estabelecendo estes padrões, será possível avaliar a qualidade da informação para finalidade de gestão, determinando uma aplicação importante deste trabalho.

PADRÕES DOS PROCESSOS E PRODUTOS DE "METAGESTÃO" E FUNÇÕES BÁSICAS DOS COMITÊS DE GESTÃO

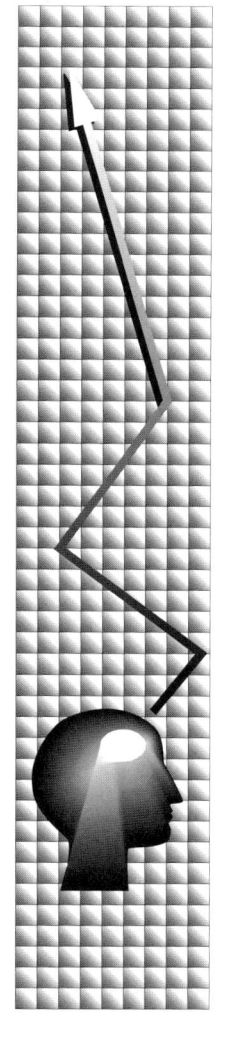

7.1 PADRÕES DOS PROCESSOS DE METAGESTÃO

Os processos de "metagestão" compreendem: identificação e avaliação do ambiente organizacional e das tecnologias; estruturação de arquiteturas (de atividades, informações e regras); formulação de processos, técnicas, sistemáticas e padrões de gestão; acompanhamento das implantações, registro e controle da preservação das informações relativas ao conhecimento organizacional considerando princípios de gestão co-participativa.

A seguir se definem padrões ou requisitos mínimos para estas atividades:

1. **Responsabilidade do Conselho de Administração:**
   A Administração ou a Alta Direção da organização com responsabilidade plena sobre o patrimônio da organização e pela gestão integrada da organização, deve definir uma política de gestão, especificando sua aplicação e abrangência à totalidade dos elementos organizacionais, objetivando a plena integração das atividades, das informações e das regras.

   1.1. A partir dessa política se devem estabelecer, de forma quantitativa, metas objetivas relativas ao nível de recursos para gestão, tais como o tempo de dedicação do pessoal designado a executar as atividades de "meta-gestao". A política de gestão deve ser compreendida, divulgada, implementada e mantida em todos os níveis da organização. Devem haver registros do cumprimento das metas de assignação de recursos para "metagestão", seja do tempo de dedicação do pessoal designado ou de eventuais investimentos em tecnologias de gestão e automação.

1.2. Deve ser designado um comitê ou "grupo de gestão co-participativa" (GECOP), responsável pelas atividades de "metagestão". Os membros desse comitê devem ter definidas suas responsabilidades e forma de atuação. Dentro dessas diferentes responsabilidades estabelecidas devem fazer parte as seguintes: Coordenação Geral; Assessorias em Técnicas de Gestão (especificando os tipos de técnicas a utilizar); Arquiteturas Integradas de Atividades, Dados e Regras (para elaboração de arquiteturas integradas); Treinamento e Divulgação dos produtos de "metagestão" (arquiteturas, modelos de dados, estruturas, técnicas, métodos etc.); Planejamento Preditivo e Global de Mudanças e controle e avaliação da congruência dos elementos organizacionais.

1.3. Deve haver um procedimento de avaliação da eficácia da "metagestão", bem como registros de análises críticas dessas avaliações a cargo da Alta Administração com responsabilidade plena pelo patrimônio da organização. Tais registros devem incluir disposições para atualização, quando necessário, dos próprios procedimentos de gestão resultantes das atividades de "metagestão" especificadas nesta parte.

2. **Identificação e Avaliação do Ambiente Organizacional e de Tecnologias:** Devem ser definidos os cargos responsáveis pela execução das atividades desta função, bem como definidas, documentadas e atualizadas diretrizes para a realização destas atividades, compreendendo sistemáticas de avaliação permanente de tecnologias e do ambiente externo entre outros aspectos (ameaças e oportunidades). Deve-se guardar registros dessas atividades, bem como da avaliação das tecnologias existentes, quanto a vantagens e desvantagens. As avaliações devem compreender necessariamente determinações do grau de infusão de novas tecnologias e do grau de difusão das tecnologias dentro da organização.

2.1. Os processos de desenvolvimento de tecnologias devem ser elaborados considerando os temas citados no Capítulo 3 e os temas definidos a seguir, no item: 3 de estratégias.

2.2. Deve ser elaborado um Plano de Desenvolvimento Tecnológico, ou vários Planos Integrados a respeito, estabelecendo a freqüência das suas atualizações, especificando metas de mudanças de tecnologias e planos de transição com verificação de interfaces entre antigas e novas tecnologias, através de estudos de otimização dos prazos de desatualização tecnológica, de acordo com a situação e os recursos disponíveis da organização, evitando riscos que afetem a congruência organizacional.

2.3. As tecnologias compreendidas no planejamento citado no item precedente devem considerar aspectos contingenciais, garantia de integração em todas as fases e técnicas que assegurem flexibilidade, tanto para atender determinada gama de mudanças previsíveis, como para assegurar a preservação do conhecimento organizacional e a congruência dos elementos organizacionais.

2.4. Devem ser especificados limites, situações, e condições relativas ao campo de validade de cada etapa das novas tecnologias que se pretende introduzir na organização, de modo a manter a operação normal dos seus processos.

2.5. Devem ser especificadas as situações e condições que não serão atendidas pelas novas tecnologias compreendidas no Plano de Desenvolvimento Tecnológico.

2.6. As interfaces técnicas e organizacionais entre diferentes grupos que participam do processo de projeto de técnicas e sistemas de gestão devem ser definidas. As informações necessárias para tal fim podem ser documentadas para serem transmitidas a todos os envolvidos e regularmente analisadas criticamente.

2.7. Devem ser definidos procedimentos de planejamento e controle integrado de recursos, de apropriação de gastos de capital e de controle de execução de projetos que impliquem em alterações dos padrões de tecnologia da organização, de modo a assegurar que toda e qualquer atividade de mudança organizacional e tecnológica se realize de forma planejada. Deve-se assegurar a integração dos diferentes tipos de recursos, segundo cronogramas físicos e financeiros, homologações prévias às implantações dos projetos, sistemáticas de controle da sua evolução e identificação de necessidades de treinamento, para garantir a congruência organizacional nos processos de mudança.

3. **Formulação de Estratégias:** A Diretoria Executiva da organização deve oficializar formalmente uma diretriz metodológica e, quando apropriado, procedimentos de elaboração sistemática de planos estratégicos. Tais especificações devem compreender regras de revisão e atualização de tais disposições de forma coerente com os Planos de Desenvolvimento Tecnológico referidos no item anterior.

    3.1. O método de implantação das disposições citadas deve compreender a revisão da missão da empresa e dos seus Objetivos (eficácia) e Fatores Críticos de Sucesso (eficiência). Ele deve incluir algum tipo de avaliação do ambiente externo, quanto a ameaças e oportunidades, bem como potencialidades e vulnerabilidades do ambiente interno, atratividades e forças dos seus negócios e identificação de tendências das tecnologias enquadradas nas áreas de atuação da organização.

    3.2. As conclusões e planos estratégicos elaborados devem compreender sistemáticas de fácil documentação, devendo-se conservar registros das principais conclusões ou estratégias oficializadas, bem como dos eventos críticos de acompanhamento dos planos e das ocorrências de atualização de metodologias quando necessário.

    3.3. Deve ser definida uma sistemática de verificação e aprovação de todo tipo de nova estratégia a ser elaborada e implementada, bem como de todo e qualquer tipo de desenvolvimento de novos produtos, serviços, mercados, tecnologias ou projetos de expansão e/ou modernização tecnológica e organizacional, assegurando que toda e qualquer mudança seja realizada dentro do escopo da gestão co-participativa integrada, evitando-se desgastes que comprometam à congruência e integração dos elementos organizacionais.

4. **Arquiteturas integradas de atividades, informações e regras:** Devem ser definidos responsáveis para elaborar e oficializar estas atividades, bem como os procedimentos e a especificação de técnicas ou metodologias para elaboração de arquiteturas integradas de atividades, informações e regras. Essas disposições devem compreender sistemáticas de atualização, sempre que necessário, dessas arquiteturas integradas.

    4.1. Deve-se oficializar uma sistemática formal para realizar, a intervalos regulares, atividades de identificação e/ou atualização de eventos críticos da organização e dos seus registros correspondentes. A criticidade dos eventos corresponderá se estes tiverem associação ou impacto direto sobre os objetivos da organização como um todo (inclusive objetivos contratuais dos co-participantes), sobre o desempenho dos Fatores Críticos de Sucesso, sobre os Objetivos de congruência organizacional e sobre os Objetivos específicos de cada processo da instituição.

4.2. Com base na identificação desses Registros de Eventos Críticos e diante dos objetivos de cada processo, devem ser identificadas e/ou atualizadas necessidades de informações gerenciais e suas especificações básicas em termos de conteúdo e/ou forma. As especificações das informações identificadas poderão compreender, onde aplicável: natureza da informação ou definição, técnicas estatísticas e/ou de gestão e controle a utilizar, dimensões de informações e suas combinações (capacidade de navegação), abrangência organizacional e temporal, precisão, freqüência, responsáveis e formato de apresentação (ver item 8 a seguir, Controle de Padrões). Devem ser também definidas as bases de dados necessárias para dar suporte às informações gerenciais.

4.3. Devem ser definidas e documentadas metodologias de projeto de arquiteturas de atividades, dados e regras; bem como metodologias de outras arquiteturas para finalidade de automação integrada, quando for o caso (software, conectividade, telecomunicações etc.). Quando aplicável e diante de projetos autorizados de investimentos em expansão e/ou aprimoramento de infra-estrutura organizacional e de recursos físicos, devem-se avaliar e selecionar técnicas para flexibilização de estruturas e processos organizacionais e operacionais.

4.4. Também devem ser definidas sistemáticas documentadas para a implantação das arquiteturas, contemplando fases de transição e controles das alterações decorrentes das novas implantações. Devem ser definidos os prazos dessas fases.

5. **Formulação de processos, técnicas, sistemáticas e padrões de gestão:** Devem ser estabelecidos procedimentos para identificar e/ou atualizar necessidades de técnicas e padrões de gestão, bem como estabelecidas as sistemáticas e definidos os responsáveis pela sua aplicação. As técnicas de gestão identificadas devem ser claramente definidas e registradas.

5.1. Quando utilizadas técnicas de gestão ou regras específicas, em sistemas automatizados, as mesmas devem ser documentadas nos projetos de automação e comunicadas aos responsáveis pela sua aplicação (que não são necessariamente os usuários finais).

5.2. Ao utilizar técnicas de gestão ou modelos e algoritmos de controle, em sistemas automatizados, devem ser documentados os modelos dos "metassistemas", tais como: modelos de parametrização de processos; sistemáticas de configuração das variáveis e responsáveis respectivos para essa atividade; documentação dos possíveis valores de variáveis e parâmetros de processos, para determinadas situações específicas. Em caso de aplicações de "metassistemas" genéricos com capacidade de gerar sistemas para diferentes situações ou aplicações, devem ser especificados os tipos de sistemas que podem ser gerados, seu campo de validade e/ou período de validade, para determinada gama de aplicações.

6. **Controle de produtos de metagestão:** Especificações básicas de produtos críticos resultantes de atividades de "metagestão", na forma de arquiteturas, padrões internos, manuais, metassistemas e técnicas de gestão, devem ser registradas.

   Os produtos críticos são os que influem significativamente nos fatores críticos de sucesso e em todos os objetivos da instituição, bem como na congruência de todos os elementos organizacionais. Os aspectos a documentar desses produtos, quando apropriado, são: objetivos, abrangência e campo de aplicação, casos onde não podem ser aplicados, período em que serão utilizados; administradores com responsabilidade executiva pela aprovação das suas versões, datas de início da implantação e das sucessivas revisões, eventuais datas de interrupção da implantação e suas causas, datas de reinicio das implantações e datas e autorizações de auditorias, homologações e avaliações do seu desempenho por responsáveis autorizados. Quando corresponder, também devem haver registros de validações de produtos e técnicas de gestão a cargo dos próprios usuários, segundo estabelecido no item anterior 2.7.

7. **Controle dos "Padrões" estabelecidos pelos grupos de "metagestão":** Sendo um dos principais objetivos das atividades de "metagestão" o de estabelecer "padrões" da qualidade de gestão, todos esses "padrões", quando necessário, devem ser documentados e, quando corresponder, vinculados a outros "padrões de referência". Para os padrões documentados deve-se especificar: datas de aprovação, responsáveis que aprovaram, campos de validade da sua aplicação e circunstâncias ou casos onde não podem aplicar-se, validade da aplicação e registros de avaliações de "padrões", bem como de auditorias de sistemas organizacionais, onde existam sugestões de alteração e/ou aprimoramento de "padrões".

8. **Aprimoramento e Grau de Integração dos Sistemas de Informação**: Deve ser estabelecida uma sistemática para atualizar, em intervalos de tempo apropriados, registros de avaliações do grau de integração dos sistemas informatizados e/ou de projetos de aprimoramento das integrações dos sistemas atuais da organização, especificando, conforme aplicável: elementos repetitivos dos sistemas, atividades operacionais repetitivas, programas e/ou sistemas adicionais elaborados para conversão, tradução e/ou interconexão de sistemas, inventário de diversidade de tecnologias utilizadas e das técnicas de integração utilizadas e/ou a utilizar.

   Caso exista um plano diretor ou projeto global de desenvolvimento de novos sistemas, dever-se-á verificar se o mesmo define e especifica, em alguma forma documentada, os requisitos especificados a seguir: (itens 8.1, 8.2, 8.3 e 8.4)

   8.1. Definição da estratégia de informática, definindo o tipo de solução adotada e oficializada, compreendendo os seguintes aspectos, quando aplicável em cada caso: centralização ou descentralização do processamento, das bases de dados, do controle operacional e do acesso a dados; tipos de arquiteturas (software, hardware, conectividade e comunicações internas e externas) e tecnologias especiais a utilizar (correio eletrônico, controle de arquivos e de fluxo de documentos, Intranets, bases de conhecimento e similares).

   8.2. Definição dos sistemas a serem desenvolvidos, suas especificações globais, prioridades e cronogramas de desenvolvimento, teste, homologação e implantação.

8.3. Especificação de Planos de Transição ou definição documentada da substituição dos sistemas atuais (manuais ou informatizados), pelos sistemas novos a desenvolver e implementar, definindo as atividades de implantação e as formas de integração de sistemas definidas, para cada etapa de implantação, tanto com os sistemas atuais como integrações previstas com novos sistemas.

8.4. Projetos de novos sistemas a desenvolver devem ter também definida e documentada a forma da sua integração com os sistemas atuais e com sistemas futuros que já possuam projetos aprovados. Caso existir a decisão de sistemas futuros, mas sem projetos definidos, nos projetos definidos de novos sistemas a desenvolver, devem ser definidos pelo menos os dados de intercâmbio visando assegurar a integração.

9. **Indicadores de Congruência Global dos Elementos Organizacionais:** Devem ser avaliadas as arquiteturas implantadas na organização, referentes a atividades, sistemas e regras, especificando, a cada período de tempo apropriado, o grau de congruência das arquiteturas implementadas, sejam manuais ou mediante sistemas informatizados, considerando os requisitos a seguir, conforme aplicável a cada caso:

9.1. Definição de indicadores de medição da congruência dos quatro fatores básicos das arquiteturas integradas, ou seja: **pessoas** (considerando aspectos formais e a qualificação objetiva das competências dos recursos humanos e considerando também a informalidade), **atividades** (organização, objetivos e responsabilidades), **sistemas** (dados, informações e processos informatizados) e **regras** (normas internas oficializadas).

Deveria haver uma medição interna de congruência em cada um destes fatores e nos pares de fatores a seguir citados: pessoas e atividades, pessoas e sistemas de informação, pessoas e regras, atividades e sistemas, atividades e regras e sistemas e regras. Para a medição da congruência entre pessoas e entre os fatores citados, também devem-se considerar as evidências objetivas de ausência e não conformidades, baseadas também nos dados de qualificação das pessoas (requisitos de educação, experiência, especialização e habilidades para cada um dos cargos ocupados por cada pessoa da organização).

9.2. Na falta de dados para estabelecer indicadores ou medidas objetivas dos fatores citados em 9.1, podem ser utilizados, em intervalos apropriados, registros de questionários padrão, a serem respondidos pelos envolvidos na instituição da organização com responsabilidade relevante na gestão organizacional e por uma amostra representativa de pessoal chave nos diferentes níveis da empresa, sobre o grau de congruência existente entre os diversos elementos organizacionais.

9.3. Devem ser mantidos registros sistemáticos de todo e qualquer fato relevante que demonstre desequilíbrio dos elementos organizacionais, na forma de não conformidades, em relação a requisitos ou indicadores de congruência organizacional, tais como: ausência de critérios formais para qualificação de recursos humanos a contratar; sobrecargas de trabalho não planejadas ou não previstas; retrabalhos excessivos; freqüência de acidentes acima de níveis definidos como aceitáveis; compra de software sem especificação prévia de requisitos de integração com outros sistemas interligados, ou sem avaliação prévia das suas regras e técnicas implícitas; compras de bens de ativo fixo sem aprovação técnica de padrões de uso, ou sem definição e aprovação prévia de requisitos de infra-estrutura etc.

10. **Acompanhamento das implantações, registro e controle da preservação das informações relativas ao conhecimento organizacional e consideração de princípios de gestão co-participativa:**

   Devem ser estabelecidos procedimentos para realizar o planejamento, preparação, homologação, treinamento e implantação planejada e controlada de novas técnicas de gestão e programas de aprimoramento de sistemas da qualidade.

   Deve ser avaliado o grau de participação dos recursos humanos em todos os processos de elaboração de Normas, regras e procedimentos e na própria atualização das bases de dados e atualização de regras organizacionais, para efeitos de melhoria contínua da qualidade organizacional.

   Devem ser documentadas as atividades relacionadas com processos de avaliação, auditoria, atualização e manutenção das arquiteturas integradas de organização, sistemas e regras. Deve ser demonstrado, com evidências objetivas, o grau de atualização e aproveitamento das diferentes atividades e experiências do dia a dia da organização, para atualizar registros e enriquecer as bibliotecas e bases de dados e de regras, partindo das experiências de trabalho dos co-participantes. Podem haver instruções de trabalho ou sistemáticas estabelecidas para a participação da maior quantidade possível de colaboradores diretamente envolvidos, em todos os níveis da organização, nos processos de aprimoramento da qualidade das regras, informações e atividades, dentro de processos permanentes de melhoria contínua.

11. **Cumprimento de requisitos de Normas:** Para a implementação adequada dos processos de "metagestão" organizacional, como parte dos processos de uma organização, deve-se cumprir os requisitos específicos das organizações, tais como normas de produtos, normas de sistemas, serviços e requisitos acordados com co-participantes e clientes e requisitos regulamentares aplicáveis. Caso seja o cumprimento das Normas ISO 9000 um requisito básico acordado, para a implementação dos requisitos dessa Norma poderão ser utilizados os processos de "metagestão", ou seja as atividades de definição e elaboração dos procedimentos exigidos, a oficialização dos mesmos e sua implantação e auditoria. Os membros das organizações certificadas com a ISO 9000 já dedicam um tempo para atividades de definição de procedimentos e para atividades de aprovação e auditoria das propostas de procedimentos elaboradas pelos consultores internos. Os requisitos relevantes da Norma ISO 9001 2000 já serão atendidos ao aplicar as tecnologias de "metagestão". O cumprimento dos requisitos mínimos da ISO 9001 2000 não garante a qualidade da informação, devendo-se considerar também, caso necessário e caso aplicáveis, as normas específicas da qualidade e segurança da informação citadas no Capítulo 6.

7.2 PADRÕES DA QUALIDADE DOS PRODUTOS DE METAGESTÃO

Os produtos dos processos de "metagestão", tais como: padrões da qualidade; arquiteturas integradas de atividades, sistemas e regras; técnicas e sistemáticas de gestão e automação e mesmo os procedimentos do sistema da qualidade, devem poder ser avaliados quanto ao atendimento de requisitos e especificações da qualidade. Para esse fim podem-se utilizar diversos critérios e Padrões como os citados no início deste Capítulo (item 7.1), para o caso de informações. Para a avaliação da qualidade de arquiteturas específicas de sistemas flexíveis de atividades, dados e regras; seja de apenas um desses itens ou bem de sistemas e/ou arquiteturas específicas integradas, podem ser demonstradas características como as citadas a seguir, para posterior pontuação e ou avaliação e controle: Denominaremos genericamente de **sistema-produto** a qualquer tipo de produto dos processos de "metagestão".

⇒ Enquadramento adequado e integrado da arquitetura e/ou do sistema-produto avaliado, dentro de uma arquitetura global mais ampla, no âmbito de toda a organização.

⇒ Especificação da abrangência ou campo de validade da arquitetura ou das aplicações de determinado sistema-produto em avaliação, dentro de determinado intervalo de validade das variáveis onde o mesmo é flexível.

⇒ Grau de integração do sistema-produto com sub-sistemas ou bancos de dados da unidade organizacional em que o mesmo opera, considerando a eficácia das tecnologias utilizadas em relação aos objetivos institucionais. Entre as tecnologias a avaliar devem-se considerar as de projeto e arquitetura de software, de conectividade, de comunicação de dados e de acesso a bancos de dados (Exemplo: ODBC: Open Data Base Conectivity).

⇒ Grau de integração do sistema-produto com sistemas de organizações externas, considerando a eficácia das tecnologias utilizadas de conectividade, acesso a bancos de dados e comunicação de dados (Exemplo: EDI: Electronic Data Interchange).

⇒ Independência de atualização, com reprogramação, das regras e técnicas de gestão implícitas nos sistemas-produtos, diante de alterações de regras de negócios ou de outras regras de origem externa (Exemplo: Legislação).

⇒ Eficácia das tecnologias de "metagestão" utilizadas, considerando o grau de utilização de tecnologias disponíveis no mercado em relação aos objetivos institucionais.

Entre essas tecnologias devem considerar-se técnicas de projeto de software, modelos de dados flexíveis utilizando "metadados", parametrização de modelos de otimização de operações e tecnologias de configuração de sistemas (software e hardware).

⇒ Grau de subutilização da tecnologia disponível para preencher carências de gestão. Devem ser avaliadas as tecnologias ou regras implícitas nos sistemas ou previstas nas arquiteturas dos sistemas e confrontar com as necessidades reais dos usuários. Especificar o grau de utilização das tecnologias que possui o sistema e/ou as causas da sub-utilização (Exemplo: em determinados casos são desenvolvidos sistemas com modelos de dados flexíveis, mas não se aproveita toda sua potencialidade para o fornecimento das informações gerenciais necessárias).

⇒ Confiabilidade das funções dos sistemas-produtos, quanto à facilidade e segurança de uso das tecnologias de gestão implícitas no sistema ou arquitetura em questão, considerando riscos e suas prioridades (probabilidades de ocorrência, gravidade ou severidade e dificuldade de detecção de falhas).

⇒ Capacidade de preservação do conhecimento organizacional: Deve ser verificado se existem sistemáticas para registrar dados e fatos históricos relativos a eventos relevantes, bem como a casos, situações e condições gerais onde determinados processos apresentaram excelentes resultados. Também, todo tipo de sistemática prevista de participação de usuários em projetos de atualização e aperfeiçoamento de sistemas e regras deve ser avaliada, evidenciando o grau de participação efetiva.

⇒ Avaliar a facilidade operacional: visualização, superposição, comparação, interpretação e aprendizado do software e do assunto, tema ou técnica de gestão, a temporalidade passada e futura, a rastreabilidade e navegação nas dimensões de informação (agregação e desagregação da informação em função de classificações).

⇒ Planejamento da atualização tecnológica de sistemas-produtos (em relação à existência de uma sistemática de gestão de mudanças de tecnologias de gestão e de tecnologias de informação, ou seja, controle do risco de obsolescência do sistema/arquitetura).

⇒ Fatores convencionais da qualidade da informação (relevância, oportunidade, exatidão/precisão, freqüência, confiabilidade, portabilidade, manutenibilidade etc.).

7.3 IMPLANTAÇÃO DA METAGESTÃO CO-PARTICIPATIVA INTEGRADA (RECURSOS PREDITIVO E DIMENSIONAL)

A implantação da "metagestão" é um processo gradativo e avezes demorado, em função da dificuldade de quebrar paradigmas sobre novos valores de gestão, devido à falta de tempo ou falta de prática em gerar e elaborar técnicas de gestão, em razão do caos reinante na área de informática de algumas empresas e em função da dificuldade de justificar e separar as atividades de elaboração das técnicas de gestão das atividades de gestão do dia a dia propriamente ditas. A explicação da importância da integração é reconhecida, mas a possibilidade de estruturar e implantar sistemas totalmente integrados é às vezes vista como utopia e não como uma necessidade prioritária. As principais resistências e dificuldades para implementar processos de "metagestão" podem ser as apresentadas a seguir, referentes aos estilos antigos de gestão (segundo milênio):

- Ausência de disposição para aceitar um enfoque integrado de gestão. Determinados empresários não consideravam conveniente resolver todos os problemas de gestão de forma integrada. Alguns não aceitavam que o técnico que trata de aspectos de informática passasse a tratar de assuntos de qualidade e/ou de produtividade e vice-versa. Assim, não se aceitavam enfoques integrados e se continuava a tratar os diferentes problemas de gestão em compartimentos estanques, desenvolvendo fragmentos de sistemas, mesmo com tecnologias caras, mas sem deixar de ser fragmentos que, à medida que a organização cresce, tais fragmentos poderão ser uma causa de falência.

- Ao item precedente soma-se ao próprio fato da formação antiga do pessoal; quem entendia de finanças desconhecia aspectos básicos de conservação de energia e do meio ambiente, e quem entendia da parte técnica desconhecia aspectos essenciais de finanças e muito menos de aspectos de legislação e assim sucessivamente.

- A cultura antiga de alguns empresários não aceitava a possibilidade de "gerar suas próprias tecnologias de gestão", sendo que esperavam e preferiam "soluções" prontas, com marca registrada e às vezes "soluções mágicas inexistentes".

Assim, era muito mais fácil que contratem tecnologias que estão na moda, mesmo que esta corresponda à década dos anos 50 ou 60, do que pensar na possibilidade de criar e formular sua própria tecnologia de gestão, adequada às necessidades da sua organização. O processo de "metagestão" não tem "cor", sendo algo neutro e muito lógico e objetivo, que trata de maximizar a congruência organizacional e otimizar resultados, mas requer que o conteúdo dos meios surjam da criatividade grupal das equipes das organizações.

- Desconhecimento de conceitos de Engenharia da Informação e de fatores essenciais para avaliar tecnologias. As tecnologias eram avaliadas em função de opiniões de terceiros com reputação comercial na área de informática, mas não se verificava se as tecnologias de informática levavam implícitas tecnologias avançadas de gestão e muito menos se utilizavam tecnologias corretas de Engenharia da Informação.

A capacidade para elaborar e formular técnicas e padrões de gestão exige profissionais com grande vivência e formação generalista, o que também era difícil de encontrar na maioria das empresas que se encontravam estruturadas para favorecer a especialização em lugar da generalização. Profissionais de informática às vezes não tinham domínio de tecnologias de gestão da engenharia e das áreas de marketing, finanças, recursos humanos, finanças etc. Assim, numa boa parte de empresas, utilizavam-se tecnologias avançadas de informática, mas eram elaborados sistemas fragmentados e sem inteligência de gestão. Profissionais das áreas de gestão da qualidade e de áreas de recursos humanos, também, nem sempre dominavam as tecnologias de teleprocessamento de dados e automação comercial, industrial, predial etc. Desse modo, a estrutura antiga das empresas, que se encontrava muito dividida, não facilitava a estruturação de abordagens voltadas para a gestão integrada empresarial. Para conseguir a gestão integrada e co-participativa, é necessário contar com a plena participação de todo o pessoal chave de uma organização, devendo iniciar esses processos com o convencimento e comprometimento da alta administração que deve responsabilizar a todos os seus executivos pela formalização dos processos de metagestão.

Os processos de "metagestão" têm duas propriedades básicas: São atualizados de modo permanente, em determinados intervalos de tempo e se orientam mais enfaticamente ao futuro do que ao passado. Se uma empresa realiza atualizações imediatas das suas arquiteturas e das suas tecnologias, ela estará correndo riscos decorrentes dos desequilíbrios que provocam tais mudanças que podem comprometer a congruência dos elementos organizacionais (atividades, pessoas, regras e informalidade), com a conseqüente perda de lucro e da qualidade. De outro lado, caso não se realizem tais alterações, corre-se o risco da obsolescência, típica das organizações orientadas para o passado.

Surge assim o conceito de "gestão preditiva", já definido nos Capítulos precedentes, que tem por objetivo otimizar os períodos de atualização das arquiteturas e tecnologias em geral, partindo da base de tomar decisões e projetar soluções para o futuro, implantando soluções mais orientadas ao futuro do que ao passado e evitando uma freqüência muito elevada de mudanças. Deste modo, as decisões de mudanças devem levar em conta as implicações futuras das decisões presentes e a consideração das implicações funcionais, tecnológicas, legais, culturais etc. das novas tecnologias.

Trata-se de elaborar Planos de Ação desde o futuro até o presente e não o contrário, visualizando a organização de fora para dentro, bem como avaliando a situação presente dos seus negócios e das suas unidades organizacionais e demais elementos, visando minimizar os prazos para realizar mudanças sem comprometer os riscos decorrentes dos desequilíbrios provocados pelas alterações a realizar. Trata-se pois de elaborar uma constante avaliação de cada parte da organização, com os dois enfoques básicos a seguir citados.

- O enfoque da integração e da garantia da congruência organizacional.
- O enfoque da visão da empresa desde o futuro e não até o futuro, isto é, como a empresa poderá chegar à tecnologia mais avançada, adequada e viável que se possa conceber, sem perda do primeiro enfoque.

Tudo isto implica em realizar previsões e controlar a desatualização tecnológica, com base na situação presente da organização e das implicações das tecnologias. Para isso devem-se determinar fases ou níveis de evolução de tecnologias, em função de estudos de tendências de indicadores de demandas e da própria situação das organizações, em cada determinado momento. Desse modo, novos projetos de sistemas deverão ser projetados, desenvolvidos e implantados, com suficiente antecedência e de forma suave para não causar desequilíbrios.

No Capítulo 4 foi definido o conceito e justificativa da "metagestão" e no Capítulo 5 foi apresentado o modelo genérico, flexível e global de classificação de todos os elementos organizacionais de uma entidade (ver Apêndice 10.2). A flexibilidade não é apenas decorrente da modelagem de dados, senão também da qualidade das arquiteturas, conforme tratado no Capítulo 6 o tema da qualidade da informação. O Capítulo 8 apresenta uma forma de elaboração e classificação integrada das regras organizacionais, determinando a base da geração de Sistemas de Gestão da Qualidade e também a base para a elaboração de "metassistemas", ou ferramentas para a aplicação do conceito de metagestão. Observamos, deste modo, que todos estes processos de classificação, bem como a utilização de algoritmos e técnicas, são, na realidade, uma poderosa infra-estrutura de dimensões de informações criteriosamente classificadas, para assegurar o melhor desempenho possível das unidades organizacionais ou processos. Essa estrutura poderosa e dinâmica de dimensões adequadamente estruturadas é denominada de estrutura dimensional e o processo da sua utilização pode ser também denominado de **"gestão dimensional"**.

O processo de implantação dos processos de "metagestão" começa com o planejamento estratégico e com a elaboração das arquiteturas organizacionais integradas. Para esse fim deve-se estruturar um Comitê de Metagestão. No Capítulo 2 se apresentou a metodologia de implantação, detalhando os diferentes passos a seguir, visando estruturar grupos co-participativos, responsáveis pela elaboração das Normas de Metagestão (Regras que especificam, a forma e os padrões que devem ser seguidos para elaborar Regras), bem como para elaborar as Normas propriamente ditas da organização. Também no Apêndice 10.3, são detalhados outros aspectos para que o Sistema Organizacional a implementar seja flexível, sendo tais aspectos especificamente orientados para Sistemas Flexíveis da Qualidade.

Neste ponto, cabe realizar uma observação relevante: Quando se deseja projetar um Sistema Flexível da Qualidade, é conveniente utilizar ferramentas de informática e quando se utilizam essas ferramentas, para poder ter essa flexibilidade, é necessário considerar arquiteturas abrangentes e completas de atividades, informações e regras organizacionais. O resultado disso é que um Sistema Flexível da Qualidade vem a coincidir perfeitamente com o Sistema Organizacional como um todo, do ponto de vista da "metagestão", ou seja:

$$\boxed{\text{Sistema Flexível da Qualidade}} = \boxed{\text{Sistema Organizacional}}$$

Existe também a evolução da estrutura elaborada para desenvolver e manter uma estrutura de Gestão da Qualidade, para uma estrutura de Gestão Organizacional Integrada ou de Metagestão.

- *O objetivo da Gestão da Qualidade é desenvolver e manter elementos do Sistema da Qualidade operando segundo requisitos tais como os Requisitos das Normas ISO 9000. Assim, toda essa estrutura de apoio significa GARANTIA DA QUALIDADE. Em outras palavras, o Sistema de Gestão da Qualidade fornece apoio aos produtos ou serviços elaborados para os clientes, isto é, o cliente sente que tem algo por trás dos Produtos e Serviços que ele compra, ou seja: Confiança e Garantia da Qualidade.*

- *O objetivo da "metagestão" é o de dar apoio ao sistema de gestão da qualidade e à própria organização, para poder gerar técnicas de gestão e mesmo estruturas do Sistema de Gestão da Qualidade, adequados ao ambiente organizacional e à missão da instituição, possibilitando gerir as mudanças com enfoque preditivo e apoiando os processos de decisão estratégica e operacional, com sistemas flexíveis de informação gerencial multidimensional. Os processos de Metagestão tem a característica de serem transparentes, constituindo apenas um meio para o desenvolvimento co-participativo da criatividade grupal e da própria inteligência organizacional.*

Como já citado, no Capítulo 2 e no Apêndice 10.3, o mecanismo necessário para implementar um processo de "metagestão" co-participativa e integrada compreende um processo gradual de desenvolvimento dos elementos de um sistema organizacional integrado através de processos destinados a esse fim. Os processos de "metagestão" foram citados na Figura 5 do Capítulo 4. Assim, ao longo dos diferentes capítulos, foram especificados os aspectos técnicos de "metaprocessos" e de "metassistemas". Para complementar, apresentamos nesta parte as características dos cargos de um Comitê da Qualidade, a partir do qual se pode evoluir para um Comitê de Metagestão, restando apenas escolher responsáveis para cada um dos itens apresentados no item: 7.1 Padrões dos processos de "metagestão" do Capítulo 7, bem como para a realização de auditorias com base nessa Norma e, igualmente, para utilização dos critérios de avaliação dos sistemas-produto da "metagestão" com os critérios apresentados no item 7.2 do Capítulo 7.

COMITÊ DA QUALIDADE

O primeiro Comitê da Qualidade pode ser estruturado com base nos requisitos das Normas ISO 9000. Os cargos a seguir, dos membros do comitê da qualidade, não implicarão dedicação de mais de quatro a oito horas por semana por parte dos seus membros. Uma mesma pessoa também poderá acumular mais de um dos cargos definidos para o Comitê da Qualidade. A seguir apresentam-se os principais cargos do Comitê, com referências à Norma ISO 9001 2000.

1. **Representante da Diretoria (RD):** Pessoa responsável pela Gestão da Qualidade (pode ser o Presidente, um Sócio, o Executivo principal ou um Gerente Executivo, mas isso são apenas opções; esta pessoa deve ter autonomia plena sobre aspectos da qualidade e representar à Diretoria, frente a funcionários, clientes e à comunidade em geral). Poderia ser um Diretor Executivo ou Superintendente, com autonomia de poder parar a produção ou de interferir nas operações da organização, quando exista violação de padrões oficiais da qualidade. O mesmo pode ser também Auditor, mas não poderá auditar as atividades que o mesmo executa (Itens da Norma: 8.2.2). Se este Representante da Direção (RD) estiver coordenando diretamente várias áreas do Sistema da Qualidade de uma empresa, nesse caso, ele poderá ser Auditor Interno dessas áreas exceto das atividades onde o mesmo atua diretamente. O RD deve assegurar que os processos da organização sejam estabelecidos, implementados e mantidos e também a conscientização dos funcionários sobre os requisitos dos clientes.

   É também importante designar um segundo coordenador geral do Comitê, como colaborador do primeiro, especialmente em casos de ser o primeiro uma pessoa com muitas outras responsabilidades.

2. **Responsável pelas atividades de Planejamento da Qualidade e pela coordenação de aspectos técnicos do sistema de gestão da qualidade relacionados com os temas de Técnicas Estatísticas, Inspeção e Rastreabilidade**: Pessoa com conhecimento técnico dos processos e negócios da empresa. Pode ser o próprio RD ou bem um Gerente, Diretor ou Assessor Técnico. Esse responsável é o Técnico do Comitê e também pode ser Coordenador de Grupos de Trabalho relacionados com áreas técnicas. Se este membro for também designado como Auditor, nesse caso não poderá Auditar as áreas a seu cargo direto. (Itens da Norma: 5.4.2, 7.1, 7.4.3, 7.5.3, 7.6, 8.1, 8.2.3, 8.2.4, 8.4). Dos Grupos de Trabalho coordenados por este membro, em conjunto com os coordenados pelos responsáveis de Treinamento e Divulgação, Projetos de Engenharia e de Informática, Indicadores e Registros e de Estruturação Organizacional, poderão surgir os Grupos e os Processos de Metagestão, atendendo os itens da Norma apresentada no item 7.1 do Capítulo 7.

3. **Coordenador de Treinamento e Divulgação:** Pessoa muito bem aceita por todos os funcionários pela sua capacidade de bom relacionamento, comunicação e senso social (ele não precisará ministrar treinamentos necessariamente). Deve ter capacidade de motivar, divulgar e considerar o ponto de vista dos funcionários. (Item 6.2,2)

4. **Coordenador de Indicadores da Qualidade:** Pessoa com facilidade para utilizar planilhas de cálculo e/ou habilidade para atualizar gráficos de indicadores. A mesma deverá coordenar o preenchimento de dados necessários para construir indicadores

de desempenho ou, mesmo, coordenar a própria elaboração de indicadores, a cargo de outras pessoas, sob sua coordenação indireta (sem necessidade de autoridade sob as mesmas). Esta pessoa deverá ser responsável pela indexação e controle dos arquivos e documentos relativos a Registros Da Qualidade. Também é interessante que esta pessoa tenha algum contato com a área de informática, dado que da análise técnica dos dados dos Registros da Qualidade devem ser derivados modelos de dados, planos de sistemas e, especialmente, indicadores de gestão. Itens da Norma: 4.2.4, 5.4.1, 5.6, 7.5.2, 8.2.3, 8.4

É conveniente que este membro tenha alguma familiaridade com softwares de EIS (Enterprise Information Systems) ou mesmo com as rotinas SQL da Planilha Excel, com acesso aos dados de sistemas existentes (item 4.2.4 da Norma)

5. **Coordenador de Documentos e Dados:** Pessoa com perfil adequado para controlar documentos. Deve saber utilizar um micro e ter familiaridade com sistemas Intranet e/ou de Controle de Fluxos de Documentos. Em geral podem ser utilizados softwares especialmente elaborados para implementar Sistemas de Gestão da Qualidade, tal como o software ISO-ON-LINE (e outros publicados na revista Banas). O correto é automatizar os Sistemas da Qualidade com os próprios sistemas operacionais existentes na organização, ou seja assegurando a integração dos softwares. De outro modo, pode ocorrer que se criem sistemas paralelos ou superpostos, com surgimento de duplicação de atividades. Assim, se os documentos são elaborados em Word for Windows, por exemplo, deve-se procurar um software que se incorpore dentro deste software e não o contrário. Empresas que possuem redes adequadas de computadores podem utilizar diretamente as funções do Word for Windows para o controle de documentos. Temos também no mercado sistemas como o Docs Open que têm essas características, atuando como um interligador de SQL Server ou Oracle com Word for Windows, ou seja, converte ao próprio Word for Windows num controlador de documentos em bases de dados relacionais. Assim, os diretórios passam a operar como bases de dados de um banco de dados relacional (Oracle ou SQL Server). Desta maneira, o Docs Open não acrescenta mais nenhum arquivo e apenas vincula os documentos a um Banco de Dados Relacional, registrando automaticamente toda e qualquer ação sobre documentos controlados, reconstituindo revisões antigas e armazenando todos os movimentos dos documentos dentro de redes locais de diferentes locais. Este Coordenador deve participar do processo de elaboração do Projeto do Sistema da Qualidade e ter uma clara compreensão da estrutura dos Sistemas de Gestão da organização. Deve executar atividades de elaboração, distribuição e controle de revisões de documentos. Podem ser várias pessoas, neste assunto, sendo cada uma a cargo de determinado tipo de documentos ou a cargo dos documentos de determinada área de uma empresa. Devem ser também definidos os documentos externos a controlar. Deve ser claramente diferenciada a natureza dos documentos controlados segundo o item 4.2.3 da Norma e com o item 4.2.4 para os Registros de Gestão.

6. **Não Conformidades e Ações Corretivas e Preventivas:** O RD, um Diretor ou Gerente com autoridade para aprovar alterações de processos (melhorias contínuas), equipamentos, métodos ou hardware e software. Às vezes existem·nas empresas executivos que costumam realizar ações improvisadas, sem adequado planejamento e treinamento de funcionários, tendo sido isso causa de problemas. Portanto, podem ser responsabilizados para essa função a executivos desse tipo, justamente para forçar a

adequada preparação da implementação gradativa e suave das mudanças, visando, inclusive, à otimização do atraso tecnológico (processo de otimizar os momentos em que se deve modernizar as tecnologias), evitando que a cada avanço da tecnologia (nova versão de um produto, equipamento ou software), deva ser realizada uma atualização. Assim, as atualizações podem ocorrer a determinados passos ou etapas, sem ter que adquirir toda a enorme gama de versões das inovações que ocorrem dia a dia. (Itens da Norma: 8.3, 8.5.2 e 8.5.3). De outro lado, toda vez que se decida por um investimento de nova tecnologia, antes deve haver sido elaborado um planejamento completo de todas as implicações desse projeto, devendo estar o mesmo enquadrado dentro de uma estratégia de tecnologia e dentro das arquiteturas integradas de atividades, dados, regras e recursos físicos também. Deve ser também verificada a existência de restrições da própria infra-estrutura em todo processo de mudança de tecnologia.

7. **Benchmarking (avaliando impactos das mudanças na congruência organizacional):** Esta função, como todas, pode ser acumulada por outros membros do Comitê da Qualidade, mas não é obrigatória em termos das Normas ISO 9000, mas pode ser relevante para o item 8.5.1 da ISO 9001 2000. Esta função deve motivar a infusão de novos padrões e tecnologias, incentivando flexibilidade com sistemas que gerem Normas Inteligentes, para diferentes contingências e sem mudanças drásticas.

8. **Auditores:** Pessoas com objetividade e boa experiência do negócio, mas, fundamentalmente, com independência de atuação e muita persistência. Estas atividades começam com a identificação das não conformidades dado que os Auditores devem acompanhar as ações necessárias para solucionar definitivamente os problemas. As Ações Corretivas devem ser tomadas pelo Auditado e não pelo Auditor, mas o Auditor interno deve acompanhar as mesmas até a solução definitiva. Item da Norma: 8.2.2

Os funcionários, quando atuam como Auditores, devem evitar fornecer aos Auditados quaisquer tipo de recomendações ou opiniões pessoais, pois o auditor deve ser muito objetivo e caso encontre uma não conformidade deve registrar as evidências. Pode ser interessante contar com membros de entidades externas como Auditores, tais como consultores ou mesmo pessoal ligado à Holdings, no caso de grupos de empresas ou mesmo a órgãos externos com vinculo (isto quanto a Auditorias Internas). Os Auditores devem atuar verificando o cumprimento de padrões e poderão apontar não conformidades no caso de ter evidências objetivas (provas concretas). Os Auditores não devem auditar áreas nas quais eles atuam diretamente como responsáveis dessas áreas. Os Auditores devem verificar se os padrões estão ou não sendo cumpridos. Ao entrar nos processo de Metagestão haverá que auditar também, em fases mais avançadas, a qualidade dos padrões em uso, frente a novos padrões que decorram do auto-desenvolvimento de tecnologias a cargo dos processos de Metagestão.

Independentemente das funções citadas do Comitê da Qualidade e do Grupo de Auditores, devem ser também formados GRUPOS DE TRABALHOS, cujos principais representantes são considerados membros esporádicos do Comitê da Qualidade. Esses Grupos de Trabalho, agrupados por processos, podem atender aos itens citados no Capítulo 3, mas de forma geral podem ser as seguintes áreas de maior aplicação na maioria das organizações:

1. Processos Comerciais (vendas e processos relacionados a clientes. item: 7.2 da Norma)

2. Projetos e Engenharia (projeto de novos produtos e análise de projetos) (item: 7.3)

3. Processos de Compras e Contratos (de materiais e de prestadores de serviços) (item: 7.4)

4. Processos de Produção, Obras ou Operações de prestação de serviços (todos os setores operacionais, inclusive manutenção) (item 7.5)

5. Processos de Inspeção (Inspeção é a verificação de atividades, bem como conferência de recebimento de cheques e outras atividades de controle) (itens: 7.1, 8.1, 7.4.3, 7.5.3 e 8.24)

6. Calibração de todo Instrumento de medição definido no Plano do Sistema da Qualidade. Especificando requisitos mínimos, ou tolerâncias máximas de medição admitidas (item 7.6)

7. Almoxarifados, Expedição e Transporte (item: 7.5.1 e 7.5.5)

8. Processos de Serviços Associados: Assistência Técnica e serviços complementares à principal atividade da organização e a processos de atendimento de reclamações (item 7.5.1)

Os representantes dos Grupos de Trabalho devem fazer parte do Comitê de Gestão da Qualidade como membros esporádicos ou permanentes, dependendo de cada caso. Em algumas empresas o Comitê é dividido em Comitê executivo, a cargo de Gerentes e Comitê Operacional a cargo de Encarregados. Empresas certificadas com a ISO 9001 2000 podem ter um Comitê formado por responsáveis pelos itens relevantes da Norma e que os representantes dos grupos de trabalho sejam os responsáveis pelas outras atividades de gestão organizacional e de informática. Mas o importante é que devem ser designados todos os integrantes do Comitê e dos Grupos de Trabalho, o que se denomina de forma genérica: Comitê de Gestão.

EVOLUÇÃO

A partir deste Comitê deve-se evoluir para o Comitê de Metagestão, com as funções explicadas nos capítulos precedentes. O Comitê de Metagestão deveria estar coordenado por Representantes da Diretoria com as seguintes principais responsabilidades executivas:

- Coordenador de Arquiteturas e Regras Relacionadas com Estrutura Organizacional (missão, fatores críticos de sucesso, objetivos globais, objetivos dos processos, metas de melhoria contínua para mensuração de objetivos, cargos, responsabilidades etc.).

- Coordenador de Arquiteturas e Padrões da Qualidade da Informação (estratégia de informática, modelagem de metadados, arquiteturas de sistemas, sistemas EIS e Indicadores, planos de tecnologia, gestão de planos de transição, Normas e/ou modelos (ISO 9000-3 2000, ISO/IEC 17799, CMM, métrica de software etc.).

- Coordenador de Arquiteturas e Regras de elaboração de Regras (gestão de bases de conhecimento, ou bases de dados de regras operacionalizadas em intranets com sistemas automatizados de controle dessas bases de conhecimento organizacional. Bases de Documentos Normativos como as explicadas ao verificar a qualificação do coordenador de controle de documentos podem ser operacionalizadas com relativa facilidade.

Além desses Coordenadores, um Comitê de "metagestão" deve compreender outros responsáveis, tanto pela atualização de "metarregras", como pelas regras propriamente ditas das atividades vinculadas com as Normas citadas no item 7.1 do Capítulo 7. Essas atividades são de três naturezas básicas: Avaliação Estratégica e Ambiental, Desenvolvimento de Arquiteturas Flexíveis e Ações muito intensivas de Divulgação, aculturamento e treinamento. Trata-se de conseguir implementar arquiteturas flexíveis informatizadas e totalmente integradas e em constante aperfeiçoamento. Pode-se dizer de uma empresa que a cada dia se altera e aperfeiçoa de forma lenta, mas constante e harmônica, que possui um Sistema organizacional de Metagestão, desde que tenha tudo isso suportado, mantido e atualizado com o apoio de todos os seus colaboradores. Uma empresa dessas características poderia treinar seus colaboradores num período muito menor do que qualquer outra e isso graças a suas bases de dados e regras estruturadas com base em metarregras e metadados, continuamente em aperfeiçoamento a cargo de todos os colaboradores, mas com as vantagens sem precedentes da sinergia resultante da harmonia de todos os elementos organizacionais.

SINTAXE DESCRITIVA DE ATIVIDADES, REGRAS E INDICADORES

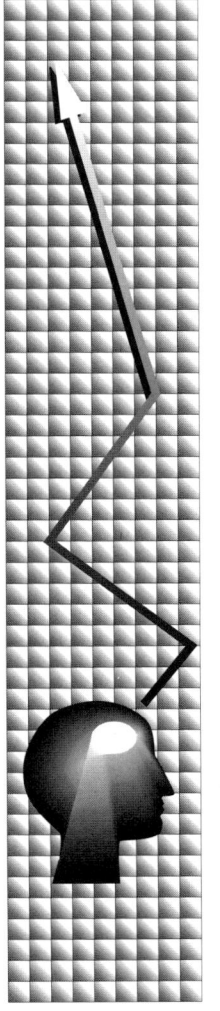

Elaborada uma arquitetura integrada de elementos organizacionais, compreendendo tanto aspectos organizacionais como de sistemas informatizados com estruturação de regras e indicadores, devem ser definidos termos específicos, para cada organização, na forma de dicionário ou glossário, bem como expressões sintáticas para facilitar o acesso às informações. Cada organização poderá, deste modo, ter sua própria linguagem, sistematizada e também sujeita a aperfeiçoamentos e contínuas extensões e adequações às necessidades.

Nas modernas tecnologias de informática orientadas a objetos e eventos, considera-se cada vez mais a incorporação de regras nos próprios objetos [Moriarty, T. 1993-C], ou seja, os objetos que têm atributos e métodos podem ser representados por entidades que possuem atributos e regras, tal que exista uma arquitetura de regras, onde regras do negócio façam parte de entidades mais amplas, como é o caso da entidade: "negócio" ou "empresa". Assim, existem regras em diversos níveis e situações e com uma estrutura relacionada, mas armazenada independentemente. Antes de prosseguir com esses aspectos relacionados a regras, cabe citar algumas ressalvas:

- Sistemas especialistas podem ser construídos partindo de "bases de conhecimento" (arquivos de regras estruturadas e vinculadas a dados) e utilizando máquinas de inferência, mas esse não é o objetivo do padrão geral de "metagestão" que apenas procura citar bases para a gestão integrada das organizações, com ou sem auxílio de sistemas especialistas. Assim, apenas cabe conceituar que as máquinas de inferência são,

> justamente, o elo de ligação entre bases de conhecimento (regras armazenadas) e bases de dados (modelos de dados), evitando que as regras sejam incorporadas nos programas o qual dificulta seu controle, complica a manutenção (a cada alteração de uma regra de negócio deveria ser alterado o programa) e dificulta a congruência procurada dos elementos organizacionais.
>
> - Modelos matemáticos ou sistemáticas de otimização, podem ser incorporados em programas, mas desde que isso seja realizado de forma independente das rotinas operacionais ou mediante mecanismos parametrizados de fácil manipulação e configuração a cargo dos usuários, sem necessidade de paralisar a operação dos sistemas e, em determinados casos, assegurando a integridade dos modelos diante das alterações. Modelos matemáticos devem ser introduzidos de forma parametrizada, com opções.
>
> - Existem sintaxes de regras formais e modelos de redes semânticas de bases de conhecimentos, tais como as propostas em [Ross, R.G. 1994-C] e [Charniak, E, Wilks, Y. 1976-C], entretanto, nosso objetivo é o de formular sintaxes simples para utilização tanto em sistemas convencionais como em sistemas especialistas informatizados.

As sintaxes serão apresentadas tomando como referência a classificação de elementos organizacionais apresentada no Capítulo 5 e exemplificada no Apêndice 10.2 do Capítulo 10.

8.1 IMPORTÂNCIA DAS REGRAS

A principal importância das regras decorre da necessidade de ser o meio ou ponto de ação mais eficaz para a restruturação das organizações, o que pode ser constatado pelo próprio sucesso mundial das Normas ISO 9000, cuja correta implantação leva à desburocratização e a aumentos de lucro das organizações. Isso decorre simplesmente da gestão dos processos voltada a evitar erros, desperdícios e retrabalhos, possibilitando uma base para a melhoria contínua organizada. Em outras palavras, a cada ciclo de padronização do sistema da qualidade, pode ser evidenciada uma melhoria e assim um processo de melhoria contínua.

Voltando aos fatores essenciais das organizações (pessoas, atividades, regras e informações), observa-se que projetos que implantam as Normas ISO 9000 considerando apenas o item: "regras relevantes", sem considerar os restantes (especialmente: pessoas e informalidade), como é o caso de numerosos projetos realizados em empresas, as vezes não levam à concretização de resultados de aumento de lucro. Também projetos de implantação das Normas ISO 9000 nem sempre contemplam aspectos de restruturação das arquiteturas de atividades e regras e muito menos ainda processos de melhoria das arquiteturas de informatização. Por esse motivo, os projetos elaborados com uma visão mais abrangente, revisando as arquiteturas de todos os elementos organizacionais e verificando, antes de iniciar os projetos, a situação real das empresas (ver questionários do Apêndice 10.6), em todos os seus aspectos e antepondo o objetivo de "gestão co-participativa integrada" ao objetivo de mera implantação das Normas ISO 9000, determinam resultados muito mais importantes e estabelecem uma base consistente para melhoria contínua e asseguram que o Sistema de Gestão da Qualidade possa mudar e se atualizar, passando a ser flexível e estruturado com base num modelo de gestão integrada como o apresentado no Capítulo 5 e no Apêndice 10.2.

O estudo analítico das regras de uma organização é um dos aspectos mais importantes que pode permitir eliminar conflitos de objetivos e disputas entre áreas, além de servir para aprimorar o atendimento aos clientes e minimizar os custos das informações, mediante a automação eficaz.

Para facilitar a interpretação da informação, é necessário ter uma nomenclatura estruturada, simplicidade, claridade e pessoal treinado. Entretanto, as empresas às vezes têm arquivos iguais, com nomes diferentes em diferentes lugares, dados redundantes e diversos "pacotes", cada um dos quais cria "nomes", introduz "linguagens", introduz "barreiras à integração" e introduz "novas regras". As regras que as organizações seguem e são oriundas dos seus "pacotes" são praticamente impossíveis de mudar e determinam custos elevados e causas de alta ineficiência. Tudo isso implica em necessidade adicional de tabelas de conversão, processos de tradução, necessidade de novos cursos e novos sistemas de interfaces, necessidade de criar novas tecnologias e pessoal caro, apenas para fazer conversar um "pacote" com outro "pacote". Os custos aumentam exponencialmente e, as necessidades de pessoal especializado também, mas os usuários continuam a ter carências de tecnologias de gestão.

A correta elaboração de regras representa, pois, um grande desafio para iniciar numa organização a gestão integrada. As regras são tão boas quanto os profissionais que as elaboram, quanto bem utilizadas pelos usuários e quanto as pessoas exijam sua aplicação. As regras falharão, quando não definidas com precisão, diante da falta de sistemáticas de fácil indexação para acesso, caso precisem de alterações de muita freqüência, diante da falta de estímulos para serem usadas, quando não comunicadas nem revisadas com periodicidade e/ou caso existir conflitos com outras regras.

Utilizando técnicas da qualidade conseguem-se resultados, utilizando a filosofia do Kaizen (melhoria contínua operacional) e do Kairyo (grande melhoria, podendo incluir aspectos de gestão, mas sem perda de harmonia) isso pode ser consolidado em áreas específicas, mas com um projeto integrado de gestão, com objetivos de aprimorar a qualidade da informação, a instituição poder-se-á tornar altamente competitiva e os resultados conseguidos, ao encarar um projeto global, no âmbito de toda a organização, representarão o sucesso em longo prazo.

Para essa finalidade, devem-se considerar premissas como as que detalhamos a seguir:

- Devem-se contemplar todos os elementos (objetos e eventos) organizacionais.

- Todos os elementos devem ser encapsulados em tipos classificados dentro de um único contexto.

- Todas as expressões organizacionais devem seguir os mesmos formatos e regras de construção.

- Deve haver um processo consistente e uniforme de designação de nomes, para um significado coerente das expressões.

- As expressões devem ser compactas e simples sem algazarra de nomes.

- Cada expressão deve ter um significado único, permitindo visualizar um mesmo tópico sem qualquer dúvida.

8.2 CLASSIFICAÇÃO
(Objetos, Eventos, Informações e Habilitadores)

A classificação foi apresentada no Capítulo 5 e exemplificada no Apêndice 10.2. Esse modelo de classificação constitui uma base referencial para a estruturação das regras.

8.3 CLASSIFICAÇÃO HIERÁRQUICA

Todos os encapsulamentos de entidades podem ser hierárquicas ou mesmo combinações em redes, onde alguns elementos da rede podem possuir hierarquias de classificação. Tais classificações podem ter regras uniformes de construção, como as apresentadas no Apêndice 10.1. O formato das classificações é indicado na Figura 17

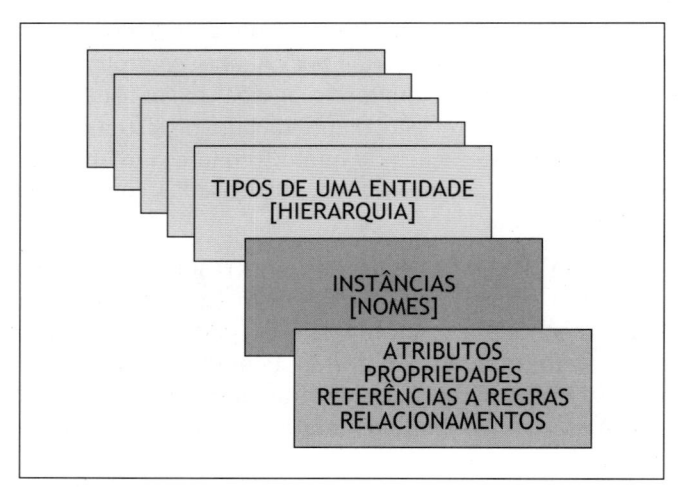

FIGURA 17 Tipos, Instâncias e Atributos de Entidades.

No Capítulo 5, foram classificados eventos, objetos, informações e habilitadores, detalhando-se tipos, em alguns casos classes (ou subtipos) e dando-se exemplos de instâncias. Foram utilizadas abreviações de três letras. As primeiras representam tipos ou assuntos (sempre iniciando com a letra "T", as seguintes três letras podem ser consideradas "subtipos" ou classes, onde já não se obriga utilizar letras com significado). Podem ser consideradas, a seguir, "subclasses" ou diretamente "instâncias". No Apêndice: 10.1 (Capítulo 10) apresentam-se algoritmos para modelar todas estas entidades considerando arquiteturas em rede, hierárquicas e mistas. Desse modo, consegue-se a flexibilidade não apenas num modelo de dados como também em várias unidades que utilizem vários modelos de dados, atendendo padrões de qualidade da informação tais como padrões internacionais de conectividade, comunicação e segurança em processamento de dados, como, por exemplo, o padrão EDIFAC de intercâmbio eletrônico de dados (EDI) e outros padrões de qualidade da informação citados no Capítulo 6 e no Apêndice 10.2.

8.4 EXPRESSÕES SIMPLES UTILIZANDO SINTAXE UNIFORME

Podem-se realizar diversas expressões padronizadas combinando objetos e eventos, como os exemplos citados a seguir, considerando-se as definições do Capítulo 5 e a nomenclatura exemplificativa do Apêndice 10.2, seguindo princípios de análise de sistemas informatizados flexíveis orientados a objetos, dos autores Yourdon e French [Yourdon E. 1989-C], [French J.A. 1990-C].

> Para definir relações entre tipos, classes ou subclasses de elementos organizacionais, utilizaremos um hifen "-". Para definir relações entre instâncias será utilizado um ponto ".". ⇒ T-T C-C I.I (exemplos de sintaxe para sistemas flexíveis informatizados)

A seguir são apresentadas expressões exemplificativas de: Tipos de Variáveis Organizacionais referentes a Eventos (TVO/VEO's), Tipos de Habilitadores de Controle de Situação (THO/TCS's), Tipos de Estruturas Organizacionais relativas a Divisões de Variáveis e de Produtos (TEO/EDV/DPR's) e Tipos de Localizações Organizacionais especificando Cidades (TLO/CID's), ou seja:

TVO/VEO - THO/TCS - TEO/EDV/DPR - TLO/CID

Aplicando esta expressão para determinadas instâncias, teremos as expressões:

VDA . EPR . ELT . MRG ⇒ Vendas Em Processo da Divisão Eletrodos de Maringá.

(VDA é uma instância de TVO/VEO, EPR de THO/TCS, ELT de TEO/EDV/DPR e MRG é a cidade de Maringá que é uma instância de TLO/CID).

Outro exemplo seria o seguinte:

VPD . HIS . CAM . CVL ⇒ Produção Realizada da Div. de Câmaras da Cascavel.

Outros exemplos surgem ao utilizar extensões, sendo as extensões um tipo de habilitador relevante que pode compreender diversos substantivos ou adjetivos e dar significado a qualquer expressão, tal como: Tipo de Variável Organizacional "VEO" (eventos de receita e despesa), mais um habilitador de extensão ou THO/TEX, ou seja, o formato:

TVO/VEO - THO/TEX

Este formato, aplicado a instâncias, levaria ao exemplo a seguir:

VDA . COM ⇒ Comissões por Vendas

A seguir, apresentam-se outros exemplos de aplicação das regras de sintaxe, representando-se na primeira linha (1) uma expressão de tipos e classes e, na segunda linha (2), uma expressão de instâncias correspondentes:

(1) TVO/VEO - TEO/EDP - TLO/CID - TAT/CRG

(2) FLP . COM . SAO . TCM ⇒ Despesa com Folha de Pagamento do Depto. de Compras do Escritório de São Paulo, do Cargo "técnico de compras" (TCM).

(1) TVO/VEO - THO/TPT - TEO/EDV/DRG

(2) COM . TRM . RSP ⇒ Compras Trimestrais da Div. Regional de São Paulo. TEO/EDV/DRG, significa: Tipo de Estrutura Org./Divisão/Subclasse Div. Regional.

As expressões podem ser ainda mais extensas, tal como:

TVO - TEO - TLO - TRO - TRC - TPD, ou seja:

Variável - Estrutura - Localização - Recurso - Registro Crítico - Produto

Isso significaria que certa variável, tal como uma compra, uma despesa, um estoque, ou mesmo um ativo ou passivo, corresponde a uma determinada área de uma empresa (TEO), a um determinado lugar (TLO), um certo recurso físico, evidenciado por um certo registro (fatura, pedido, ordem de produção etc.) e um determinado produto acabado (TPD).

O item TRC, relativo a registros críticos, também poderia ser vinculado a um certo tipo de organização, como clientes externos. Assim temos:

(1) TRC - TOR/DIS

(2) PVD . CLI ⇒ Pedido de Venda do Cliente

(1) TVO/VAT - TFR

(2) AES . FLV ⇒ Livro de Estoques

(1) TEO - THO/TEX

(2) CDR . END ⇒ Endereço do Conselho Diretor

(1) TRO/REQ/IND - THO/TCS

(2) QBL . CAL ⇒ Balança Calibrada

(1) TRC - TOR/DIS - THO/TCS

(2) PVD . CLI . REC ⇒ Pedido de Venda do Cliente Recebido

(1) TPD/PAB/PLP/PMD - THO/TCS

(2) PCJ . INS ⇒ Conjuntos Montados Inspecionados

(1) TOR/DIS - THO/TEX

(2) CLI . COD ⇒ Código do Cliente

(1) TOR/DIS - THO/TEX

(2) CLI . C/C ⇒ Conta Corrente do Cliente

(1) TVO/VAT - TPD/PAB/PLP/PMD/PCJ/PSC - THO/TCS - THO/TMM

(2) AES . PPE . DIS . $CT ⇒ Estoque de Peças Disponível a Preço de Custo

(1) TVO/VEO - TOR/DIS - THO/TAC - THO/TMM

(2) VDA . CLI . ANA . $PR ⇒ Venda por Cliente Acumulada Anual a Preço de Vda.

A partir da arquitetura integrada de todos os elementos organizacionais, utilizando simples abreviações, uma sintaxe de expressões pode ser facilmente formalizada. Para cada organização pode ser elaborada uma classificação específica, como a do exemplo citado. A classificação de elementos organizacionais permite que todas as bases de dados de uma organização fiquem catalogadas, registradas e codificadas, e isso é uma garantia especial para o objetivo dos sistemas de "metagestão": A CONGRUÊNCIA E INTEGRAÇÃO TOTAL DE TODOS OS ELEMENTOS ORGANIZACIONAIS DE UMA EMPRESA.

8.5 REGRAS ORGANIZACIONAIS

Na Figura 18, apresentam-se as relações entre as regras organizacionais e suas relações com informações.

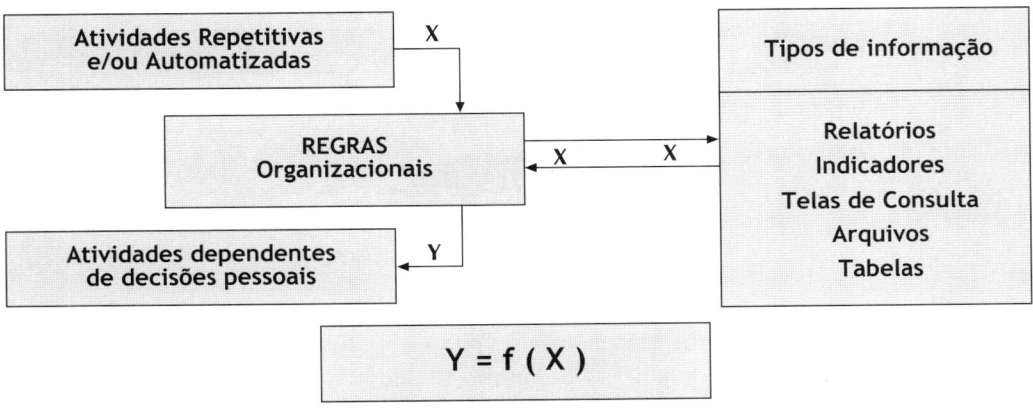

FIGURA 18 Regras Organizacionais.

Atividades repetitivas, tais como a emissão de registros de transações que ocorrem nos diferentes processos, interagem com informações de sistemas estruturados e são submetidas a regras (automatizadas ou não), originando informações para consideração por atividades gerenciais, ou mesmo "meta-atividades" de elaboração de novas regras.

Assim, temos as informações "X" (input) e "Y" (output) e as regras representadas por "f ( )". Regras para atividades repetitivas são as primeiras em ser automatizadas, inclusive em "pacotes" de software. Regras de atividades mais complexas podem ser também automatizadas e, nesse caso, com grandes vantagens. Porém é muito difícil que "pacotes" de software atendam necessidades de diferentes empresas. Estes princípios de estruturação flexível e integrada de todos os elementos organizacionais não apenas facilitam processos de automação senão, principalmente, fazem com que mudanças de regras possam ser realizadas sem necessidade de trabalhos de reprogramação.

Em determinadas empresas foi verificado que gerentes não tem tempo para verificar as regras dos seus sistemas e ou "pacotes". Sistemas de controle de estoques recomendam sugestões de compra, baseados em regras implícitas nos sistemas. A Diretoria reclama do elevado índice de faltas de estoque, a área financeira informa que os estoques estão elevados, mas os gerentes operacionais não tem tempo para verificar as regras e o pessoal da área de informática está atarefado com a instalação de novos computadores e novos "pacotes".

É importante que as regras sejam estruturadas de forma independente dos programas operacionais e de forma genérica, com todas as opções e casos necessários, fácil de parametrizar e de ajustar as funções visando aprimorar os resultados finais almejados.

Um dos aspectos relevantes onde podem ser realizadas mudanças importantes é, justamente, nos "eventos críticos" das organizações, conforme demonstrado na Figura 19.

EVENTOS CRÍTICOS APONTAM ÀS ENTIDADES DO SISTEMA

FIGURA 19 Registros de Eventos Críticos.

Esses eventos têm registros associados que podem ser materializados em tabelas associativas, ou seja, tabelas relacionadas com várias entidades fundamentais, bem como com tabelas "habilitadoras", tais como: unidades de medida, extensões, calendários, tabelas de códigos de situação, tabelas de tipo de valores (texto, decimal, data, ponto flutuante etc.). A Figura 20 representa este caso de entidades associativas, consistentes em registros de eventos críticos associados a entidades e habilitadores

TABELAS ASSOCIATIVAS

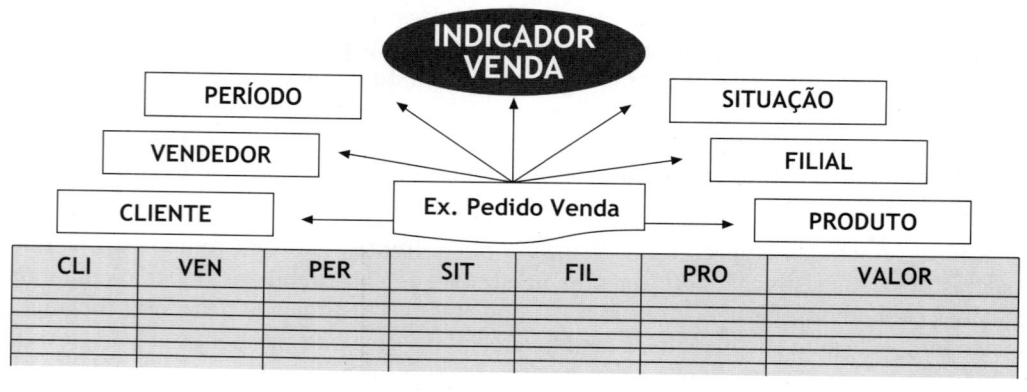

CLI	VEN	PER	SIT	FIL	PRO	VALOR

FIGURA 20 Tabelas Associativas.

Transações de um modo geral podem ser representadas desse modo, sendo que as mesmas alteram ou atualizam valores das entidades fundamentais ou cadastros. Temos assim, nestas tabelas associativas, uma rica fonte de informação para a elaboração de indicadores e, portanto, para os processos de tomada de decisão. Este conceito do relacionamento de objetos e eventos e muito antigo, tendo sido aplicado nos sistemas de contabilidade, onde lançamentos (registros de eventos: débitos e créditos) atualizam saldos de contas (objetos).

O conceito parte da consideração de qualquer instituição como constituída de **eventos e objetos**, onde os **eventos críticos** (e seus registros) alteram (ou atualizam) a situação ou estado dos objetos (saldos de contas por exemplo). Em outros termos, os registros de eventos apontam diferentes dimensões de informações (cada objeto é uma dimensão) e determinam, justamente, as fontes das informações gerenciais para suporte às decisões ou bases de dados (objetos ou entidades). Nessas entidades associativas se podem aplicar regras importantes, tais como as apresentadas no Apêndice 10.4, relativas a um "metassistema" de gestão logística de estoques elaborado para uma empresa do Grupo 4 (ver Apêndice 10.6).

Denominamos o mesmo "metassistema" por gerar regras mediante configuração de parâmetros a cargo de usuários, Figura 21.

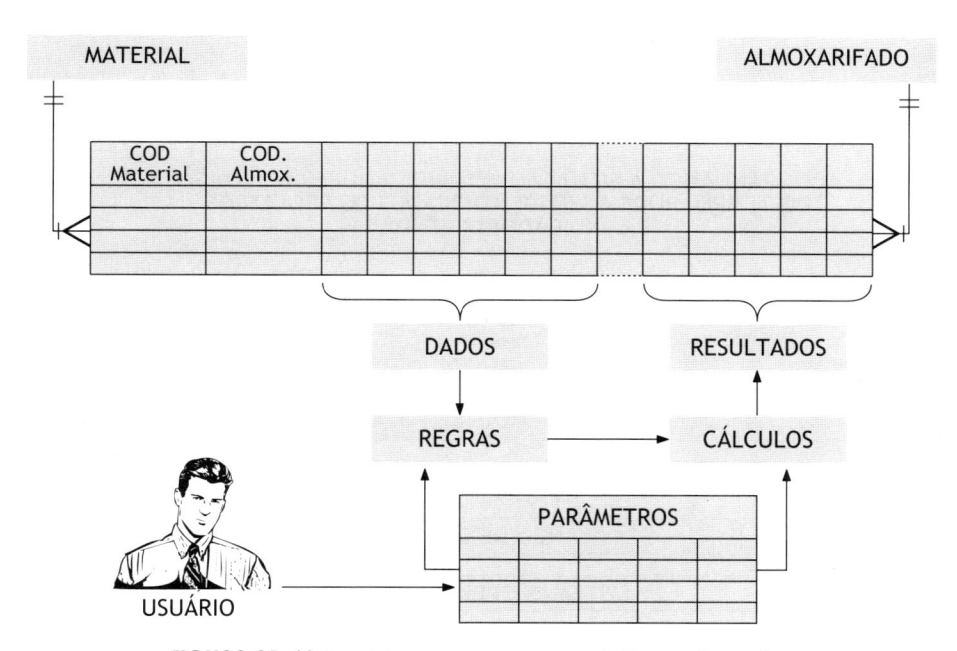

FIGURA 21 Metassistemas, com regras sujeitas a alteração.

As regras, nesse caso, são armazenadas de forma separada aos programas operacionais, permitindo que os usuários as configurem e/ou alterem, para determinadas situações. Os resultados podem ser gravados na própria tabela associativa e, desse modo, os sistemas podem continuar a processar e/ou a apresentar os resultados para os usuários.

É particularmente interessante observar a entidade "situação" da Figura 20. A mesma compreende basicamente uma tabela como a que representamos a seguir na Figura 22 a.

CÓDIGO	SITUAÇÃO
01	RECEBIDO
02	APROVADO
03	COM RESERVA DE ESTOQUE
04	LIBERADO PARA DESPACHO

FIGURA 22A Habilitador de Situação.

Esta tabela determina a vida do registro "Pedido de Venda", ou sua evolução no tempo e determina o próprio "Processo de Atendimento de Pedidos".

Em outros termos, pode-se afirmar que a evolução, no tempo, das entidades associativas, determinam os processos das organizações e definem a seqüência de atividades dos "sistemas" a informatizar. Para cada um dos estágios ou situações desses registros associados a eventos críticos de uma organização, devem ser definidas regras e/ou políticas para poder tomar as decisões, no caso do exemplo, de: registrar e aprovar o pedido, com base na situação da conta corrente do cliente e das regras e/ou políticas de crédito, de reservas de estoque e outras para liberar a entrega prévia verificação de requisitos pre-estabelecidos nos procedimentos da organização. Ver Figura 22 b.

ACOMPANHANDO A SITUAÇÃO DOS INDICADORES AO LONGO DO TEMPO, PODEM SER IDENTIFICADOS OS PROCESSOS
Ex. INDICADOR: "VENDA"

PEDIDO RECEBIDO → PEDIDO APROVADO → PEDIDO C/ESTOQUE → PEDIDO ATENDIDO → PEDIDO ENTREGUE

TEMPO

PROCESSO DE ATENDIMENTO AO CLIENTE

INDICADOR DE DESEMPENHO

BANCO DE DADOS

SISTEMAS OPERACIONAIS

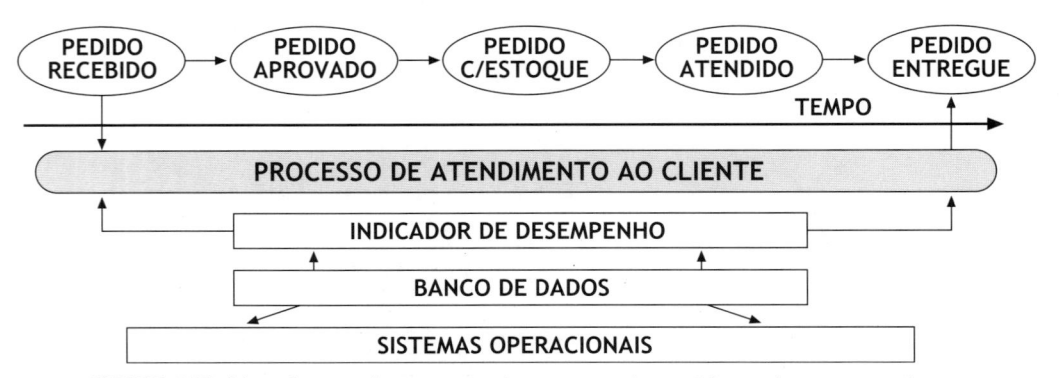

FIGURA 22B Identificação de processos/sistemas pela seqüência de eventos críticos.

As Normas ISO 9000 estabelecem requisitos mínimos para a execução dos eventos críticos relevantes das organizações, bem como para atividades típicas de gestão da qualidade. Esses requisitos podem ser aplicados aos sistemas, utilizando regras flexíveis, na forma exposta na Figura 21 e assegurando, dessa forma, a flexibilidade do Sistema da Qualidade.

Indicadores também podem ser vinculados às entidades associativas, como se apresenta na Figura 3, Figura 19, Figura 20 e agora também na Figura 23 a seguir, num exemplo do processo de controle de revisões de documentos. O processo se reduz ao registro dos eventos de elaboração, aprovação, alteração, distribuição e revisão dos mesmos. Sistemas de controle de fluxo de documentos nem sempre atendem todos os requisitos do item 4.2.3 da ISO 9001.

MÓDULO OPERACIONAL: CONTROLE DE REVISÕES

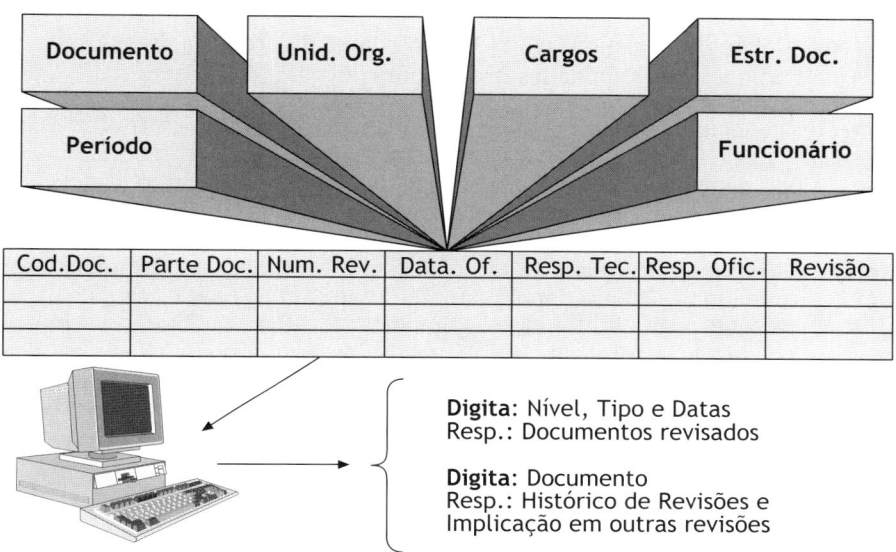

Digita: Nível, Tipo e Datas
Resp.: Documentos revisados

Digita: Documento
Resp.: Histórico de Revisões e Implicação em outras revisões

FIGURA 23 Entidade associativa: Registro de revisões de documentos.

Observa-se que informações gerenciais e indicadores são conseqüência direta das tabelas associativas. As dimensões da informação, ou entidades que se relacionam com a tabela associativa podem ser das classes representadas a seguir (Figura 24), de acordo com o tratado no Capítulo 5:

FIGURA 24 Dimensões de Informação.

Para cada indicador associado a certo objetivo, de determinado processo organizacional, podemos ter os tipos de dimensões de informação acima representadas, inclusive a dimensão de habilitadores que engloba as dimensões que French denomina de tipos de: extensões, controle de situação, unidades, controle de tempo e verbos de ação [French J. A. 1990-C].

Para se expressar e/ou solicitar valores de indicadores, na forma de consultas e respostas, pode ser também estabelecida uma sintaxe, como a seguir citado:

[indicador] (preposição) **[unidade de medida] [situação]** (preposição) **[entidades]**

Os exemplos as seguir permitem ilustrar a utilização da sintaxe mencionada:

[Vendas] (em) [dólares] [previstas] (por) [divisão], [linha de produto], [região] e [vendedor]
[Estoque] (em) [unidades] [real] (por) [loja] e [tipo de material]

Todos estes conceitos permitem que as regras sejam elaboradas e introduzidas de forma a permitir sua alteração simples e efetiva. Quando não estruturadas as regras adequadamente, sua alteração pode demandar projetos e alteração de software a serem realizados em vários meses. Também pode haver duplicidade e/ou contradição ante a falta de uma arquitetura integrada de atividades, informações e regras. As organizações em geral possuem milhares de regras que sofrem muitas alterações. A capacidade de poder alterar rapidamente certas regras, em determinado local, para depois estender esse câmbio para o resto da organização, constitui uma vantagem competitiva de alta importância. Para facilitar seu controle, cada regra deve ser codificada e corretamente nomeada. As regras podem ser classificadas em função da sua relação com atividades e objetos organizacionais aos quais elas se aplicam e devem ser definidas regras padrão da sua expressão. Assim, por exemplo, uma forma padrão de expressão poderia ser estruturada em dois formatos, como se vê a seguir.

- COMPONENTE DE AÇÃO: Compreendendo um operador (comando verbal), o nome de um objeto ou operando e uma restrição, limitação ou amplitude de validade.
- COMPONENTE DE CONDIÇÃO: Compreendendo: Objeto comparador e valor.

Para cada componente de ação pode existir um ou mais componentes de condição e, igualmente, para cada componente de condição pode haver um ou mais componentes de ação. Uma regra será validada ou cumprida, quando a totalidade dos seus componentes são obedecidos. Regras em arquivos com estes formatos poderão ser recuperadas mediante o verbo, o objeto principal ou ambos. Exemplos:

VERBO	OBJETO	RESTRIÇÃO EXTENSÃO INSTÂNCIA	OBJETO	CONDIÇÃO	VALOR
Utilizar	Custos de Estoques	PEPS	Produto	Igual a	Peças
Criar	Distrito	Novo	Vendas	Maior que	100.000
Despachar	Filial	São Paulo	Quantidade Produto	Menor que	10.000 unidades
Selecionar	Transporte	Caminhão	Distância	Menor que	1.000 Km

FIGURA 25 Formatos de regras.

É na classe de objetos que denominamos ATIVIDADES (TAT's) que têm lugar diversos tipos de regras associadas com outros objetos tais como: Indicadores (TIN's), Documentos

(TDC's), Variáveis Organizacionais (TVO's), Estruturas Organizacionais (TEO's), Localizações Organizacionais (TLO's), Organizações e Pessoas (TOR's), Recursos Físicos (TRO's), Registros de Eventos Críticos (TRC's), Produtos (TPD's) e Serviços (TSV's). Essa associação das regras para diferentes tipos de classes de objetos pode ser uma boa forma de classificar as regras organizacionais, e foi assim que foram classificadas as regras no exemplo do Apêndice 10.2, baseado nos princípios estabelecidos no Capítulo 5.

As regras também podem ter hierarquias, dentro de cada classificação, e para cada uma, pode haver instâncias ou regras propriamente ditas com seus atributos, propriedades e referências de meta-regras e relacionamentos, ou seja:

Estes princípios foram utilizados para na formulação de Regras de Elaboração de Manuais de Procedimentos de algumas das instituições dos grupos 4 a 9 citados no Apêndice 10.6. Contemplando: Verbo de Ação e Complementos especialmente definidos para cada caso.

TIPOS DE REGRAS

INDICADORES
VARIÁVEIS
DOCUMENTOS
REGISTROS CRÍTICOS
PESSOAS/ORGANIZAÇÕES
ESTRUTURAS ORG.
RECURSOS FÍSICOS
PRODUTOS E SERVIÇOS

INSTÂNCIAS
[NOMES]

ATRIBUTOS
PROPRIEDADES
REFERÊNCIAS A REGRAS
RELACIONAMENTOS

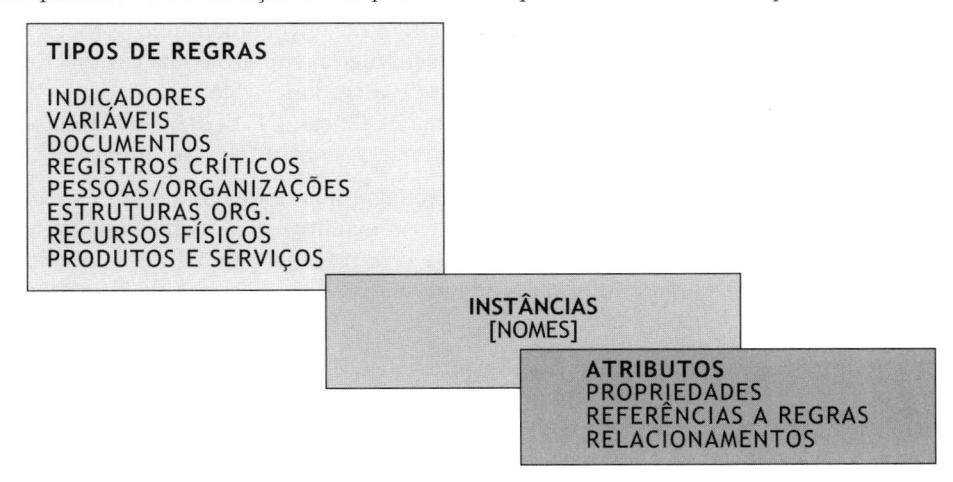

FIGURA 26 Tipos de Regras

Como já mencionado, verbos de ação junto a objetos de qualquer uma das classes citadas podem determinar regras para diferentes significados e aplicações, sendo estas regras as que permitem controlar atividades das organizações. Os tipos de verbos de ação poderiam utilizar abreviações, como as que se citam a seguir:

ATIVIDADES REPETITIVAS OU AUTOMATIZADAS		ATIVIDADES DE MÉDIA COMPLEXIDADE OU NÃO AUTOMATIZADAS	
REG:	Registrar	PLA:	Planejar
EXE:	Executar	ORG:	Organizar
MOV:	Mover	MED:	Medir
VAL:	Validar	DES:	Desenvolver
ATL:	Atualizar	CAL:	Calcular
PRO:	Processar	ANA:	Analisar
SOM:	Somar	SEL:	Selecionar
PRO:	Produzir	INS:	Inspecionar
CNF:	Conferir	ADM:	Administrar
PRE:	Preparar	ORÇ:	Orçar
DEN:	Dar Entrada	CON:	Controlar

FIGURA 27 Verbos de Ação — Uso em regras de atividades.

Antepondo verbos aos objetos consegue-se formar expressões simples para utilização em regras. Assim por exemplo:

< REG > . CLI_PVD ⇒ Registrar Pedido de Vendas de Clientes
< PRE > . FPG_CHE ⇒ Preparar Cheques para Folha de Pagamento
< CNF > . FOR_OCP ⇒ Conferir Ordem de Compra de Fornecedor
< ATL > . CLI_CAD ⇒ Atualizar Cadastro de Cliente

Com estas e outras expressões, podem ser elaboradas regras e constituídas bases de conhecimentos. O qual representa uma base firme para o desenvolvimento dos processos propostos de "metagestão". A única forma de poder fazer algo bem feito é fazer com TÉCNICA. Mas técnica implica conhecimento e conhecimento é a conjunção de "atividades", "regras", "Informações" e "Dados". Isso representa, em última instância; INTEGRAÇÃO. Temos assim, como base absoluta da alta eficiência e eficácia de desempenho à "Gestão Integrada".

A integração de todos os elementos organizacionais é a base dos processos propostos de "metagestão", os quais são resultado de um processo evolutivo das técnicas de gestão que teve seu início com a produção artesanal, passando pela revolução industrial, a revolução do comércio e dos serviços, a era da informação e automação e agora a fase da integração, normatização e gestão do conhecimento.

A única forma de manter atualizadas bases de dados e regras completas é com sistemas de gestão co-participativa, dado que somente os próprios protagonistas poderão atualizar as bases de dados e de regras, baseado tudo isso num ambiente de trabalho com uma cultura voltada para a preservação do conhecimento organizacional.

O Gerenciamento de conhecimentos genéricos e globais que permitem geram conhecimentos específicos para cada situação ou organização é denominado como "metagestão" do conhecimento.

SÍNTESE DAS APLICAÇÕES METAGESTÃO DE SISTEMAS FLEXÍVEIS DA QUALIDADE, METASSISTEMA DE GESTÃO LOGÍSTICA DE ESTOQUES E AUDITORIA DE SISTEMAS DA INFORMAÇÃO

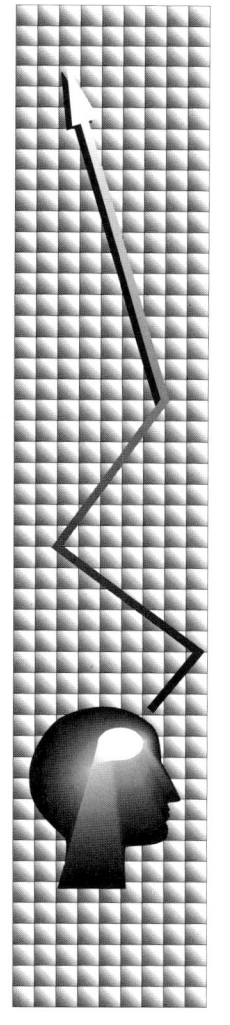

Nas pesquisas realizadas foi verificado que não é muito fácil implantar rapidamente um processo completo de "metagestão", pelos problemas citados no item 7.3 do Capítulo 7. Portanto, os primeiros resultados conseguidos foram das aplicações parciais de processos e implantações iniciais de alguns "metassistemas", mas nesses casos de aplicações iniciais e parciais, todos foram elaborados dentro de arquiteturas integradas, suficiente amplas, dentro de Planos Diretores e estruturas de regras que evitaram a possibilidade de que tais aplicações constituam itens isolados ou fragmentados. A primeira aplicação relevante foi a resultante do software elaborado para gerar modelos de "metadados" (DBFLEX), este software descrito no apêndice 10.1, pode gerar bases de dados de forma automática, sendo que o modelo apresentado no Apêndice 10.2 permite criar um contexto completo de controle de todos os elementos organizacionais de qualquer instituição. Obviamente, para cada organização deve ser elaborado um modelo universal como o apresentado no Apêndice 10.2 que se trata de apenas um exemplo. Ao ter esse modelo universal de classificação, todas as bases de dados, todas as informações gerenciais, todas as regras e todas as definições de estruturas organizacionais e mesmo todas as tecnologias de gestão estarão completamente controladas e integradas. Uma mente humana nem sempre é capaz de compreender e abstrair a arquitetura integrada global de uma organização com vários processos, sendo esse um dos motivos da resistência que se encontra diante de abordagens integradas de gestão. Por esse motivo é que são necessárias ferramentas como as citadas no Apêndice 10.2, pois somente com o apoio de bases de dados e regras integradas e estruturadas com os modelos flexíveis apresentados é que se pode ter o apoio para conceber um processo completo de gestão.

Sobre este aspecto também existe um paradoxo, referente a essa capacidade de visão integrada dos processos de gestão. O paradoxo é que alguns dos autores que abordam os modelos e tecnologias de "metadados", nas suas diversas obras, não demonstram nem apresentam as vantagens dessa tecnologia por eles desenvolvida. Isto é também resultado da visão parcial de alguns especialistas. Assim, alguns autores comentam as desvantagens desses modelos quanto a exigência de mais memória de computadores e da impossibilidade de poder trabalhar, nessas condições, em atividades que não sejam padronizadas.

Desse modo, alguns especialistas em informática são os primeiros em propor soluções fantásticas mas sempre isoladas e fragmentadas, pois alguns destes profissionais não possuem vivência e visão ampla dos problemas de gestão empresarial como um todo.

O primeiro princípio da "metagestão" surge da separação de dois aspectos essenciais que todo e qualquer empresário sempre deve ter em consideração: O FATOR HUMANO (competente) e o FATOR TÉCNICO, sendo que o segundo é o meio e o primeiro é o fim. Assim, pode-se expressar, de uma forma pouco exata, mas voltada a ressaltar o conceito que tem por trás da afirmação de que o FATOR HUMANO é o aspecto agradável relativo à satisfação de todo ser humano de fazer algo útil para outros seres humanos e que o FATOR TÉCNICO pode ser tedioso e às vezes até antipático ou que requer de grande dedicação e esforços descomunais. Portanto, podem-se sintetizar essas possibilidades das aplicações da "metagestão", afirmando que seu objetivo é fazer com que o FATOR TÉCNICO bem estruturado seja objetivo e menos tedioso e permita melhorar o FATOR HUMANO em todos os sentidos, graças à divisão do problema de gestão, na forma co-participativa explicada e, desse modo, fazendo com que, com um pequeno esforço a cargo de muitas pessoas competentes se consiga sistematizar a criatividade grupal e graças a isso se constitua a empresa competitiva do futuro. Assim, nos próximos anos, o trabalho poderá ser uma atividade mais gratificante, sendo esse também um objetivo da "metagestão".

De acordo com o exposto, o Sistema Organizacional e o Sistema da Qualidade fazem parte do FATOR TÉCNICO, pois tudo o que constitui o Sistema da Qualidade e o Sistema Organizacional (que é uma extensão do primeiro com o processo mais amplo de gestão integrada) deve ser capaz de poder ser objetivamente documentado, mensurável e sujeito à comprovação. As regras fazem parte do FATOR TÉCNICO da organização, mas se essas regras conseguem melhorar ambientes de trabalho e criar melhores possibilidades de desenvolvimento profissional, essas regras estarão contribuindo indiretamente para a QUALIDADE DE VIDA. O FATOR TÉCNICO bem resolvido pode ser um poderosa ferramenta para a melhoria da felicidade das pessoas. Do mesmo modo, regras que levem a injustiças provocarão desmotivação e perda de harmonia. Uma organização que implemente uma arquitetura integrada de atividades, dados e regras, terá uma base sólida para criar uma das mais poderosas fontes de capacitação e aculturamento.

Tendo-se uma base de conhecimentos estruturada, estar-se-á propiciando o melhor ambiente de desenvolvimento de trabalho que se possa conceber e, desse modo, os colaboradores dessa organização poderão responder às demandas das pessoas dos seus clientes e a organização poderá aproveitar o potencial de todos os seus recursos humanos e assim conseguirá destaque no mercado e crescer. O sucesso será fruto do esforço de todos e será motivo da realização de todos. Para esse fim é necessário que exista a maturidade emocional tanto em empresários como em técnicos e colaboradores. As aplicações parciais de "metagestão" realizadas nas empresas citadas no Apêndice 10.6 conseguiram resultados importantes neste sentido. O trabalho em equipe de elaboração de "regras inteligentes" antes do que apenas implementar tecnologias externas ou "pacotes" levou de forma modesta e gradual a níveis elevados de maturidade. Isto, contrariamente a abordagens baseadas em "pacotes" de tecnologias que estiveram de moda nos anos 60, nos países de primeiro mundo, conduzidos de forma inadequada, nos anos 90, tem levado, em determinados casos, a criar expectativas de impossível concretização, tanto para empresários como para colaboradores.

No Apêndice 10.3 apresentam-se as aplicações realizadas no desenvolvimento de sistemas flexíveis da qualidade. Estas aplicações tiveram lugar em algumas empresas do Grupo 9, nas quais já tinham alguns recursos de infra-estrutura, como é o caso de Intranets e bancos de dados Oracle e SQL Server. Nesses casos foi possível dar início à implantação de um Sistema da Qualidade parcialmente automatizado e colocar em prática a co-participação para elaborar primeiramente Planos Analíticos de Sistemas da Qualidade, para depois prosseguir com a elaboração e manutenção dos documentos na forma de bases de regras, utilizando os softwares mais simples e evitando softwares de operação paralela e duplicada, como ocorre com muitos deles que se encontram disponíveis no mercado. Por isso se utilizaram apenas softwares de intranets, internet, correio eletrônico e o software Docs Open que faz uma ponte entre o Word (Windows) e Bancos de Dados, tal como SQL Server, levando a operação de controle total dos documentos ao âmbito do Word. Assim, controlam-se todos os diretórios, sub-diretórios e documentos contidos nesses diretórios. A utilização de padrões de sintaxe também foi parcialmente implementada e assim foram elaborados Manuais da Qualidade, Manuais de Procedimentos, Instruções de Trabalho e mesmo Normas específicas de produtos e processos, utilizando regras padrão de redação.

Uma empresa certificou com a Norma ISO 9000 com um Manual da Qualidade completo de apenas vinte páginas, ou seja o relevante é atender os requisitos da forma mais eficaz.

No Apêndice 10.4 apresenta-se a descrição completa de uma aplicação de "metassistema" elaborado para o Grupo 4 de empresas. Também foi elaborado um "metassistema" para cinco Hospitais citados no Grupo 10. Para o Grupo 4 foi elaborado um sistema de Gestão Logística Integrada de Diversos tipos de Estoques. Para os Hospitais foi elaborado um "metassistema" de Gestão Integrada de Recursos Físicos e Manutenção de Equipamentos e Instalações. Este último utiliza modelos flexíveis de dados de Espaços Físicos, de Equipamentos, da Estrutura Organizacional do Hospital e da Classificação de Materiais dos Estoques dos Hospitais. Desse modo, os usuários têm acesso às bases de dados dessas estruturas, podendo realizar consultas, mediante seleção com um "mouse", das dimensões a seguir:

- ESPAÇOS FÍSICOS: (Edifício A, Andar 2, Sala 4);
- EQUIPAMENTOS (Ar condicionado, Compressores);
- CARGOS (Determinado Cargo de Responsável em autorizar Serviços de Reparos);
- PERÍODO (Março de 1997)
- CUSTO DE ORDENS DE SERVIÇO (Mão de Obra)

Feita a seleção explicada nos termos entre parênteses, imediatamente se obtém o valor do indicador, no caso: Valor da Mão de Obra de Todas as Manutenções realizadas em Março de 1997 aos compressores existentes na Sala 4 do Andar 2, Edifício A.

Todas estas aplicações, mesmo parciais, tiveram sempre o enfoque de "metagestão". Assim, os "metassistemas" elaborados para a organização do Grupo 4, foram projetados prévia definição de todas as integrações possíveis, tanto com sistemas atuais como com sistemas futuros. Além disso, o próprio "metassistema" descrito no Apêndice 10.4 foi elaborado dentro do conceito de "metadados", baseado em módulos parametrizados que podem utilizar-se com outros sistemas. O vínculo entre dados e "metadados" foi materializado mediante entidades associativas que vinculam os modelos flexíveis a arquivos convencionais, facilitando isso aspectos técnicos de integração entre sistemas. Em outros casos, funções necessárias em determinados sistemas para atender os requisitos das Normas ISO 9000 foram desenvolvidas na forma de módulos independentes para mais fácil manipulação.

Finalmente, resta apenas destacar a última aplicação realizada numa organização sobre a utilização das Normas apresentadas no Capítulo 6, como padrão de referência para realizar AUDITORIAS DE SISTEMAS INFORMATIZADOS.

Esta foi a última aplicação realizada e compreendeu apenas num processo de avaliação dos sistemas de uma empresa, com base aos padrões apresentados no Capítulo 6.

Um problema que ocorria antigamente nos processos de auditoria de Sistemas Informatizados era a falta de padrões para auditar os aspectos de gestão de Segurança da Informação, isso implicava que essas auditorias se executem com base em opiniões pessoais dos auditores, o qual prejudicava a confiabilidade e credibilidade. Atualmente já existe a Norma ISO/IEC 17799 que elimina esse problema. A informação serve para dar suporte aos processos de tomada de decisão, sendo que existe uma grande demanda por técnicas ou padrões que permitam avaliar os sistemas de informação desde o ponto de vista da sua capacidade de prover informações de qualidade para fins de gestão. Desse modo, uma conclusão adicional é a de utilizar as novas Normas citadas no Capítulo 6 e os padrões citados no Capítulo 7, para serem requisitos de referência de Auditorias mais abrangentes de Sistemas Informatizados, incluindo aspectos de segurança. No Apêndice 10.5 é apresentada uma referência dessa aplicação.

Temos deste modo uma visão completa do processo de "metagestão" que procura evitar a continuidade de desperdício de esforços, por parte de inúmeras empresas, no seu empenho em implementar soluções, filosofias, técnicas e "pacotes" de origem externa, quando, na realidade, as empresas precisam antes verificar se realmente precisam de alguns desses "pacotes" ou tecnologias ou pelo menos verificar a forma de adequar as tecnologias disponíveis no mercado, para suas reais necessidades. Não se pretende descartar nem afirmar que tecnologias tradicionais de gestão da qualidade ou outras não sejam de grande utilidade, dado que a própria abordagem integrada da "metagestão" compreende mais um meio para conseguir o objetivo da qualidade total, apenas se ressalva que as empresas devem adequar essas tecnologias disponíveis às suas reais necessidades, mas elaborando antes um modelo transparente e único da sua organização e constituindo processos de "metagestão" que não apenas permitirão o aproveitamento correto e adequado da tecnologia disponível, senão que poderão gerar suas próprias tecnologias de gestão.

Desse modo, algumas empresas que utilizem esta metodologia de "metagestão" poderão desenvolver tecnologias inéditas de gestão e isso, naturalmente, representará uma diferenciação sem precedentes dos seus concorrentes e poderá assegurar a liderança absoluta do seu mercado me meio aos seus concorrentes. A "metagestão" se configura, deste modo, como uma poderosa ferramenta para consolidar liderança, caso seja utilizada por empresas líderes de mercado, ou bem pode representar a oportunidade de empresas que não são líderes em passar a ter esse papel, apenas pelo fato que as empresas líderes que não aplicam estes conceitos estarão perdendo suas posições com maior rapidez do que levaram para garantir suas posições atuais.

SÍNTESE DAS APLICAÇÕES

Na experiência prática da aplicação de aspectos parciais de "metagestão", já que a gestão integrada completa é difícil de se conseguir em prazos curtos pelo próprio tempo que leva integrar e desenvolver novos sistemas de informática, pode-se concluir que o caminho é iniciar com um Comitê da Qualidade, com Grupos ou Times responsáveis por cada um dos itens das Normas ISO 9000 e por outras Normas e aspectos complementares de sistemas de gestão da qualidade.

Após determinado prazo de operação desse Comitê da Qualidade, o passo a seguir é a criação, dentro desse mesmo Comitê da Qualidade, um Grupo de Trabalho de "metagestão". Esse Grupo de Trabalho será responsável pelo Padrão de Metagestão apresentado no Capítulo 7 (com um membro ou equipe para cada um ou mais itens dessa Norma). Sem dúvida é essencial que dentro desse Grupo se considerem todas as Normas relevantes relacionadas com o negócio da organização. Assim, num Laboratório de Análises Clínicas, o Grupo de Metagestão estruturado passou a adotar a Norma ISO 9000-3 de desenvolvimento de software para as atividades que desenvolve nessa área e igualmente, as BLP´s (Boas Práticas Laboratoriais), que são Normas específicas do seu setor. Todas as empresas e instituições das mais diversas, inclusive órgãos governamentais, precisam desenvolver estruturas de Metagestão, justamente com objetivo de criar as empresas mais competitivas do mundo, mas para isso devem ser considerados dois aspectos relevantes:

- *Todos os enfoques devem estar orientados à consecução de resultados e isso significa que, em determinadas situações, técnicas de gestão de grande prestígio mundial, possam ser descartadas, por determinadas organizações, em certas circunstâncias em que as mesmas não sejam adequadas. Condições essas correspondentes a determinado momento ou situação específica.*

- *As Normas e Padrões diversos que vêm sendo proliferadas no mundo são, sem dúvida, de grande valor e importância essencial. Algumas Normas são de grande valia e de enfoque neutro e muito evoluído, como é o próprio caso da Norma ISO 9000 2000, que se trata de uma Norma que, bem interpretada, representa uma das armas mais poderosas para desburocratizar e aumentar o lucro das empresas. Mas, pela falta de integração de algumas Normas antigas, ocorriam duplicações ou até contradições entre algumas Normas. Normas muito detalhadas podem ser de difícil aplicação. Assim, por exemplo, para o caso de certificação e acreditação de Hotéis, Restaurantes, Farmácias, Laboratórios, Empresas Automotivas, Indústrias em Geral e Empresas da Construção, existem Normas específicas que levam em consideração o aspecto de imparcialidade e de efetivo apoio ao cumprimento dos requisitos de clientes e requisitos regulamentares e às boas práticas de gestão. As novas Normas evitam o credenciamento ou certificação de organizações que possuam altos riscos para a comunidade e clientes.*

Ao implementar processos de "metagestão" devem-se considerar estes aspectos, ou seja, a importância de que o mais importante é a melhoria eficaz de cada organização, pois existe uma probabilidade que as abordagens de normalização e aprimoramento da qualidade de gestão levem na prática a enfoques inadequados de burocratização, ou seja o caso de que sejam aplicadas tecnologias antigas pouco eficazes para as características de cada organização. Para implementar um processo de "metagestão" se deve evitar utilizar tecnologias antigas e sistemáticas que dificultem realizar inovações tecnológicas e os processos de gestão co-participativa. Estes aspectos são citados pelo fato observado de que algumas empresas de consultoria confundiam o processo de adequação de um sistema da qualidade, com enfoques antigos dos anos 60 e 70 de desenvolvimento de processos de Organização e Métodos e dessa forma realizam assessorias com a elaboração de muitos procedimentos e instruções de trabalho, com a descrição de aspectos inadequados com muitos detalhes burocráticos que dificultam a "metagestão".

Para implementar o processo de Metagestão, deve-se contar com profissionais com qualificação e capacitação adequada, sejam estes assessores externos ou membros da própria organização interessada, pois não é um requisito obrigado contar com consultorias externas e sim o de conseguir os melhores resultados através da congruência organizacional. As assessorias são cada vez mais efetivas e úteis em atividades de transferência de tecnologia e de auditoria, dado que nas atividades de desenvolvimento devem atuar os próprios membros da empresa. Empresas de consultoria atualmente realizam bastantes atividades de capacitação e formação de auditores internos e consultores internos, os quais devem realizar as definições dos aspectos específicos.

Uma contratação de assessoria externa para solucionar aspectos específicos (isolados) sem atender a definições globais de congruência e padrões de "metagestão", poderá representar problemas. Isso pode ser o caso de desenvolver um software ou de implantar uma tecnologia sem considerar os aspectos da sua integração com outros sistemas, ou seja isso levará a que a organização terá que arcar com o custo adicional pela falta de integração.

Concluímos, portanto, que é essencial que continue sendo aprimorado o movimento mundial de integração de todas as Normas de Gestão da Qualidade, Qualidade de Processos, Qualidade de Produtos e Serviços, Qualidade do Meio Ambiente, Qualidade da Informação e de Software, Saúde e Segurança do Trabalho, bem como Normas de cunho técnico e mesmo padrões internacionais em geral. Deve ser tudo isso integrado dentro de uma estrutura mundial de Normas genéricas para realizar Normas específicas para casos específicos, mas sempre atendendo o enquadramento dentro dessa estrutura proposta dos níveis de Normas, procurando congruência, harmonia, qualidade de vida e a paz mundial. Atualmente diversas Normas tais como a ISO 9000 2000, ISO 14.000, ISO 9000-3 e ISO TS 16949 possuem os mesmos requisitos dos aspectos relativos a Controle de Documentos, Controle de Registros, Produtos ou Serviços não conformes, Auditoria Interna, Ações Corretivas e Ações Preventivas, Política e Objetivos da Qualidade etc. No futuro poderão ser realizadas novas Normas para áreas de Gestão da Energia, Gestão de Entidades Governamentais, Gestão de Associações Internacionais etc. Também a cada certo número de anos são realizadas alterações das Normas existentes. Existem Normas genéricas como a ISO 9000 para todo tipo de organizações e Normas Específicas para diversas áreas específicas, tais como as Normas de Acreditação Hospitalar, de Entidades da Construção, da área de Informática, de Telecomunicações, de Gestão de produtos Médicos, de indústrias de Alimentos, da área de Segurança, de Metrologia, de Certificação de Produtos, de Laboratórios e Hotéis etc. Portanto, a tendência que já está sendo implementada é que estão sendo integradas todas as Normas dentro de algumas regras genéricas de gestão que poderão passar a ser gerenciadas pela Organização das Nações Unidas ou bem por outras Entidades Internacionais e também está ocorrendo que algumas Normas específicas de certos países estão sendo integradas para sua aplicação internacional, como o caso citado da Norma ISO TS 16949 que foi resultante das Normas específicas elaboradas por varias entidades da área automotiva.

APÊNDICES
EXEMPLOS DE ALGUMAS TÉCNICAS DE GESTÃO E DADOS DA PESQUISA REALIZADA NO PERÍODO 1990 A 1997

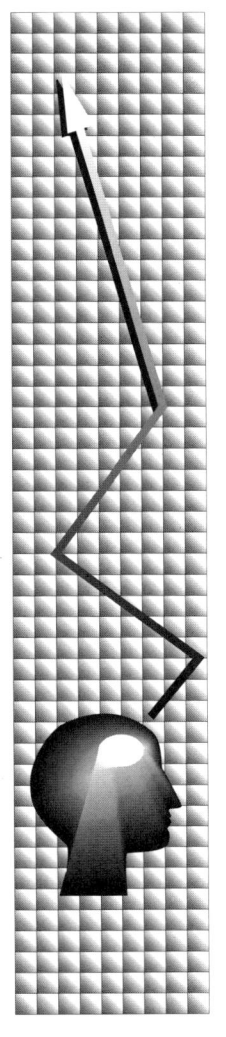

10.1 ALGORITMOS PARA MODELAGEM FLEXÍVEL DIMENSIONAL

De acordo com esses modelos, classificam-se entidades em diferentes dimensões, tais como "níveis", "classes", "tipos" etc., sendo que tais classificações estarão sujeitas a qualquer tipo de alteração, seja de inclusão, exclusão ou alteração. As classificações podem obedecer a diferentes topologias, tais como "rede", "hierárquica" ou mista (rede com hierarquias). Modelos de representação da "teoria dos graphos" [Berge, C. 1962-C] podem ser utilizados para ter uma representação analítica dessas classificações e, deste modo, podem-se estabelecer algoritmos flexíveis de classificação de dados e regras para poder desenvolver "metassistemas".

Na Figura A-01 a seguir, observa-se um sistema simples de classificação de entidades em "níveis" e para cada "nível" em determinadas "instâncias" ou "valores dos níveis".

EXEMPLO: CLASSIFICAÇÃO DE INSUMOS

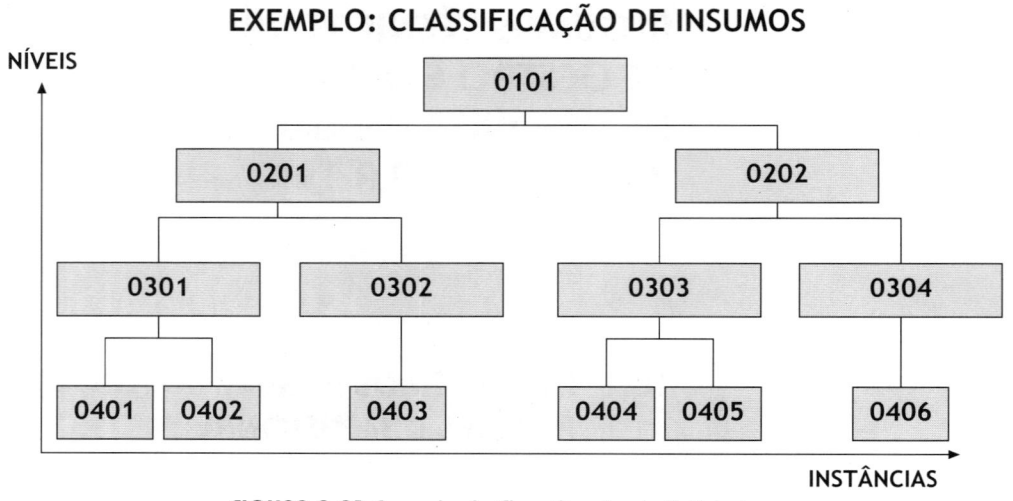

FIGURA A-01 Exemplo de Classificação de Entidades.

Este simples modelo hierárquico pode ser representado em tabelas relacionais: Figura A-02

MODELO FLEXÍVEL DA ESTRUTURA DE MATERIAIS

NÍVEIS

COD.1	DESCRIÇÃO
01	NEGÓCIO
02	DIVISÃO
03	GRUPOS
04	ESPÉCIES / ITENS

VALOR DO NÍVEL

COD. 1	COD.2	DESCRIÇÃO
01	01	INSUMOS
02	01	DEFENSIVOS
02	02	CORRETIVOS
03	01	FUNGICIDAS
03	02	HERBICIDAS
03	03	CALCÁRIO
03	04	FÓSFORO
04	01	TECTO 100

AGRUPADORES

0001 - 01 - 01 - 01
0001 - 02 - 01 - 02

0002 - 01 - 01 - 01
0002 - 02 - 01 - 02
0002 - 03 - 01 - 03
0002 - 04 - 01 - 04

0003 - 01 - 02 - 01
0003 - 02 - 04 - 02

0004 - 01 - 01 - 01
0004 - 02 - 02 - 02
0004 - 03 - 03 - 03
0004 - 04 - 04 - 04

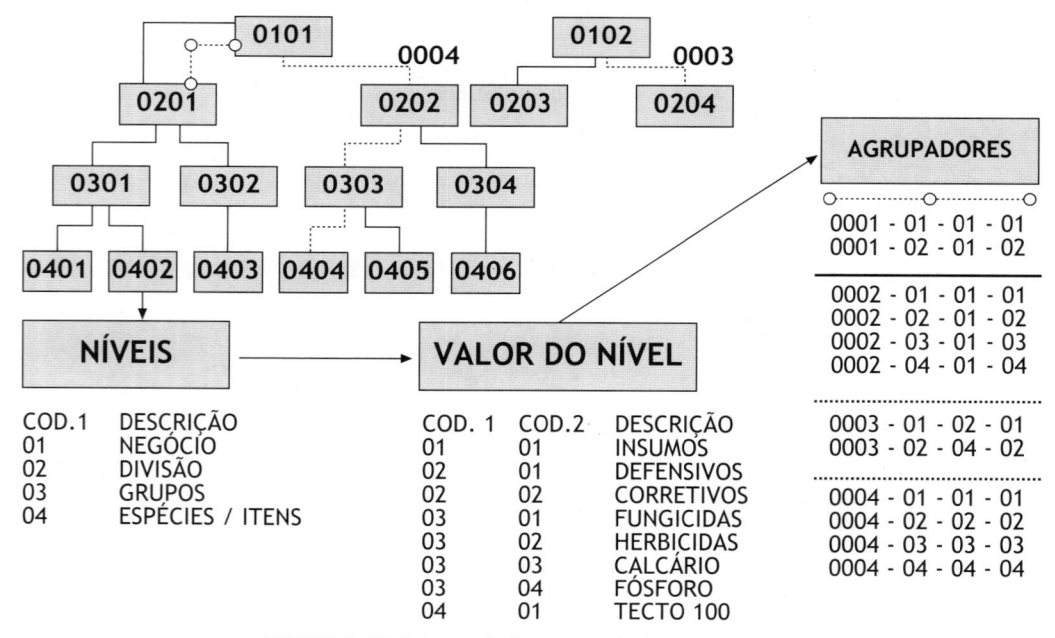

FIGURA A-02 Tabelas Relacionais de Representação.

Na tabela de níveis, é representado o nome designado para cada hierarquia, tal como "negócio", "divisão", "grupo" "espécie" etc. Na tabela de instâncias, também designada de "valor do nível", se representa o código do nível, o código da instância e sua descrição. Deste modo consegue-se representar cada um dos elementos da árvore denominada estrutura de materiais. Resta representar, de alguma forma, a hierarquia propriamente dita. Para isso pode ser utilizada outra tabela de agrupamentos, onde cada item da árvore (cada retângulo da Figura A-01) tem associado um código de agrupamento. Assim, o retângulo "0404" tem uma hierarquia (agrupamento), dada pela seqüência: 0101, 0202, 0303, 0404 (ver Figura A-02). Esse agrupamento (número: 0004) pode ser representado numa tabela relacional como segue:

Código Agrupamento	Código Nível	Código Instância	Seqüência	Fator Explosão
0004	01	01	01	F = 1
0004	02	02	02	F = 1
0004	03	03	03	F = 1
0004	04	04	04	F = 1

A seqüência indica que 0101 (nível 01 e instância 01) é ascendente de 0202, que é o ascendente de 0303, que é o ascendente de 0404. Na Figura A-02 apresentam-se também os agrupamentos de 0101, 0201, 0301 e 0401. Poderia ser estabelecido um agrupamento para cada retângulo. Esta forma de representação de uma árvore é totalmente convencional, dado que podem haver outras formas de representar. O importante é que se estabeleça um método padrão de representação. Na Figura A-03, apresenta-se um modelo de entidade-relacionamento, com outros agrupamentos, com especificação de cardinalidades, onde se agrega a tabela de usuários e mais duas tabelas associativas: "usuário x agrupamentos" e "nível x usuário". Os relacionamentos seguem a notação de Peter Chen [Chen, P. 1976-C], onde se consegue configurar um modelo fechado da classificação de materiais exemplificada. A classificação poderia ter sido realizada para outras entidades, pois o modelo de classificação é constante para qualquer entidade que se deseje classificar com essa topologia. (Ver Figura A-03 na página seguinte.)

As entidades representadas com um losango, na Figura A-03, são "associativas" e representam condições ou restrições. Assim, a entidade "nível x usuário", pode limitar os níveis que podem ser acessados por determinados usuários.

A entidade "usuário x agrupamento" especifica quais agrupamentos são do interesse de determinados usuários. Assim, como foi incluída tabela de usuários, poderia ser considerada outra tabela de outra entidade, para estabelecer condições ou "regras de negócios".

As tabelas citadas podem ser também aperfeiçoadas, compreendendo lógicas da sua construção, como as que citamos a seguir (descrição de um programa):

NÍVEL

01 NEGÓCIO
02 DIVISÃO
03 GRUPO
04 ESPÉCIE

VALOR NÍVEL

ESTRUTURAS DE AGRUPAMENTOS

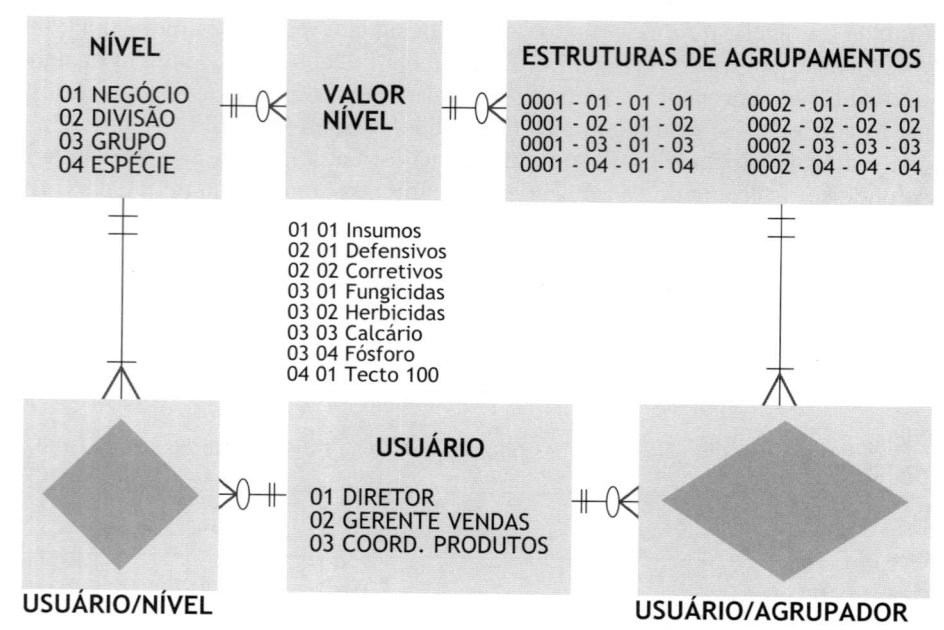

0001 - 01 - 01 - 01
0001 - 02 - 01 - 02
0001 - 03 - 01 - 03
0001 - 04 - 01 - 04

0002 - 01 - 01 - 01
0002 - 02 - 02 - 02
0002 - 03 - 03 - 03
0002 - 04 - 04 - 04

01 01 Insumos
02 01 Defensivos
02 02 Corretivos
03 01 Fungicidas
03 02 Herbicidas
03 03 Calcário
03 04 Fósforo
04 01 Tecto 100

USUÁRIO

01 DIRETOR
02 GERENTE VENDAS
03 COORD. PRODUTOS

USUÁRIO/NÍVEL   USUÁRIO/AGRUPADOR

FIGURA A-03 Modelo Relacional Flexível.

- Iniciar pelo cadastramento da tabela de níveis.
- A seguir cadastrar a tabela de instâncias, ou valores dos níveis.
- Para cada elemento da árvore cadastrado deve ser designado (criado) um determinado agrupamento, no qual devem ser especificados todos os seus ascendentes, até o primeiro.
- Pode ocorrer que um determinado elemento da árvore seja exatamente o mesmo item que outro elemento da árvore. Assim, deve ser também considerado um código de identificação de cada elemento da árvore (par: nível x instância). Este caso pode ser explicado na prática como um mesmo "item" de estoque que pode aparecer em duas classificações diferentes (Ex.: certo produto químico pode ser vendido como nutriente, na classificação de adubos, como matéria prima de rações, na classificação de rações). Por isso, na Figura A-04, representa-se uma classificação com mais um código de identificação de "itens" distintos.
- Também deve ser considerado que cada elemento da árvore tenha um "fator de explosão", ou seja, o número de unidades que está incorporado no seu ascendente. Isso poderá ser também contemplado na tabela de instâncias, como mais um campo (Figura A-05).
- Poderia ser também considerado, para cada elemento da árvore, um código inteligente, ou "código significativo" que mediante análise dos seus caracteres possa ser identificada sua classificação e posição na árvore de classificação.
- O número de níveis pode ser variável, ou seja, para determinada ramificação poder-se-á bifurcar até determinado nível (Ex.: nível 5) e, para outra ramificação, o elemento do último nível poderá ser diferente (Ex.: nível 10).

- Ao eliminar por "deleção" um elemento da árvore, os seus elementos descendentes passarão a se vincular diretamente com o elemento diretamente ascendente do primeiro (elemento eliminado). Ante toda deleção, deverão ser automaticamente atualizadas e corrigidas as tabelas de agrupamentos.

- Os usuários poderão acrescentar agrupamentos especiais, além dos gerados em forma automática, em decorrência de necessidades específicas

- O código significativo deverá ser gerado de forma genérica, observando as regras a seguir: O número de dígitos do código deverá ser uma função do número de níveis (Ex. se o código utilizar dois caracteres significativos para cada nível, variando os mesmos para cada instância, então, nesse caso, o número de dígitos do código inteligente será igual a dois vezes o número de níveis). Para elementos de níveis superiores, seu código significativo deverá ser preenchido de esquerda à direita, de modo a preencher com zeros os dígitos sem uso (por ser um elemento posicionado nos níveis superiores).

- O programa deve ter recursos para poder comparar determinado elemento da árvore com qualquer outro elemento, de modo a poder estabelecer casos de repetição, ou igual código de "item".

O programa citado foi construído e testado, sendo sua utilidade a simples geração de modelos flexíveis de classificação de entidades fundamentais. Dados vários arquivos gerados com base nas regras estabelecidas, é possível desenvolver com os mesmos "metassistemas".

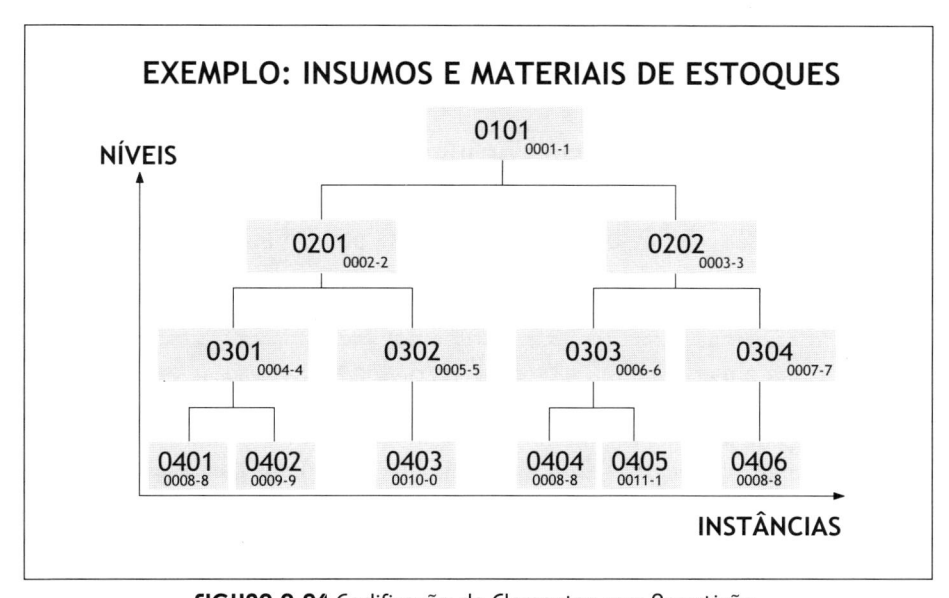

FIGURA A-04 Codificação de Elementos com Repetição.

O segundo código é utilizado no algoritmo, para finalidade de identificação de itens específicos da árvore de classificação, como é o caso dos itens 0401, 0404 e 0406 que mesmo sendo diferentes instâncias de classificação, fisicamente representam o mesmo item. Outro aspecto mencionado refere-se ao fator de explosão, para finalidade de sistemas MRP (Material

Requirement Planning) [Corrêa, H.L., Gianesi I.G.N. 1993-A], o que determina o número de itens contido no elemento ascendente. Finalmente, temos o código significativo que permite identificar a classificação de cada elemento, conforme apresentado na Figura A-05, onde o número de dígitos do código está dado pela expressão:

Número de Dígitos Código Significativo = Número de Níveis da Árvore × Número de Dígitos por Nível

Assim, para uma árvore de 10 níveis, com dois dígitos por nível, temos um código de 20 dígitos. Também poderia ser utilizado um dígito para os níveis 1 e 2 e dois dígitos para os níveis restantes. Portanto, denominando "N" ao número de níveis, teríamos:

Número de Dígitos Código Significativo = N + (N – 2)

```
                    INSUMOS
                      (I)
                   /        \
            DEFENSIVOS    CORRETIVOS
                (D)           (C)
              /    \         /    \
       FUNGICIDAS HERBICIDAS CALCÁRIO FÓSFORO
           FN       HR         CL       FS
          /  \
   TECTO 100 FUNGITEC      CÓDIGO SIGNIFICATIVO DO TECTO 100
       TT      FT                  I - D - FN - TT
```

TABELAS DE INSTÂNCIAS

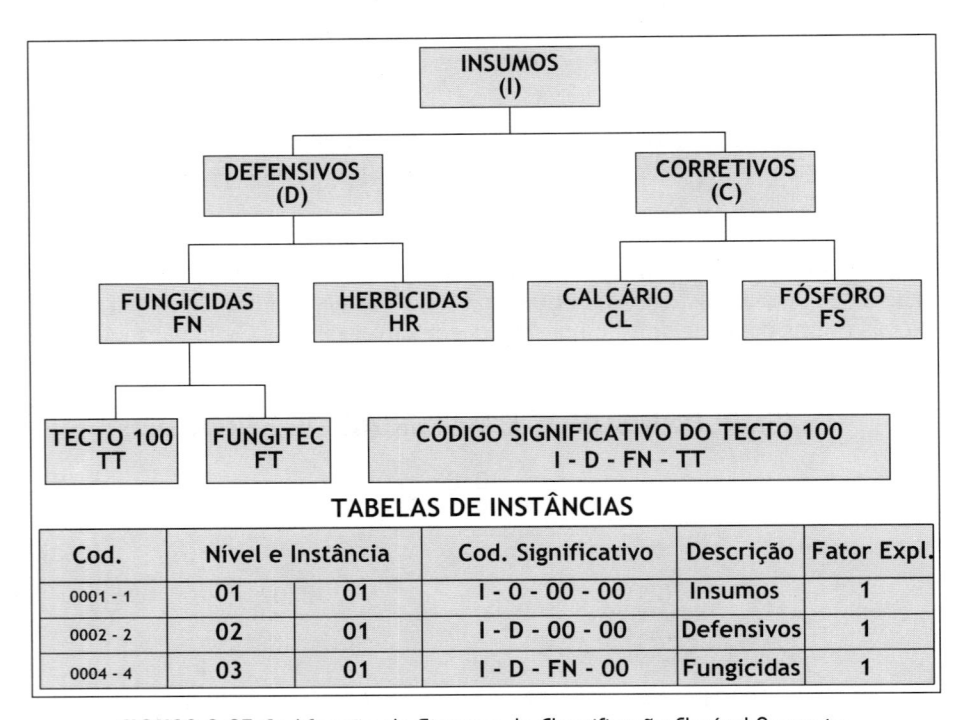

Cod.	Nível e Instância		Cod. Significativo	Descrição	Fator Expl.
0001 - 1	01	01	I - 0 - 00 - 00	Insumos	1
0002 - 2	02	01	I - D - 00 - 00	Defensivos	1
0004 - 4	03	01	I - D - FN - 00	Fungicidas	1

FIGURA A-05 Codificação do Sistema de Classificação Flexível Proposto.

Cada determinada instância tem uma descrição e também teria um determinado código da instância. O código significativo nada mais é do que os códigos das instâncias de todos os seus ascendentes, inclusive o código da instância do próprio elemento, como exemplificado a seguir, na Figura A-05. Deve-se considerar que não é obrigado que todas as ramificações de uma árvore sejam do mesmo número de níveis, podendo ter número variável de níveis. O código significativo também poderá ter diferente número de dígitos. Os elementos de níveis superiores terão códigos com "zeros" à direita, para os níveis inferiores e, caso existam elementos sem código significativo, poder-se-á utilizar um hifem (-). Uma condição essencial é que, num mesmo nível, o código significativo deve ser único, ou seja, sem repetição.

A importância desse sistema de codificação compreende a possibilidade de poder gerenciar as informações relativas a diferentes entidades. Assim, no caso do exemplo, aplicado à entidade "materiais de estoques", o código significativo permite estabelecer políticas para determinados níveis e instâncias, bem como solicitar informações para determinados grupos e subgrupos de itens de estoques.

Como um sistema de estoques possui milhares de itens e estes podem ser classificados de diferentes pontos de vista, temos pois que utilizar estas tabelas de "metadados", para ter uma gestão flexível e eficaz, onde se separem as regras dos programas computacionais e, ao mesmo tempo, apliquem-se essas regras, discrecionalmente para determinados grupos ou subgrupos da classificação utilizada. Como parte deste trabalho foi elaborado um software utilizando estes princípios, visando configurar um "metassistema" de gestão de estoques para poder ser aplicado a uma ampla gama de aplicações e, ao mesmo tempo, para permitir aplicar diferentes modelos de gestão para diferentes classes ou tipos de itens, configurando uma aplicação específica de "metagestão" de sistemas logísticos de estoques de materiais. Também se inclui na tabela o fator de explosão já explicado, para finalidade de cálculos de necessidades de materiais em sistemas MRP.

No Apêndice 10.4, é apresentado o modelo de "metagestão" de sistema de estoques, baseado neste modelos de classificação flexível de entidades. Tal modelo é possível de ser aplicado também em classificações de todo e qualquer tipo de entidade, com o qual se poderá passar a trabalhar em ambientes estruturados em diferentes formas ou opções de classificação.

Assim, para um hospital, foram elaborados modelos flexíveis de equipamentos e ativos fixos, de espaços físicos do hospital, dos materiais utilizados e também do seu organograma e dos seus centros de custos.

O resultado foi um "metassistema" que permitiu aplicar diferentes técnicas de gestão de manutenção para diferentes tipos e classes de equipamentos, espaços físicos etc.

O produto resultante de "metagestão de recursos físicos" permite gerenciar diversas dimensões de informação, mas de forma integrada. Assim, por exemplo, existe uma árvore de produtos, uma árvore de espaços físicos e outras dos materiais, organograma e centros de custos, permitindo consultas e informações de custos de manutenção, tanto por áreas físicas como por equipamentos e instalações e por responsável, segundo o organograma. Assim podemos ver o potencial de aplicações do algoritmo de classificação apresentado.

Até aqui apresentou-se um modelo simples de flexibilização compreendendo um modelo de classificação para cada entidade (níveis e instâncias). O software de geração de bases de dados flexíveis pode considerar mais de um tipo de classificação para uma mesma entidade, mesmo que essa característica seja de pouca utilização. Para determinados casos, pode ser interessante contar com essa opção. Assim, por exemplo, a entidade "equipamentos" poderia ser classificada em classes que agrupem os equipamentos por sua procedência e, dentro de cada procedência, por natureza ou tipo. Também essa mesma entidade poderia ser classificada em função do material mais importante, ou seja: equipamentos de madeira, equipamentos de aço etc. Na Figura A-06 na página seguinte, é apresentado este caso de comportar mais de uma classificação para uma mesma entidade.

Os modelos de classificação apresentados sempre correspondem a sistemas hierárquicos de duas dimensões (níveis e instâncias), restando apresentar a modelagem de sistemas em rede e sistemas mistos de redes com hierarquias, como o modelo exemplificativo da Figura A-07 na página a seguir.

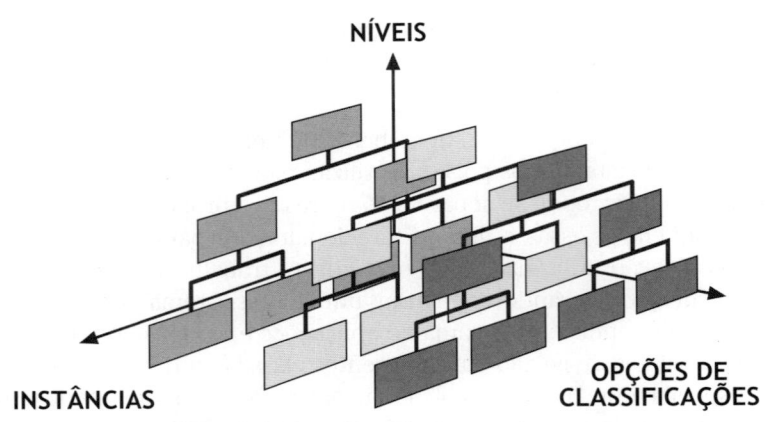

FIGURA A-06 Classificação em três dimensões.

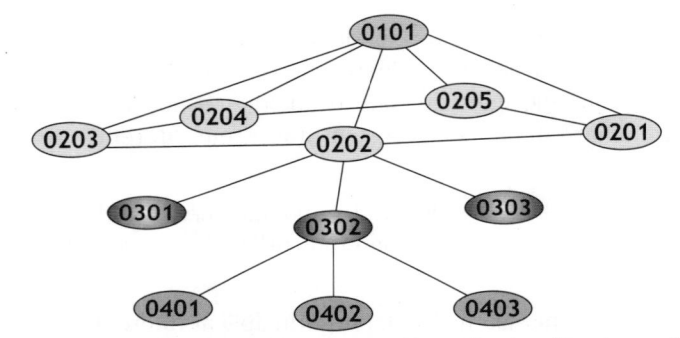

FIGURA A-07 Modelo de Classificação Misto (Rede e Hierárquico).

Também uma tabela relacional pode representar o modelo da Figura A-07, que apresenta uma rede em vários níveis, sendo que alguns elementos da rede, como o 0101, o elemento 0202 e o 0302, configuram também hierarquias. A tabela de instâncias é semelhante à apresentada na Figura A-05 e a tabela de agrupamentos é apresentada a seguir Figura A-08.

AGRUPAMENTO	ASCENDENTE	DESCENDENTE	SEQÜÊNCIA
0001	0101	0201	01
0002	0101	0202	01
0003	0101	0203	01
0004	0101	0204	01
0005	0101	0205	01
0006	0101	0202	01
0006	0202	0301	02
0007	0101	0202	01
0007	0202	0302	02
0007	0302	0401	03

FIGURA A-08 Tabela de Agrupamentos.

As tabelas relacionais podem representar diversos modelos de classificação, determinando sua manipulação e documentação flexível. Isso permite estipular regras também de forma flexível. Contudo, a aplicação destes modelos dependem de abordagens integradas das arquiteturas e não apenas aplicações isoladas, onde as vantagens dos "metassistemas" poderão ser perdidas. Os modelos suportam qualquer alteração da estrutura de classificação, permitindo relacionamentos entre entidades com estruturas também mutantes. O software desenvolvido a respeito tem recursos adicionais para atualizar alterações (eliminação, acréscimo e/ou substituição), sempre controlando o acesso dos usuários por rede e por nível, dependendo das suas senhas de acesso.

10.2 EXEMPLO: CLASSIFICAÇÃO DE ELEMENTOS ORGANIZACIONAIS

Com base no sistema e algoritmo de classificação e controle das bases de dados do modelo genérico apresentado, podem ser estruturadas as arquiteturas dos sistemas de informação e das bases de conhecimento, resultantes da integração dos elementos, a saber: "atividades", "regras" e "informações". Os elementos essenciais do modelo são detalhados a seguir:

01. INF: INFORMAÇÕES

    01.01. TIN: TIPOS DE INDICADORES

      01.01.01. TIN.IFC: INDICADORES DOS FCS's E ESTRATÉGICOS

      01.01.02. TIN.IOG: INDICADORES DE OBJETIVOS DE GESTÃO

          01.01.02.01. TIN.IOG.GLB: OBJETIVOS GLOBAIS

          01.01.02.02. TIN.IOG.MPR: OBJETIVOS DOS MACRO-PROCESSOS/ NEGÓCIOS

          01.01.02.03. TIN.IOG.PRO: OBJETIVOS DE PROCESSOS

          01.01.02.04. TIN.IOG.ATV: OBJETIVOS DE ATIVIDADES

              01.01.02.06.001. TIN.IOG.ATV.PRD: OBJETIVO DE PRODUTIVIDADE

      01.01.03. TIN.IPJ: INDICADORES DOS OBJETIVOS DE PROJETOS

      01.01.04. TIN.ITN: INDICADORES DE TABELAS NÃO ASSOCIADAS A OBJETIVOS

      01.01.05. TIN.IEX: INDICADORES EXTERNOS

01.02.TVO: TIPOS DE VARIÁVEIS ORGANIZACIONAIS

    01.02.01. TVO.VEO: VARIÁVEIS DE EVENTOS ORGANIZACIONAIS (Receitas e Despesas)

        01.02.01.001. TVO.VEO.VDA: VENDAS

        01.02.01.002. TVO.VEO.VCV: CUSTO DE VENDAS

        01.02.01.003. TVO.VEO.VPD: PRODUÇÃO

        01.02.01.004. TVO.VEO.VTR: TRANSPORTE

        01.02.01.005. TVO.VEO.COM: DESPESAS POR COMPRAS DIRETAS

        01.02.01.006. TVO.VEO.FLP: DESPESAS COM FOLHA DE PAGAMENTO

01.02.02. TVO.VAT: VARIÁVEIS DE MEDIÇÃO DE ATIVOS

    01.02.02.001. TVO.VAT.ACX: DISPONIBILIDADES DE CAIXA

    01.02.02.002. TVO.VAT.ADB: DISPONIBILIDADES DE BANCOS

    01.02.02.003. TVO.VAT.ACR: CONTAS A RECEBER

    01.02.02.004. TVO.VAT.AES: ESTOQUES

    01.02.02.005. TVO.VAT.AEQ: EQUIPAMENTOS

    01.02.02.006. TVO.VAT.AED: EDIFÍCIOS

    01.02.02.007. TVO.VAT.ATR: TERRENOS

01.02.03. TVO.VPS: VARIÁVEIS DE MEDIÇÃO DE PASSIVOS

    01.02.03.001. TVO.VPS.PCP: CONTAS A PAGAR

    01.02.03.002. TVO.VPS.PDV: DÍVIDAS

    01.02.03.003. TVO.VPS.PFN: FINANCIAMENTOS

    01.02.03.004. TVO.VPS.PRS: RESERVAS

    01.02.03.005. TVO.VPS.PCP: CAPITAL

01.03. TDC: TIPOS DE DOCUMENTOS/INFORMAÇÕES

01.03.01. TDC.NOR: NORMAS

    01.03.01.01. TDC.NOR.NPD: NORMAS DE PRODUTO

    01.03.01.02. TDC.NOR.NPR: NORMAS DE PROCESSO

    01.03.01.03. TDC.NOR.NSQ: NORMAS DE SISTEMA DA QUALIDADE

    01.03.01.04. TDC.NOR.NAD: NORMAS ADMINISTRATIVAS

    01.03.01.05. TDC.NOR.NAM: NORMAS AMBIENTAIS

    01.03.01.06. TDC.NOR.NSA: NORMAS DE PROCESSOS AUTOMATIZADOS

01.03.02. TDC.ETC: ESPECIFICAÇÕES TÉCNICAS

    01.03.02.01. TDC.ETC.EPT: PACOTE TECNOLÓGICO

    01.03.02.02. TDC.ETC.EPD: ESPECIFIC. DE PRODUTO

    01.03.02.03. TDC.ETC.EPR: ESPECIFIC. DE PROCESSO

    01.03.02.04. TDC.ETC.EGO: ESPECIFIC. DE GESTÃO ORGANIZACIONAL

    01.03.02.05. TDC.ETC.EPA: ESPECIFIC. DE PROCESSOS AUTOMATIZADOS

    01.03.02.06. TDC.ETC.ESQ: ESPECIFIC. DE SISTEMAS DA QUALIDADE

    01.03.02.07. TDC.ETC.EPF: ESPECIFIC. DE PRODUTOS DE FORNECEDORES

    01.03.02.08. .TDC.ETC.EEF: ESPECIFIC. EQUIPAMENTOS DE FORNECEDORES

01.03.03. TDC.TRE. TREINAMENTO

    01.03.03.01. TDC.TRE.TPD: TREINAMENTO EM PRODUTO

    01.03.03.02. TDC.TRE.TPR: TREINAMENTO EM PROCESSO

    01.03.03.03. TDC.TRE.TSA: TREINAMENTO EM SISTEMAS AUTOMATIZADOS

01.03.03.04. TDC.TRE.TSQ: TREINAMENTO EM SISTEMAS DA QUALIDADE

01.03.03.05. TDC.TRE.TGQ: TREINAMENTO EM GESTÃO DA QUALIDADE

    01.03.03.05.001. TDC.TRE.TGQ.AUQ: CURSO AUDITORIA ISO 9000

01.03.03.06. TDC.TRE.TGA: TREINAMENTO GERENCIAL E ADMINISTRATIVO

01.03.03.07. TDC.TRE.TEB: TREINAMENTO EDUCACIONAL BÁSICO

    01.03.03.07.001. TDC.TRE.TEB.RED: CURSO DE REDAÇÃO

01.03.04. TDC.GEC. GESTÃO E CONTROLE

    01.03.04.01. TDC.GEC.GEC: ECONOMIA

    01.03.04.02. TDC.GEC.GMK: MERCADO

    01.03.04.03. TDC.GEC.GCN: CONCORRÊNCIA

    01.03.04.04. TDC.GEC.GCL: CLIENTES

    01.03.04.05. TDC.GEC.GFR: FORNECEDORES

    01.03.04.06. TDC.GEC.GMG: METAGESTÃO

    01.03.04.07. TDC.GEC.GOR: GESTÃO

    01.03.04.08. TDC.GEC.GPR: PROCESSOS

    01.03.04.09. TDC.GEC.GCO: CONTROLE OPERACIONAL

01.03.05. TDC.LEG. LEGISLAÇÃO

    01.03.05.01. TDC.LEG.LTR: TRABALHISTA

    01.03.05.02. TDC.LEG.LCN: CONTÁBIL

    01.03.05.03. TDC.LEG.LDA: DIREITO ADMINISTRATIVO

    01.03.05.04. TDC.LEG.LDT: DIREITO TRIBUTÁRIO

    01.03.05.05. TDC.LEG.LDC: DIREITO COMERCIAL

    01.03.05.06. TDC.LEG.LMP: MARCAS E PATENTES

    01.03.05.07. TDC.LEG.LAM: AMBIENTAL

    01.03.05.08. TDC.LEG.LAM: SAÚDE E SEGURANÇA DO TRABALHO

01.03.06. TDC.CPL. INFORMAÇÃO COMPLEMENTAR

    01.03.06.01. TDC.CPL.CPD: PRODUTO

    01.03.06.02. TDC.CPL.CPR: PROCESSO

    01.03.06.03. TDC.CPL.CCL: CLIENTES

    01.03.06.04. TDC.CPL.CFO: FORNECEDORES

    01.03.06.05. TDC.CPL.CAM: AMBIENTAL

    01.03.06.06. TDC.CPL.CSA: AUTOMAÇÃO

    01.03.06.07. TDC.CPL.CSQ: SISTEMA DA QUALIDADE

    01.03.06.08. TDC.CPL.CGS: GESTÃO ORGANIZACIONAL

    01.03.06.09. TDC.CPL.CCO: CONTROLE OPERACIONAL

01.04. TFR: TIPOS DE FORMATOS DE DOCUMENTOS

01.04.01. TFR.FAR: ARQUIVOS

01.04.02. TFR.FTB: TABELAS

01.04.03. TFR.FRL: RELATÓRIOS

01.04.04. TFR.FTE: TELAS DE ENTRADA

01.04.05. TFR.FTC: TELAS DE CONSULTA

01.04.06. TFR.FBD: BANCOS DE DADOS

01.04.07. TFR.FSB: SEGMENTO DE BANCO DE DADOS

01.04.08. TFR.FTR: TRANSAÇÕES

01.04.09. TFR.FED: ELEMENTOS DE DADOS

01.04.10. TFR.FST: SISTEMA

01.04.11. TFR.FPR: PROGRAMA

01.04.12. TFR.FUT: UTILITÁRIO DE PROGRAMA (VBX, OCX, ATX etc.)

01.04.13. TFR.FMD: MÓDULO

01.04.14. TFR.FLV: LIVRO

01.04.15. TFR.FAP: APOSTILA

01.04.16. TFR.FRV: REVISTA

01.04.17. TFR.FJR: JORNAL

01.04.18. TFR.FCT: CATÁLOGO

01.04.19. TFR.FCI: COMUNICAÇÃO INTERNA

02. EVH: EVENTOS E HABILITADORES
02.01. TRC: TIPOS DE REGISTROS DE EVENTOS CRÍTICOS

02.01.001. TRC.PVD: PEDIDO DE VENDAS

02.01.002. TRC.OCP: ORDEM DE COMPRA DE PRODUTOS

02.01.003. TRC.OPD: ORDEM DE PRODUÇÃO

02.01.004. TRC.OSI: ORDEM DE SERVIÇO INTERNO

02.01.005. TRC.CI_: COMUNICAÇÃO INTERNA

02.01.006. TRC.OR_: ORDEM DE REPARO

02.01.007. TRC.OTF: ORDEM DE TRANSFERÊNCIA

02.01.008. TRC.OTR: ORDEM DE TRANSPORTE

02.01.009. TRC.CCA: CONTROLE DE CALIBRAÇÃO

02.01.010. TRC.AEQ: APROVAÇÃO DE EQUIPAMENTOS

02.01.011. TRC.AIN: APROVAÇÃO DE INSTALAÇÕES

02.01.012. TRC.FAT: FATURA DE VENDA

02.01.013. TRC.RD_: RELATÓRIO DE DESPESAS

02.01.014. TRC.TS_: REGISTRO DE HORAS (TIME SHEET)

02.01.015. TRC.RM_: REQUISIÇÃO DE MATERIAL

02.01.016. TRC.NFF: NOTA FISCAL DE FORNECEDORES

02.01.017. TRC.NFV: NOTA FISCAL DE VENDA

02.01.018. TRC.OPG: ORDEM DE PAGAMENTO

02.01.019. TRC.AGC: APROPRIAÇÃO DE GASTOS DE CAPITAL

02.01.020. TRC.RB_: RECIBO

02.01.021. TRC.DPL: DUPLICATA

02.01.022. TRC.ATR: ATA DE REUNIÃO

02.01.023. TRC.DDC: CONTROLE DE DISTRIBUIÇÃO DE DOCUMENTOS

02.01.024. TRC.NDV: NOTA DE DEVOLUÇÃO

02.02. THO: TIPOS DE HABILITADORES DE EVENTOS

02.02.01. THO.TEX. COMPLEMENTOS OU EXTENSÕES (DICIONÁRIO DE TERMOS)

02.02.01.001. THO.TEX.ATV: ATIVIDADE

02.02.01.002. THO.TEX.AJS: AJUSTE

02.02.01.003. THO.TEX.AUT: AUTOR

02.02.01.004. THO.TEX.BOB: BOBINA

02.02.01.005. THO.TEX.BCO: BANCO

02.02.01.006. THO.TEX.COD: CÓDIGO

02.02.01.007. THO.TEX.COM: COMISSÃO

02.02.01.008. THO.TEX.C/C: CONTA CORRENTE

02.02.01.008. THO.TEX.END: ENDEREÇO

02.02.01.009. THO.TEX.DES: DESCONTO

02.02.01.010. THO.TEX.ESQ: ESQUERDA

02.02.01.011. THO.TEX.TRF: TAREFA

02.02.01.012. THO.TEX.PRO: PROCESSO

02.02.02. THO.TCS. CONTROLE DE SITUAÇÃO OU ESTADO

02.02.02.001. THO.TCS.CRI: CRIADO/A

02.02.02.002. THO.TCS.REC: RECEBIDO/A

02.02.02.003. THO.TCS.VRF: VERIFICADO/A

02.02.02.004. THO.TCS.APR: APROVADO/A

02.02.02.005. THO.TCS.RSV: RESERVADO/A

02.02.02.006. THO.TCS.ENC: ENCOMENDADO/A
02.02.02.007. THO.TCS.DES: DESPACHADO/A
02.02.02.008. THO.TCS.CAL: CALIBRADO/A
02.02.02.009. THO.TCS.QFC: QUALIFICADO/A
02.02.02.010. THO.TCS.CAN: CANCELADO/A
02.02.02.011. THO.TCS.INS: INPECIONADO/A
02.02.02.012. THO.TCS.RTR: RETRABALHADO/A
02.02.02.013. THO.TCS.RPR: REPROVADO/A
02.02.02.014. THO.TCS.REV: REVISADO/A
02.02.02.015. THO.TCS.LBR: LUBRIFICADO/A
02.02.02.016. THO.TCS.LIM: LIMPO/A
02.02.02.017. THO.TCS.QMD: QUEIMADO/A
02.02.02.018. THO.TCS.QBR: QUEBRADO/A
02.02.02.019. THO.TCS.PLA: **PLANEJADA**
02.02.02.020. THO.TCS.EPR: **EM PROCESSO**
02.02.02.021. THO.TCS.HIS: **REALIZADO/A (OU HISTÓRICO)**

OS TRÊS ÚLTIMOS ESTADOS SÃO MUITO IMPORTANTES: PLA, EPR, HIS

02.02.03. THO.TPT. PERÍODOS DE TEMPO
    02.02.03.001. THO.TPT.DAT: DATA
    02.02.03.002. THO.TPT.ANO: ANO
    02.02.03.003. THO.TPT.TRM: TRIMESTRE
    02.02.03.004. THO.TPT.MES: MÊS
    02.02.03.005. THO.TPT.SEM: SEMANA
    02.02.03.006. THO.TPT.DIA: DIA
    02.02.03.007. THO.TPT.HOR: HORA
    02.02.03.008. THO.TPT.MIN: MINUTO
    02.02.03.009. THO.TPT.SEG: SEGUNDO

02.02.04. THO.TAC. ACUMULAÇÕES DE TEMPO
    02.02.04.001. THO.TAC.ANA: ACUMULADO DO ANO
    02.02.04.002. THO.TAC.SMA: ACUMULADO DO SEMESTRE
    02.02.04.003. THO.TAC.TRA: ACUMULADO DO TRIMESTRE
    02.02.04.004. THO.TAC.MSA: ACUMULADO DO MÊS
    02.02.04.005. THO.TAC.QZA: ACUMULADO DA QUINZENA
    02.02.04.006. THO.TAC.SEA: ACUMULADO DA SEMANA
    02.02.04.007. THO.TAC.ADI: ACUMULADO DO DIA

02.02.04.008. THO.TAC.DDI: ACUMULADO DESDE A DATA DE INÍCIO

02.02.04.009. THO.TAC.DSI: ACUMULADO DESDE A SEMANA DE INÍCIO

02.02.04.010. THO.TAC.DMI: ACUMULADO DESDE O MÊS DE INÍCIO

02.02.04.011. THO.TAC.DHI: ACUMULADO DESDE A HORA DE INÍCIO

02.02.04.012. THO.TAC.BAN: ACUMULADO DO BIÊNIO

02.02.04.013. THO.TAC.DAN: ACUMULADO DO DEZENIO

02.02.05. THO.TRT. REFERÊNCIAS A PERÍODOS DE TEMPO

02.02.05.001. THO.TRT.FUT: FUTURO = ATUAL + "X" (PRÓXIMOS "X" PERÍODOS)

02.02.05.002. THO.TRT.PAS: PASSADO = ATUAL - "X" (ANT. "X" PERÍODOS)

02.02.05.003. THO.TRT.PRX: PRÓXIMO

02.02.05.004. THO.TRT.ANT: ANTERIOR

02.02.05.005. THO.TRT.ATL: ATUAL

02.02.06. THO.TFT. FREQÜÊNCIA DE TEMPO

02.02.06.001. THO.TFT.ANL: ANUAL

02.02.06.002. THO.TFT.SML: SEMESTRAL

02.02.06.003. THO.TFT.TML: TRIMESTRAL

02.02.06.004. THO.TFT.BML: BIMENSAL

02.02.06.005. THO.TFT.MSL: MENSAL

02.02.06.006. THO.TFT.QZL: QUINZENAL

02.02.06.007. THO.TFT.SEL: SEMANAL

02.02.06.008. THO.TFT.DIR: DIÁRIA

02.02.06.009. THO.TFT.FHR: HORÁRIA

02.02.06.010. THO.TFT.ALE: ALEATÓRIA

02.02.07. THO.TVA. VERBOS DE AÇÃO

02.02.07.001. THO.TVA.<ORG>: ORGANIZAR

02.02.07.002. THO.TVA.<PLA>: PLANEJAR

02.02.07.003. THO.TVA.<ANL>: ANALISAR

02.02.07.004. THO.TVA.<NOM>: NOMEAR

02.02.07.005. THO.TVA.<DEL>: ELIMINAR (DELETE)

02.02.07.006. THO.TVA.<AUD>: AUDITAR

02.02.07.007. THO.TVA.<CAN>: CANCELAR

02.02.07.008. THO.TVA.<ENV>: ENVIAR

02.02.07.009. THO.TVA.<PRO>: PROCESSAR

02.02.07.010. THO.TVA.<PRD>: PRODUZIR

02.02.07.011. THO.TVA.<VDR>: VENDER

02.02.07.012. THO.TVA.<CPR>: COMPRAR

02.02.07.013. THO.TVA.<CTB>: CONTABILIZAR

02.02.07.014. THO.TVA.<INS>: INSPECIONAR

02.02.07.015. THO.TVA.<EST>: ESTOCAR

02.02.07.016. THO.TVA.<EMB>: EMBALAR

02.02.07.017. THO.TVA.<CBR>: CARIMBAR

02.02.08. THO.TMM. UNIDADE DE MEDIDA - MOEDAS/VALORES

    02.02.08.001. THO.TMM.R$_: REAIS

    02.02.08.002. THO.TMM.US$: DÓLAR

    02.02.08.003. THO.TMM.UFR: UFIR

    02.02.08.004. THO.TMM.$PR: PREÇO

    02.02.08.005. THO.TMM.$CT: CUSTO

    02.02.08.006. THO.TMM.FOB: CUSTO FOB

    02.02.08.007. THO.TMM.CIF: CUSTO CIF

02.02.09. THO.TMQ. UNIDADE DE MEDIDA - QUANTIDADES

    02.02.09.001. THO.TMQ.QTD: QUANTIDADE (POR QUANTIDADE DE ITENS)

    02.02.09.002. THO.TMQ.TOT: TOTAL

    02.02.09.003. THO.TMQ.SBT: SUB-TOTAL

    02.02.09.004. THO.TMQ.SUM: SOMA

    02.02.09.005. THO.TMQ.ACM: ACUMULADO

    02.02.09.006. THO.TMQ.C/U: CADA UM

02.02.10. THO.TMP. UNIDADE DE MEDIDA - PESO

    02.02.10.001. THO.TMP.TON: TONELADA

    02.02.10.002. THO.TMP.KGR: QUILOGRAMA

    02.02.10.003. THO.TMP.GRM: GRAMAS

    02.02.10.004. THO.TMP.LBS: LIBRAS

    02.02.10.005. THO.TMP.OZ_: ONÇAS

    02.02.10.006. THO.TMP.SCA: SACAS TIPO A

    02.02.10.007. THO.TMP.SCB: SACAS TIPO B

02.02.11. THO.TMD. UNIDADE DE MEDIDA - DISTÂNCIA

    02.02.11.001. THO.TMD.MTS: METROS

    02.02.11.002. THO.TMD.CM_: CENTÍMETROS

    02.02.11.003. THO.TMD.PL_: POLEGADAS

02.02.11.004. THO.TMD.HT_: HECTÔMETROS
02.02.11.005. THO.TMD.KM_: QUILÔMETROS
02.02.11.006. THO.TMD.MLH: MILHAS
02.02.11.007. THO.TMD.JAR: JARDAS

02.02.12. THO.TMA. UNIDADE DE MEDIDA - ÁREA
- 02.02.12.001. THO.TMA.MTQ: METROS QUADRADOS
- 02.02.12.002. THO.TMA.CMQ: CENTÍMETROS QUADRADOS
- 02.02.12.003. THO.TMA.INQ: POLEGADAS QUADRADAS
- 02.02.12.004. THO.TMA.HAS: HECTARES
- 02.02.12.005. THO.TMA.AQP: ALQUEIRE PAULISTA
- 02.02.12.006. THO.TMA.AQM: ALQUEIRE MINEIRO
- 02.02.12.007. THO.TMA.FTQ: PÉS QUADRADOS

02.02.13. THO.TMV. UNIDADE DE MEDIDA - VOLUME
- 02.02.13.001. THO.TMV.LTS: LITROS
- 02.02.13.002. THO.TMV.GLS: GALÕES
- 02.02.13.003. THO.TMV.MTC: METROS CÚBICOS
- 02.02.13.004. THO.TMV.CMC: CENTÍMETROS CÚBICOS
- 02.02.13.005. THO.TMV.VXX: VASILHAMES DE "XX" LITROS

02.02.14. THO.TMT. UNIDADE DE MEDIDA - TEMPO
- 02.02.14.001. THO.TMT.ANS: ANOS
- 02.02.14.002. THO.TMT.STS: SEMESTRES
- 02.02.14.003. THO.TMT.TMS: TRIMESTRES
- 02.02.14.004. THO.TMT.MSS: MESES
- 02.02.14.005. THO.TMT.SMS: SEMANAS
- 02.02.14.006. THO.TMT.DIS: DIAS
- 02.02.14.007. THO.TMT.HRS: HORAS
- 02.02.14.008. THO.TMT.MNS: MINUTOS
- 02.02.14.009. THO.TMT.SGS: SEGUNDOS

02.02.15. THO.TVL. VALORES
- 02.02.15.001. THO.TVL.INT: INTEIRO
- 02.02.15.002. THO.TVL.CHR: CARACTER
- 02.02.15.003. THO.TVL.DTA: DATA
- 02.02.15.004. THO.TVL.DCL: DECIMAL
- 02.02.15.005. THO.TVL.DCX: DECIMAL COM "X" CASAS À DIREITA.
- 02.02.15.006. THO.TVL.PFT: PONTO FLUTUANTE

02.02.15.007. THO.TVL.MIL: MILHARES

VALORES PODEM SUBMETER-SE A OPERADORES E FUNÇÕES MATEMÁTICAS E LÓGICAS, BEM COMO A EXPRESSÕES MATEMÁTICAS.

03. ORG: OBJETOS ORGANIZACIONAIS

03.01. TOR: TIPOS DE ORGANIZAÇÕES

03.01.01. TOR.AMC. AMBIENTE COMPETITIVO

    03.01.01. 01. TOR.AMC.OCN: CONCORRENTES

    03.01.01. 02. TOR.AMC.OCP: CONCORRENTES EM POTENCIAL

    03.01.01. 03. TOR.AMC.OCS. CONCORRENTES DE PRODUTOS SUBSTITUTOS

03.01.02. TOR.G&C. GOVERNO

    03.01.02.001. TOR.G&C.FED: GOVERNO FEDERAL

    03.01.02.002. TOR.G&C.EST: GOVERNO ESTADUAL

    03.01.02.003. TOR.G&C.MUN: GOVERNO MUNICIPAL

03.01.03. TOR.G&C. COMUNIDADE

    03.01.03.01. TOR.G&C.OAC: ASSOCIAÇÕES DE CLASSE

    03.01.03.02. TOR.G&C.OAS: ASSOCIAÇÕES PROFISSIONAIS

    03.01.03.03. TOR.G&C.ONG: ORGANIZAÇÕES NÃO GOVERNAMENTAIS

    03.01.03.04. TOR.G&C.ASB: ASSOCIAÇÕES BENEFICIENTES

    03.01.03.05. TOR.G&C.ASN: ASSOCIAÇÕES NORMATIVAS

    03.01.03.06. TOR.G&C.PES: INSTITUTOS DE PESQUISA

03.01.04. TOR.DIS. DISTRIBUIDORES

    03.01.04.01. TOR.DIS.CLI: CLIENTES

    03.01.04.02. TOR.DIS.VAA: VENDEDOR OU AGENTE AUTÔNOMO

    03.01.04.03. TOR.DIS.DIS: DISTRIBUIDOR

    03.01.04.04. TOR.DIS.REV: REVENDEDOR

    03.01.04.05. TIR.DIS.VAR: VAREJO

    03.01.04.06. TIR.DIS.REP: REPRESENTANTE

03.01.05. TOR.OFR. FORNECEDORES

    03.01.05.01. TOR.OFR.OFR. FORNECEDORES

    03.01.05.02. TOR.OFR.OCT. CONTRATISTA

    03.01.05.03. TOR.OFR.OBC. BANCOS

    03.01.05.04. TOR.OFR.OSG. SEGURADORA

    03.01.05.05. TOR.OFR.FIN. FINANCIADORA

03.01.06. TOR.COP. CO-PARTICIPANTES

    03.01.06.01. TOR.COP.CAC. ACIONISTAS

03.01.06.01.001. TOR.COP.CAC: POWER COMPANY

03.01.06.02. TOR.COP.CFN. FUNCIONÁRIOS

03.01.06.03. TOR.COP.PAR. PARCEIROS

03.02. TRO: TIPOS DE RECURSOS FÍSICOS ORGANIZACIONAIS

03.02.01. TRO.RRH. RECURSOS HUMANOS

    03.02.01.01. TRO.RRH.HEX: PRINCIPAIS EXECUTIVOS

    03.02.01.02. TRO.RRH.HGR: GERENTES

    03.02.01.03. TRO.RRH.HEN: ENGENHEIROS

    03.02.01.04. TRO.RRH.HOP: PESSOAL OPERACIONAL

03.02.02. TRO.RRM. RECURSOS MATERIAIS

03.02.02.01. TRO.RRM.MMP: MATÉRIAIS DIRETOS

    03.02.02.02. TRO.RRM.MPR: PEÇAS DE REPOSIÇÃO

    03.02.02.03. TRO.RRM.MMC. MATERIAL DE CONSUMO INDIRETO

    03.02.02.04. TRO.RRM.MES. MATERIAL DE ESCRITÓRIO

03.02.03. TRO.REN. RECURSOS DE ENERGIA E UTILIDADES

    03.02.03.01. TRO.REN.ECB: COMBUSTÍVEIS

    03.02.03.02. TRO.REN.EEL: ENERGIA ELÉTRICA

    03.02.03.03. TRO.REN.EAG: ÁGUA DESMINERALIZADA

    03.02.03.04. TRO.REN.EGS: GÁS COMBUSTÍVEL

    03.02.03.05. TRO.REN.ECR: CARVÃO

03.02.04. TRO.REQ. RECURSOS DE EQUIPAMENTOS E INSTALAÇÕES

    03.02.04.01. TRO.REQ.IND: EQUIPAMENTOS INDUSTRIAIS

        03.02.04.01.01. TRO.REQ.IND.QCL: CALDEIRAS

        03.02.04.01.02. TRO.REQ.IND.QFR: FORNOS

        03.02.04.01.04. TRO.REQ.IND.QBL: BALANÇAS

        03.02.04.01.05. TRO.REQ.IND.QRT: REATORES

        03.02.04.01.06. TRO.REQ.IND.QSC: SECADORES

        03.02.04.01.07. TRO.REQ.IND.QGA: GERADORES AR QUENTE

    03.02.04.02. TRO.REQ.INF: EQUIPAMENTOS DE INFORMÁTICA

        03.02.04.02.01. TRO.REQ.INF.QCP: MICROCOMPUTADORES

        03.02.04.02.02. TRO.REQ.INF.QPR: IMPRESSORAS

        03.02.04.02.03. TRO.REQ.INF.QVD: VÍDEOS

        03.02.04.02.04. TRO.REQ.INF.QET: ESTABILIZADORES

        03.02.04.02.05. TRO.REQ.INF.QNB: NO BREAKS

    03.02.04.03. TRO.REQ.QAU: AUTOMÓVEIS

03.02.04.04. TRO.REQ.QPR: PRÉDIOS

03.02.04.05. TRO.REQ.QAC: AR CONDICIONADO

03.02.04.06. TRO.REQ.QCA: CONTROLE DE ACESSO E DE PONTO

03.02.04.07. TRO.REQ.QMV: MÓVEIS

03.02.04.07.01. TRO.REQ.QMV.MSR: MESAS DE REUNIÕES

03.03. TPD: TIPOS DE PRODUTOS

03.03.01. TPD.VEI: VEÍCULOS

03.03.01.01. TPD.VEI.MGM: MERCEDES BENS (MARCA)

03.03.01.01.01. TPD.VEI.MGM.AUT: AUTOMÓVEIS (LINHA)

03.03.01.01.01.01. TPD.VEI.MGM.AUT.COR: MERCEDES 2001 (MODELO)

03.03.01.01.01.01.001. TPD.VEI.MGM.AUT.COR: MERCEDES 2010, SÉRIE MA0001

03.03.02. TPD.MAG: MÁQUINAS AGRÍCOLAS

03.03.03. TPD.GGR. GRUPOS GERADORES

EXEMPLO DE ESTRUTURA ATÉ ITENS DE PRODUTOS (NÍVEIS)

03.03.01. TPD.PAB: MARCA

03.03.01.01. TPD.PAB.PLP: LINHA

03.03.01.01.01. TPD.PAB.PLP.PMD: MODELO

03.03.01.01.01.01. TPD.PAB.PLP.PMD.PCJ: CONJUNTOS

03.03.01.01.01.01.01. TPD.PAB.PLP.PMD.PCJ.PSC: SUB-CONJUNTOS

03.03.01.01.01.01.01.01 TPD.PAB.PLP.PMD.PCJ.PSC.PPE: PEÇAS

03.04. TSV: TIPOS DE SERVIÇOS

03.04.01. TSV.STR. TREINAMENTO

03.04.02. TSV.SAT. ASSESSORIA TÉCNICA

03.04.03. TSV.SAS. ASSISTÊNCIA TÉCNICA

03.04.04. TSV.SIN. INSTALAÇÕES

03.04.05. TSV.SCS. CONFIGURAÇÃO DE SOFTWARE

04. DEF: DEFINIÇÕES E CONCEITOS
04.01. TAT: TIPOS DE ATIVIDADES

04.01.01. TAT.MIS: MISSÕES

04.01.02. TAT.OBJ: OBJETIVOS

04.01.03. TAT.MET: METAS

04.01.04. TAT.PRJ: PROJETOS

04.01.05. TAT.PRO: PROCESSOS

    04.01.05.01. TAT.PRO.PMT: PROCESSOS DE Metagestão

    04.01.05.02. TAT.PRO.PAU: PROCESSOS AUTOMATIZADOS

    04.01.05.03. TAT.PRO.PLE: PLANEJAMENTO ESTRATÉGICO

    04.01.05.04. TAT.PRO.PDS: PESQUISA E DESENVOLVIMENTO

    04.01.05.05. TAT.PRO.PME. PROCESSOS MEIO

    04.01.05.06. TAT.PRO.PFM. PROCESSOS FIM

        04.01.05.06.001 TAT.PRO.PFM.FUN. FUNDIÇÃO

        04.01.05.06.002 TAT.PRO.PFM.ELT. PRODUÇÃO DE ELETRODOS

04.01.06. TAT.ATV. ATIVIDADES

04.01.07. TAT.CRG. CARGOS

    04.01.07.001 TAT.CRG.TCM. TÉCNICO DE COMPRAS

04.01.08. TAT.TRF. TAREFAS

04.02. TEO: TIPOS DE ESTRUTURAS ORGANIZACIONAIS

04.02.01. TEO.CDR. CONSELHO DIRETOR

04.02.02. TEO.GCN. GRUPO DE GESTÃO DO CONHECIMENTO

04.02.03. TEO.DIR. DIRETORIAS

04.02.04. TEO.DIV. DIVISÕES

    04.02.04.01. TEO.EDV.DPR: DIVISÕES DE PRODUTO

        04.02.04.01.001 TEO.EDV.DPR.ELT: DIVISÕES DE ELETRODOS

        04.02.04.01.002 TEO.EDV.DPR.CAM: DIVISÕES DE CÂMERAS

    04.02.04.02. TEO.EDV.DRG: DIVISÕES REGIONAIS

        04.02.04.02.001 TEO.EDV.DRG.RSP: REGIONAL SÃO PAULO

        04.02.04.02.002 TEO.EDV.DRG.RJR: REGIONAL RIO DE JANEIRO

        04.02.04.02.003. TEO.EDV.DRG.RLN: REGIONAL DE LONDRINA

    04.02.04.03. TEO.EDV.DFN: DIVISÕES FUNCIONAIS

        04.02.04.03.001. TEO.EDV.DFN.FIN: DIVISÃO FINANCEIRA

        04.02.04.03.002. TEO.EDV.DFN.IND: DIVISÃO INDUSTRIAL

        04.02.04.03.003. TEO.EDV.DFN.COM: DIVISÃO COMERCIAL

04.02.05. TEO.DEP. DEPARTAMENTOS

    04.02.05.001. TEO.EDP.COM: DEPARTAMENTO DE COMPRAS

    04.02.05.001. TEO.EDP.VDA: DEPARTAMENTO DE VENDAS

04.02.05.001. TEO.EDP.PRD: DEPARTAMENTO DE PRODUÇÃO

04.02.05.001. TEO.EDP.ACL: DEPARTAMENTO DE ATENDIMENTO

04.02.06. TEO.SET. SETORES

04.02.07. TEO.SEC. SEÇÕES

04.02.08. TEO.UNI. UNIDADES

04.03. TLO: TIPOS DE LOCALIZAÇÕES ORGANIZACIONAIS

04.03.01. TLO.PAI. PAÍS

04.03.02. TLO.EST. ESTADO

04.03.03. TLO.MUN. MUNICÍPIO

04.03.04. TLO.CID. CIDADE

04.03.04.001. TLO.CID.MRG: MARINGÁ

04.03.04.002. TLO.CID.CVL: CASCAVEL

04.03.04.002. TLO.CID.SAO: SÃO PAULO

04.03.05. TLO.END. ENDEREÇO

04.03.06. TLO.PRD. PRÉDIO

04.03.07. TLO.AND. ANDAR

04.03.08. TLO.ARE. ÁREA

04.03.09. TLO.SAL. SALA

04.03.10. TLO.ARQ. ARQUIVO

04.03.11. TLO.GAV. GAVETA

04.03.12. TLO.PTA. PASTA

04.03.13. TLO.PAG. PÁGINA

04.04. TRG: TIPOS DE REGRAS

AS REGRAS SE REFEREM À INFORMAÇÕES, EVENTOS E OBJETOS

04.04.01. TRG.RIN. REGRAS RELACIONADAS A INDICADORES

04.04.02. TRG.RVM. REGRAS RELACIONADAS A VARIÁVEIS DE MEDIÇÃO

04.04.03. TRG.RIF. REGRAS RELACIONADAS A INFORMAÇÕES

04.04.04. TRG.REV. REGRAS RELACIONADAS A EVENTOS

04.04.05. TRG.ROR. REGRAS RELACIONADAS A ORGANIZAÇÕES/PESSOAS

04.04.06. TRG.REO. REGRAS RELACIONADAS A ESTRUTURAS ORGANIZACIONAIS

04.04.07. TRG.RRO. REGRAS RELACIONADAS A RECURSOS ORGANIZACIONAIS

04.04.08. TRG.RPD. REGRAS RELACIONADAS A PRODUTOS

04.04.09. TRG.RSV. REGRAS RELACIONADAS A SERVIÇOS

04.04.10. TRG.RAT. REGRAS RELACIONADAS A ATIVIDADES

04.04.11. TRG.RLO. REGRAS RELACIONADAS A LOCALIZAÇÕES

10.3 AUTOMAÇÃO DE SISTEMA DE GESTÃO DA QUALIDADE

Um "metassistema" da qualidade poderá ser elaborado a partir da classificação flexível dos elementos organizacionais. Tal objetivo poderá ser elaborado com recursos de informatização, visando automatizar o sistema da qualidade de uma organização. Para tal fim devem-se considerar alguns aspectos adicionais sobre a classificação das entidades mais relevantes a respeito, particularmente as entidades pertencentes à classe de dados "atividades" que compreende as definições de processos.

Um sistema da qualidade pode compreender diversos módulos e sua documentação compreende fundamentalmente a regras associadas, justamente, às atividades. No Capítulo 8 foram apresentadas sistemáticas de sintaxe e exemplos de regras que, com auxílio dos modelos de classificação flexível, determinam a elaboração de um sistema flexível da qualidade, constituído de regras classificadas em bases de dados, dentro de padrões de sintaxe, tratadas de forma independente e sujeitas a alterações. Também essa infra-estrutura ou arquitetura integrada, que dará apoio aos sistemas da qualidade, permite que sejam elaboradas regras para situações futuras, ou mesmo para situações contingenciais, constituindo um elemento de elaboração de projetos do sistema da qualidade das organizações, com antecedência suficiente para planejar a implantação sem diminuição da congruência dos elementos organizacionais. Motivo esse que leva à designação de "metassistemas da qualidade", ou sistema que é capaz de gerar e/ou atualizar sistemas da qualidade. Neste apêndice são apresentadas considerações relevantes para a classificação dos elementos básicos das atividades de uma organização, iniciando com aspectos estratégicos e detalhando parâmetros relevantes dos processos organizacionais. No Capítulo 5 apresentou-se a classificação genérica de atividades, sendo que para o item 04.01 temos o exemplo a seguir:

04.01. TAT: TIPOS DE ATIVIDADES

    04.01.01. TAT.MIS. MISSÕES

    04.01.02. TAT.OBJ. OBJETIVOS

    04.01.03. TAT.MET. METAS

    04.01.04. TAT.PRJ. PROJETOS

    04.01.05. TAT.PRO. PROCESSOS

        04.01.05.01.TAT.PRO.PMT. METAPROCESSOS DE GESTÃO

        04.01.05.02.TAT.PRO.PAU. PROCESSOS AUTOMATIZADOS

        04.01.05.03.TAT.PRO.PLE. PLANEJAMENTO ESTRATÉGICO

        04.01.05.04.TAT.PRO.PDS. DESENVOLVIMENTO

        04.01.05.05.TAT.PRO.PME. PROCESSOS MEIO

        04.01.05.06.TAT.PRO.PFM. PROCESSOS FIM

            04.01.05.06.001 TAT.PRO.PFM.FUN. FUNDIÇÃO

            04.01.05.06.002 TAT.PRO.PFM.ELT. PROD. DE ELETRODOS

    04.01.06. TAT.ATV. ATIVIDADES

    04.01.06. TAT.CRG. CARGOS

    04.01.06. TAT.TRF. TAREFAS

Esta classificação inclui na categoria "atividades" elementos relacionados com processos organizacionais, compreendendo: missões e objetivos, tipos de processos, atividades propriamente ditas e cargos e tarefas. Essa classificação exemplificativa pode ser ampliada, incluindo outros itens, tais como Fatores Críticos de Sucesso, entre outros.

Denominam-se "Fatores Críticos de Sucesso" (FCS's) [Rockart J.F., Henderson J.C., Sifonis J.C. 1984-A] os atributos mínimos (recursos) que uma organização deve ter para poder ter sucesso da eficiência da sua missão. Os FCS's representam recursos mínimos para a organização, mas também devem ser definidos Objetivos genéricos e Objetivos das diferentes funções e/ou processos de uma organização. Também podem-se definir FCS's de objetivos de processos fim de uma organização, representando os mesmos, neste caso, os recursos mínimos necessários para se conseguir os objetivos, podendo coincidir, tais recursos mínimos, com os objetivos dos processos meio. O relevante é que devem ser mensuráveis tanto os FCS's que visam eficiência das entradas dos processos como os Objetivos que visam a eficácia das saídas ou resultados dos processos.

Uma determinada entidade organizacional pode ter um ou mais negócios, sendo que uma determinada unidade organizacional, ou mesmo um processo, poderia ter um ou mais negócios. Um aspecto relevante é que devem-se definir Objetivos e FCS's mensuráveis para cada um dos negócios de uma entidade organizacional, mas nada impede em definir um conjunto de Fatores Críticos de Sucesso para vários negócios da mesma entidade organizacional. Ou seja, isto é um aspecto opcional. Entretanto, podemos registrar a seguinte regra básica importante:

> **"Os fatores críticos de sucesso podem ser determinados e avaliados pelos co-participantes de uma organização".**

OS OBJETIVOS DEVEM SER DEFINIDOS PELA ALTA DIREÇÃO:

Podem haver Objetivos Genéricos e Mensuráveis. Exemplo de Objetivo Genérico: "Aprimorar a capacitação dos recursos humanos" (esse objetivo não é mensurável). Exemplo de Objetivo Mensurável: "Melhorar o índice de medição do grau de atendimento dos requisitos de competências de 60 % para 80 % nos próximos seis meses a partir de 22/07/2002" (este objetivo é mensurável, pois especifica datas, prazos e valores de indicadores). Uma organização que defina Objetivos não mensuráveis deve definir ações ou metas mensuráveis para conseguir o objetivo genérico. Um objetivo genérico pode ser a expressão da Política da Qualidade. Ou seja, devem ser definidos dados para mensuração para que desse modo se atendam os requisitos relevantes da melhoria contínua.

Assim, será possível a consecução da coerência entre as metas e ações definidas para melhoria contínua com os objetivos. Também deve haver coerência entre os objetivos e a Política da Qualidade. A prioridade dos objetivos de uma organização pode ser determinada avaliando o impacto dos mesmos sobre os FCS's. A prioridade de objetivos especifica quais são os mais relevantes para atender a missão da organização, ou seja a priorização não é mensuração. Verificando o impacto sobre os FCS's podem ser também priorizados projetos e investimentos, mas é mais importante realizar a mensuração de objetivos, projetos e investimentos do que apenas priorizar. Os objetivos empresariais podem ser desdobrados ou derivados diretamente da missão ou dos Fatores Críticos de Sucesso, mas o importante é que a Alta Administração decida a cada certo período de seis ou doze meses quais serão os objetivos ou metas mensuráveis para melhoria contínua. Ou seja, os objetivos genéricos para toda a organização, os objetivos específicos para cada processo e também os objetivos de produtos ou serviços a fornecer aos clientes. Os objetivos dos processos surgem do acordo direto com os clientes (externos ou internos).

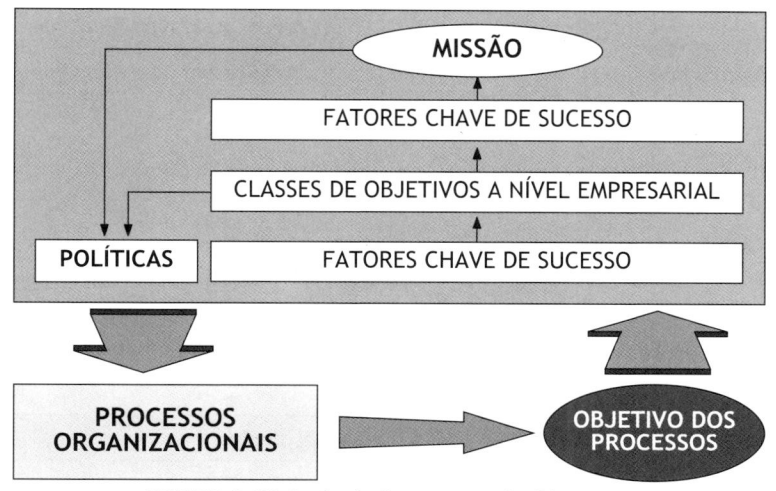

FIGURA A-09 Rede de Priorização de Objetivos.

Outro aspecto relevante refere-se à estruturação de processos, que pode ser realizada com base na consideração dos objetivos da organização e considerando aspectos como:

- Consideração de um único processo, para toda a organização, decompondo-o em partes e considerando resultados parciais, mas de atividades completas.
- Dividir a organização em processos com orientação nas funções clássicas empresariais.
- Dividir a organização considerando o ciclo PDCA, ou seja: funções de Planejamento, tais como Projeto e Desenvolvimento, Execução ou Produção ou Operação, Controle ou Inspeção e Ação Corretiva ou Assistência Técnica ao Cliente.
- Orientação pela seqüência natural das atividades até que sejam completados resultados parciais.
- Seguir ou respeitar restrições impostas pela tecnologia.
- Visar à consecução de coesão dos processos, ou seja, cada processo deve estar dedicado a executar apenas uma atividade bem definida.
- Visar à consecução do menor número de processos possíveis.
- Verificar possibilidades de comparar resultados com outras organização e/ou vantagens de terceirização.

Os processos especificados de uma organização podem ser agrupados segundo a seqüência clássica dos processos de gestão, ou seja: Estratégicos, Táticos e Operacionais.

TIPOS	PROCESSOS	METAPROCESSOS
ESTRATÉGICOS	Processos em Ação	Processos para Gerá-los e Mantê-los
TÁTICOS	Processos em Ação	Processos para Gerá-los e Mantê-los
OPERACIONAIS	Processos em Ação	Processos para Gerá-los e Mantê-los

Cabe citar que os "metaprocessos" não precisam necessariamente ter uma imagem de todos e de cada um dos processos.

Podemos também elaborar uma classificação dos processos de uma entidade organizacional partindo de diferentes pontos de vista (Figura A-06).

Por exemplo, do ponto de vista do nível de gestão, os processos poderiam ser classificados da forma a seguir:

Natureza	Descrição
DIREÇÃO	Elaboração de Planos Estratégicos
DIREÇÃO	Formulação e Divulgação da Política da Qualidade
DIREÇÃO	Elaboração, Manutenção e Gestão do Sistema da Qualidade
DIREÇÃO	Elaboração, Manutenção e Gestão dos Planos da Qualidade
DIREÇÃO	Designação de Responsabilidades de Cargos Chave
DIREÇÃO	Análise Crítica do Sistema da Qualidade
GERÊNCIA	Controle de Documentos e Dados
GERÊNCIA	Rastreabilidade
GERÊNCIA	Situação da Inspeção
GERÊNCIA	Não Conformidades
GERÊNCIA	Ações Corretivas
GERÊNCIA	Controle dos Registros da Qualidade
GERÊNCIA	Auditorias Internas
GERÊNCIA	Treinamento de Pessoal
GERÊNCIA	Aplicação e Gestão de Técnicas Estatísticas
OPERAÇÕES	Marketing e vendas
OPERAÇÕES	Controle de Projeto e Engenharia
OPERAÇÕES	Compras

OPERAÇÕES	Controle de Produtos Fornecidos pelo Comprador
OPERAÇÕES	Produção
OPERAÇÕES	Manutenção
OPERAÇÕES	Inspeção
OPERAÇÕES	Controle de Calibração e de Ajuste de Instrumentos
OPERAÇÕES	Armazenamento, Movimentação de Material e Expedição
OPERAÇÕES	Assistência Técnica

Do ponto de vista da natureza do fluxo físico, podemos realizar outra classificação, a saber:

- Processos com fluxo de bens materiais
- Processos com fluxo de informações
- Processos com fluxo determinado por prestações de serviços
- Processos com fluxos de bens materiais e de informações
- Processos com fluxos de bens materiais e de prestações de serviços
- Processos com fluxos de informações e de prestação de serviços
- Processos com fluxos de informações, bens e prestações de serviços.

Poderia ser também considerado o caso de processos com fluxos de pessoas. Os processos devem ser analisados em mapas como o que se representa na Figura A-10.

PROCESSOS DE EXECUÇÃO

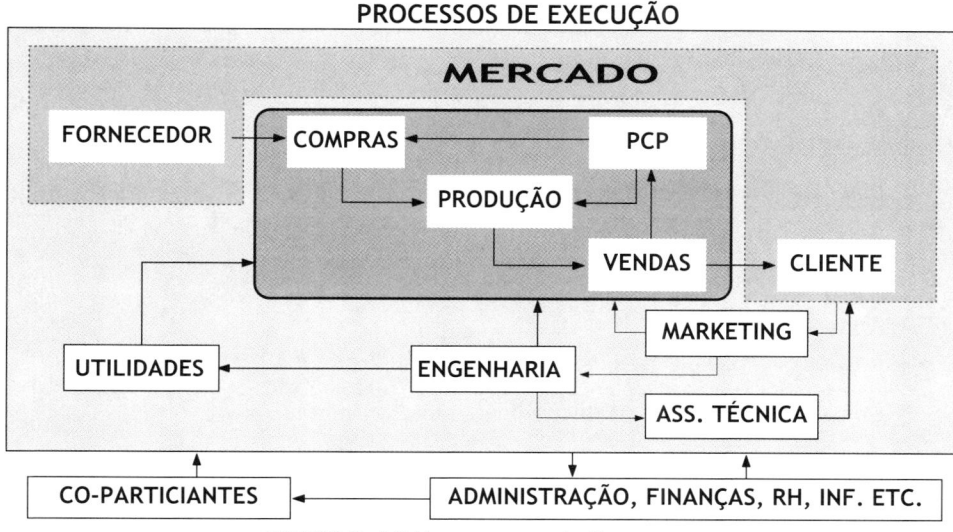

FIGURA A -10 Mapeamento de Processos.

De acordo com estes critérios, podemos classificar os próprios itens da Norma ISO 9001 segundo níveis de responsabilidades. Isso tem vantagens muito importantes, tanto para responsabilizar e envolver todos os membros de uma organização como para facilitar atividades de assessoria empresarial.

Assim, por exemplo, os itens que se aplicam às diferentes áreas/processos de uma empresa podem ser denominados gerenciais, ou seja, os Capítulos 0, 1, 4, 5, 6 e 8 da Norma ISO 9001 2000. São nestes itens, justamente, onde as organizações podem precisar de maior apoio de consultorias.

Desse modo, os itens da Norma ISO 9001 2000 podem ser agrupados como descrito a seguir:

NATUREZA DE DIREÇÃO:

Capítulos 0, 1 e 5 da Norma.

NATUREZA GERENCIAL:

4.1. Requisitos gerais e gestão de processos

    4.2.2. Manual da Qualidade

    4.2.3. Controle de Documentos (elaboração, oficialização, distribuição e revisão).

    4.2.4. Controle de Registros

6. Gestão de Recursos: Provisão de recursos, Gestão de competências, Infra-estrutura e Ambiente de Trabalho

8. Medição, Análise e Melhoria: Satisfação do Cliente, Auditoria Interna, Medição e

    Monitoramento de processos e produtos, Produto não conforme, Análise de Dados, Melhoria contínua, Ações Corretivas e Ações Preventivas

NATUREZA OPERACIONAL:

7.1. Planejamento de realização do produto

7.2. Processos relacionados ao cliente

7.3. Projeto e desenvolvimento

7.4. Aquisição

7.5. Produção e Prestação de serviço

7.6. Controle de dispositivos de medição e monitoramento

Os capítulos da Norma ISO 9001 2000 podem ser correlacionados com os processos do ciclo PDCA [Falconi 1994-B], ou seja: Planejar ou Projetar (PLAN: Capítulo 6); Executar (DO: Capítulo 7); Inspecionar (CHECK: Capítulo 8) e Ação Corretiva (ACTION: Capítulo 5). Apresenta-se a seguir a estrutura de gestão do Sistema da Qualidade (Figura 11):

APÊNDICES

4 MELHORIA CONTÍNUA DO SISTEMA DE GESTÃO DA QUALIDADE (SGQ)

A
5 RESPONSABILIDADE DA DIREÇÃO

CLIENTE — REQUISITOS

P — 6 GESTÃO RECURSOS

C — 8 MEDIÇÃO ANÁLISE MELHORIA

D — 7 REALIZAÇÃO DO PRODUTO

Entrada — Produto Saída

SATISFAÇÃO CLIENTE

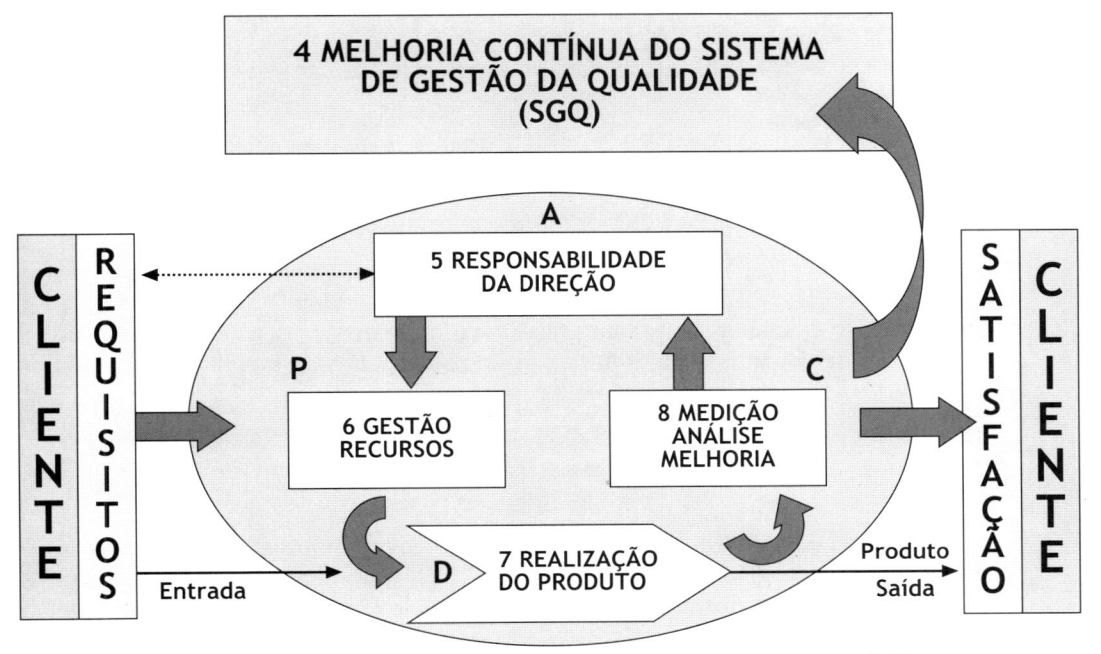

FIGURA A-11 Classificação dos processos segundo as Normas ISO 9000.

Alguns aspectos relevantes que trata a nova Norma ISO 9001 2000 atendem conceitos básicos definidos pela tecnologia de Balanced Score Card (Robert S. Kaplan - 1997). Foi por esse motivo que algumas empresas que utilizaram a metodologia de "metagestão" no período de 1992 a 1997 decidiram aplicar essas novas tecnologias o qual facilitou a adequação dos seus sistemas de gestão da qualidade da Norma ISO 9000 de 1994 para a Norma ISO 9001 2000. Kaplan apresenta uma opção de classificação de objetivos nas áreas: Financeira (otimizar a relação de lucro sobre ativos e investimentos), Comercial (Satisfação de Clientes), Operacional (aprimoramento dos processos internos da organização) e de Inovação (aprimoramento de competências e melhoria de tecnologias).

Em síntese, a elaboração de um metassistema da qualidade pode ser realizada de forma simples e correta, definindo adequadamente os negócios das organizações, especificando corretamente suas arquiteturas de todos os seus "eventos" e de todos os seus "objetos" e, principalmente, considerando a plena participação de todos os membros da entidade. Conforme apresentado na Figura A-11, todo o sistema da qualidade depende, justamente, dos primeiros níveis de gestão da qualidade. Os Comitês da Qualidade têm também um papel relevante nesses processos. Na figura citada é também apresentado o processo de gestão de melhoria contínua que se encontra na parte superior. Esse processo da melhoria contínua inclui o Grupo de Gestão Co-participativa (GECOP) e o grupo técnico de "metagestão" (M-GEST.), bem como os grupos de trabalho ou "team-groups" (GT's). A cada ciclo de um processo de gestão da qualidade bem estruturado, haverá, sem dúvida, um processo de melhoria contínua.

Continuando com as análises dos processos organizacionais, outro aspecto importante é a classificação de objetivos organizacionais, segundo "tipos", como se vê na página 138.

- OBJETIVOS DA QUALIDADE: Relativos ao cumprimento de especificações técnicas.
- OBJETIVOS DA QUALIDADE IMPLÍCITA: Referentes a especificações implícitas em propaganda ou decorrentes da própria definição do produto ou serviço.
- OBJETIVOS DE PRAZOS: Referentes ao cumprimento de compromissos dentro de prazos também comprometidos.
- OBJETIVOS DE EFICIÊNCIA E CUSTO: Relativos ao cumprimento de metas de lucratividade, definidas dentro das políticas empresariais, para o cumprimento da missão, visando a satisfação de todos os co-participantes, na medida estipulada nas políticas.
- OBJETIVOS DE PRODUTIVIDADE: Relativos ao aumento da relação saídas/entradas, ou seja, resultados em relação a recursos, para conseguir fazer mais com menos.
- OBJETIVOS DE ATENDIMENTO: Relativos a objetivos, metas e compromissos de serviços de assistência técnica, orientação técnica e atendimento na relação com clientes. A avaliação destes objetivos é mais complexa, mas é sempre possível de ser realizada.
- OBJETIVOS DE PRESERVAÇÃO DO MEIO AMBIENTE: Relativos a compromissos com a sociedade nesse sentido.

Pode haver outros tipos de classificações de objetivos, sendo relevante poder medir os mesmos com indicadores. Cada objetivo pode ter associados um ou mais indicadores de diversas naturezas. Scott Sink define sete critérios para medir desempenho [Scott Sink, D. & Tuttle, T. C. 1989-A], que pode ser utilizado para classificar os indicadores, a saber:

- EFICÁCIA: Medida dos resultados de um processo em relação ao esperado. Seria a saída do processo em relação aos objetivos dos co-participantes.
- EFICIÊNCIA: Definida pela relação entre os recursos utilizados e os recursos planejados. Portanto, trata-se de uma medida das entradas ao processo.
- QUALIDADE: Avaliação do cumprimento das expectativas acordadas com o cliente (interno ou externo), que poderia medir-se considerando a relação de, por exemplo, o número de produtos sem defeito em relação ao número total de produtos fabricados em determinada atividade ou empreitada.
- PRODUTIVIDADE: É a relação de saídas por entradas do processo, sendo que para aprimorar esta relação, podem ser realizadas diversas ações sobre as entradas e saídas do processo. Assim, por exemplo, poder-se-ia incrementar as saídas e as entradas, só que as entradas a uma taxa de incremento menor que a taxa de incremento das saídas. Também as saídas e as entradas poderiam ser diminuídas, mas, neste caso, a diminuição das entradas deveria ocorrer em uma taxa bem maior que a taxa de diminuição das saídas.

- QUALIDADE DE VIDA NO TRABALHO: Relacionada com as condições de trabalho adequadas e favoráveis para a saúde e bem estar dos trabalhadores e pessoal envolvido nos processos.

- INOVAÇÃO: Refere-se à capacidade do grupo de criar e desenvolver novos métodos, processos, tecnologias, produtos e/ou condições e formas de trabalho, visando aprimorar os fatores de desempenho e satisfazer os co-participantes dos processos.

- RENTABILIDADE: Este aspecto é também contemplado por Bela Gold como uma medida da produtividade global [Gold, Bela. 1980-A].

Tendo classificados os objetivos, poderá haver no "metassistema" cadastros de objetivos e de indicadores que a organização utilize e aperfeiçoe. Para cada um dos processos poderia ser elaborada uma ficha de processos como a que se descreve a seguir:

PROCESSO: Conjunto de atividades inter-relacionadas com uma ou mais espécies de entrada e que cria uma saída de valor para o cliente.

1. IDENTIFICAÇÃO E DEFINIÇÃO DO PROCESSO

Definição:	
Produtos/Serviços	
Clientes/Beneficiários	
Início:	
Fim:	
Responsável Técnico:	
Envolvidos:	
Fluxogramas Anexos:	

2. INDICADORES DE INSATISFAÇÃO DOS BENEFICIÁRIOS

OBJETIVOS DO PROCESSO	INDICADOR	EXPRESSÃO E UNIDADES	IMPORTÂNCIA (0 A 10)	INSATISFAÇÃO (0 - 10)

Deste modo, poderia ser determinado um valor médio de insatisfação dos beneficiários, compreendendo uma nota entre 0 e 10 e representando uma situação indesejável as notas muito altas. Ao realizar esta avaliação com relação a todos os processos, seguindo um determinado Mapa de Processos, pode ser realizada sua classificação, conforme resultados de avaliações de objetivos e também dos FCS's desses objetivos.

A avaliação dos FCS's de objetivos servirá como outra variável de diagnóstico e da correlação das duas pode ser completado o diagnóstico e dar início às ações corretivas, dependendo da situação de cada um.

Os resultados desse diagnóstico de processos podem ser representados com pontos em quatro quadrantes, como a seguir representado (Figura A-12):

PROJETOS DE SOLUÇÃO E AÇÕES CORRETIVAS

FALTA DE RECURSOS ↑	ENGENHARIA REVERSA DE PROCESSOS TREINAMENTO DE ESPECIALIZAÇÃO	REESTRUTURAÇÃO INTEGRAL RECONVERSÃO TECNOLÓGICA TREINAMENTO
	APRIMORAMENTO CONTÍNUO PLANEJAMENTO ESTRATÉGICO MAUNTENÇÃO	REENGENHARIA DE PROCESSOS DESENVOLVIMENTO TECNOLÓGICO TREINAMENTO

GRAU DE INSATISFAÇÃO DOS BENEFICIÁRIOS →

FIGURA A-12 Diagnóstico Global dos Processos.

As Ações Corretivas foram classificadas em quatro tipos. Os processos que ficam no quadrante inferior direito poderão ser tratados com uma restruturação mais abrangente dos processos, ou seja, realizando uma reengenharia, dado que os beneficiários estão insatisfeitos. Contudo, ressalvamos que o uso do termo reengenharia está limitado à possibilidade e justificativa de investimentos e à existência de condições favoráveis dentro da organização que facilitam e permitem esse tipo de ação. Para o caso do quadrante superior esquerdo, onde os beneficiários estão satisfeitos, aponta-se elevado risco de perda da satisfação pela eventual obsolescência da tecnologia. Assim, aqui o processo compreende o reprojeto do processo, partindo dos resultados atuais, de modo a ter que realizar uma engenharia reversa do processo. Também este termo é utilizado apenas para mostrar o tipo de mudança a realizar que poderá ser efetivada ou não, de forma drástica ou de forma gradativa, dependendo das condições e justificando os investimentos se possíveis.

Outro aspecto relevante do modelo compreende a definição de "evento essencial", sendo este aquele que está diretamente associado ao objetivo de um processo. Como tem-se identificados os processos e estes têm seus objetivos definidos, classificados em determinados tipos, o passo a seguir compreende a identificação de "indicadores" de medição dos objetivos.

Ante cada objetivo, deve ser definido um indicador. Considerando como indicador um número estatístico resultante de dados individuais dos registros dos eventos associados aos objetivos dos processos Figura 3 (repetição de Capítulo 5).

INDICADORES MONITORAM OBJETIVOS

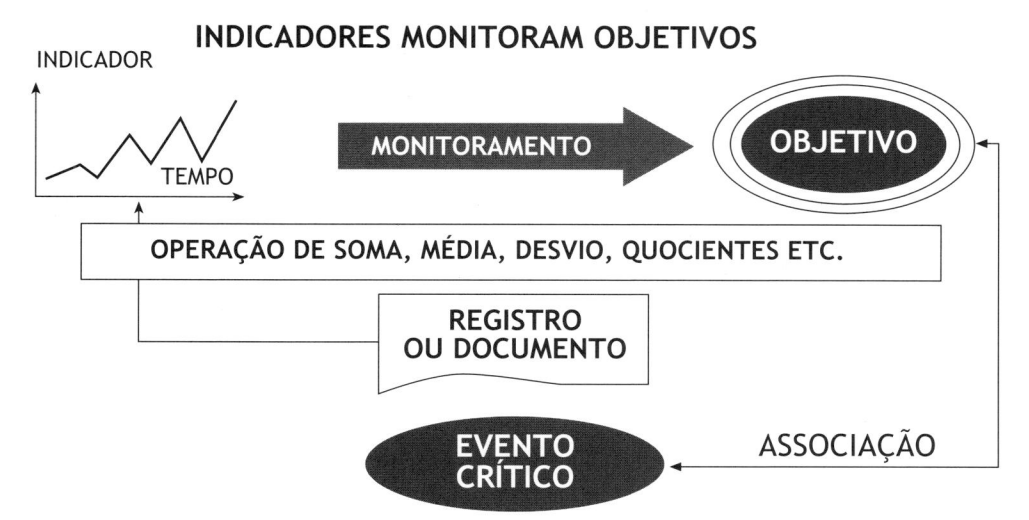

FIGURA 3 Registros da Qualidade de Eventos Críticos.

A partir dos registros dos "eventos críticos", ou "registros da qualidade", é possível derivar e desenvolver todos os bancos de dados de uma organização, o que já foi exposto nos Capítulos 5 e 8. Também já se afirmou que a partir dos registros surgem os indicadores, Podendo-se afirmar que esses indicadores são as informações gerenciais mais relevantes de uma organização. A derivação das bases de dados surge das perguntas: que, quem, quando, como, onde e por quê. Assim, "quem comprou ?" leva à resposta: "os clientes", nas figuras do Capítulo 8 (Figuras. 19 , 20 e 22). Fica então claramente estabelecido o importante vínculo existente entre eventos críticos da organização e as bases de dados. Em quanto não mude a missão da empresa e seus objetivos, também essas bases de dados derivadas podem assegurar certo grau de estabilidade.

De acordo com esta análises podemos então representar uma arquitetura organizacional como um conjunto de processos inter-relacionados segundo fluxos de materiais, fluxos de informações e fluxos de prestação de serviços (Figura A-13).

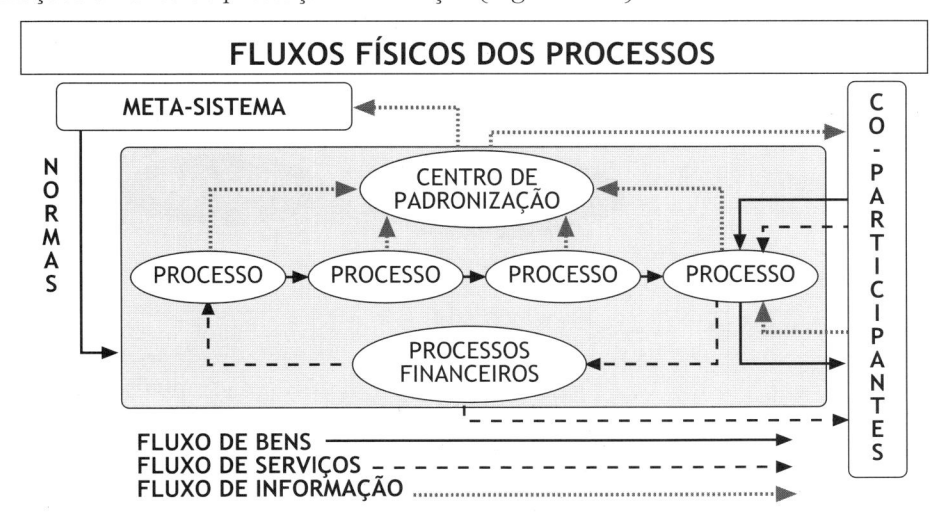

FIGURA A-13 Fluxos físicos nos processos.

Nas interfaces destes processos temos os eventos críticos, os registros da qualidade e o vínculo entre as arquiteturas organizacional e de sistemas.

Os fluxos físicos dos processos permitem uma estruturação global bastante completa de uma organização, como demonstrado na Figura A-13. Na mesma se acrescentou mais um vínculo, através dos "centros de padronização da qualidade das informações", entre o sistema organizacional e o "metassistema" organizacional, que estabelece padrões e processos de gestão.

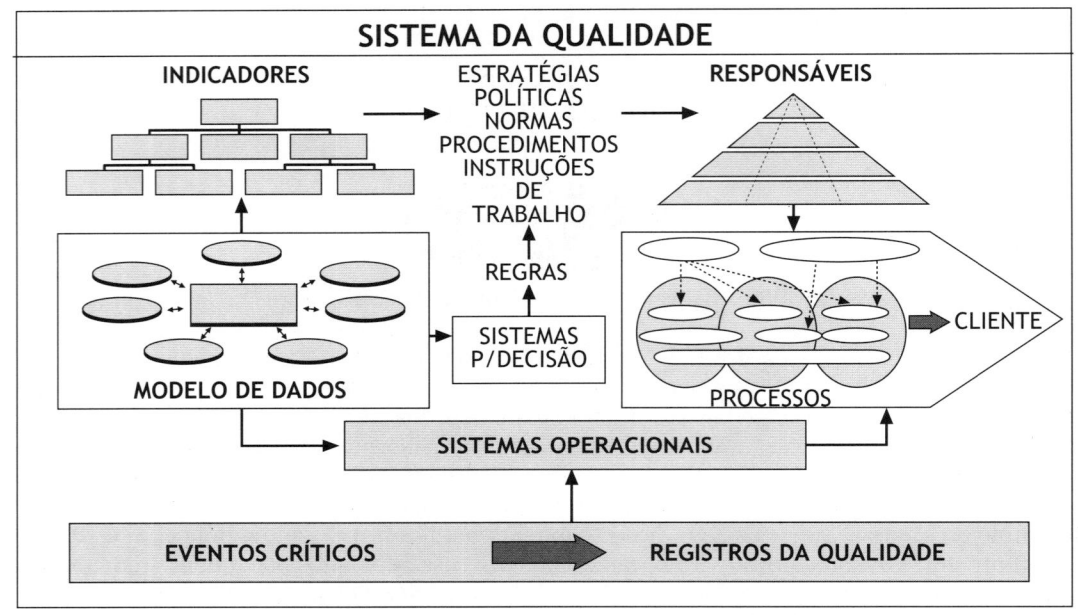

FIGURA A-14 Diagrama de um Sistema da Qualidade com Apoio de Informática.

Deste modo, podemos caracterizar um Sistema da Qualidade como o conjunto de processos, regras, informações documentadas, atividades e recursos organizacionais necessários à gestão da qualidade (Figura A-14). Todos os diagramas ilustrados atendem o diagrama básico ilustrado na Figura 19 (Cap. 8).

FIGURA 19 Registros de Eventos Críticos.

Para cada combinação das entidades fundamentais: cliente, vendedor, período, filial, produto e situação do pedido, temos um valor da entidade associativa "venda". Vemos que, neste caso, as entidades transacionais, denominadas também de arquivos de movimentos, têm múltiplas chaves e um único valor, constituindo assim "entidades associativas". Também foi mencionado no Capítulo 8, que os registros são normalmente gravados nessas "tabelas associativas" apresentadas na Figura 20.

ACOMPANHANDO A SITUAÇÃO DOS INDICADORES AO LONGO DO TEMPO, PODEM SER IDENTIFICADOS OS PROCESSOS
Ex. INDICADOR: "VENDA"

PEDIDO RECEBIDO → PEDIDO APROVADO → PEDIDO C/ESTOQUE → PEDIDO ATENDIDO → PEDIDO ENTREGUE

TEMPO

PROCESSO DE ATENDIMENTO AO CLIENTE

INDICADOR DE DESEMPENHO

BANCO DE DADOS

SISTEMAS OPERACIONAIS

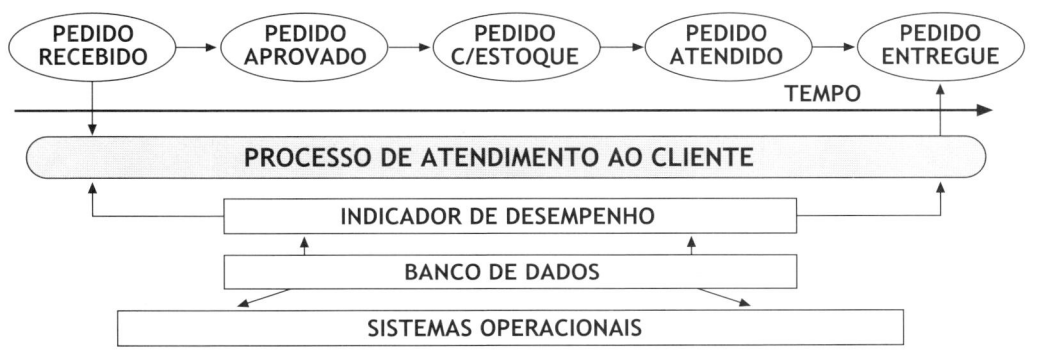

FIGURA 22 - b Identificação de processos/sistemas pela seqüência de eventos críticos.

Também se apresenta a importante conclusão de que a evolução, no tempo, do estado dos indicadores, ou seja, a seqüência natural dos "eventos críticos", determinam também a seqüência de atividades dos processos, como demonstrado na Figura 22 (Capítulo. 8).

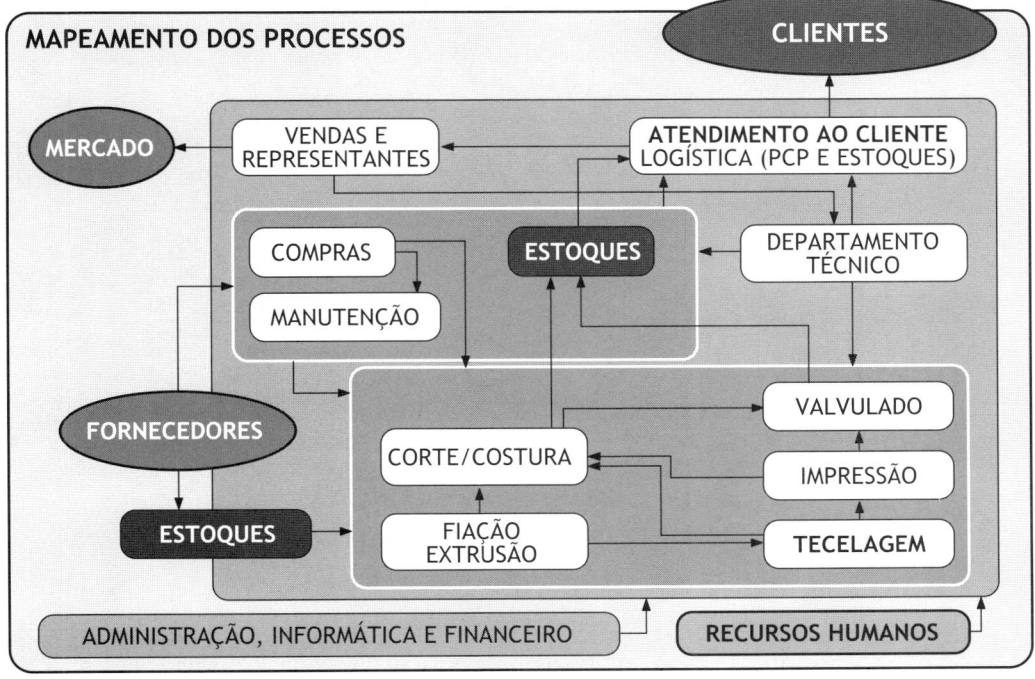

MAPEAMENTO DOS PROCESSOS

CLIENTES

MERCADO — VENDAS E REPRESENTANTES — ATENDIMENTO AO CLIENTE LOGÍSTICA (PCP E ESTOQUES)

COMPRAS — ESTOQUES — DEPARTAMENTO TÉCNICO

MANUTENÇÃO

FORNECEDORES

CORTE/COSTURA — VALVULADO

FIAÇÃO EXTRUSÃO — IMPRESSÃO

ESTOQUES — TECELAGEM

ADMINISTRAÇÃO, INFORMÁTICA E FINANCEIRO — RECURSOS HUMANOS

FIGURA A-15 Exemplo de Mapa de Processos.

Como se observa na figura, à medida que o tempo transcorre, vai se alterando a situação do pedido e temos assim configurado um processo. Caso esse processo venha a ser informatizado, teremos então um sistema de atendimento de pedidos de vendas.

Todas estas análises de processos partem da divisão dos elementos organizacionais em dois grupos básicos: "objetos" e "eventos" Figura A-16:

AMBIENTE EMPRESARIAL

EVENTOS
* PLANEJAMENTO
* EXECUÇÃO
* CONTROLE
* AÇÃO

OBJETOS
* ORGANIZAÇÕES
* CONCEITOS
* LUGARES
* PESSOAS
* COISAS

PROCESSOS

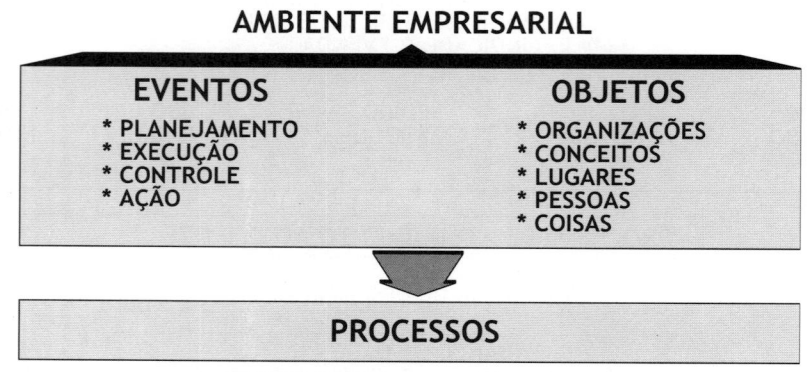

FIGURA A-16 Eventos e Objetos.

Observando um Mapa de Processos e considerando todos estes conceitos de forma integrada, podemos estabelecer algumas regras para o processo de "metagestão", no sentido de poder ter uma diretriz segura para determinar bancos de dados e para definir sistemas de informação e suas integrações. O ponto básico é o de partir da clara definição de processos, prosseguindo com a definição de objetivos e especificando as informações gerenciais necessárias, ou seja os indicadores mencionados. Numa primeira análise já se poderiam dividir os processos em dois grandes grupos: Processos de Apoio e Operacionais:

PROCESSOS DE APOIO

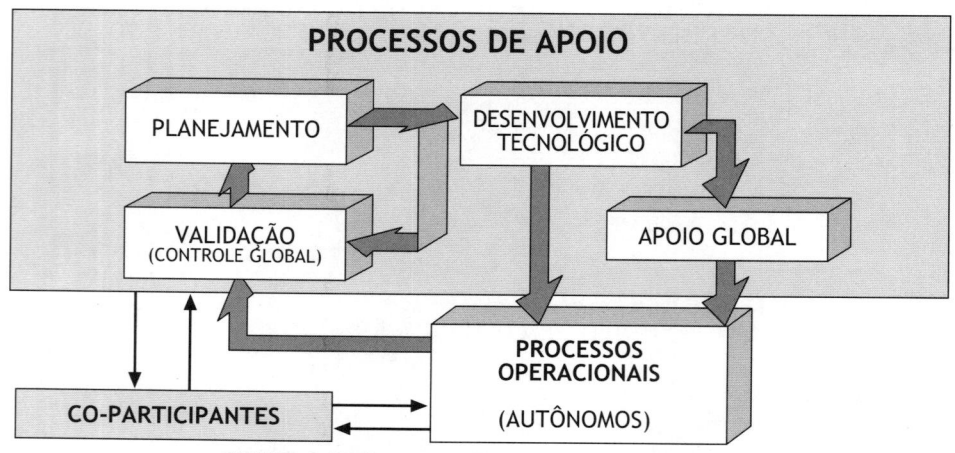

- PLANEJAMENTO
- DESENVOLVIMENTO TECNOLÓGICO
- VALIDAÇÃO (CONTROLE GLOBAL)
- APOIO GLOBAL
- CO-PARTICIPANTES
- PROCESSOS OPERACIONAIS (AUTÔNOMOS)

FIGURA A-17 Processos de Apoio e Operacionais.

Dos processos de apoio, um novo tipo de processos se faz cada vez mais necessário. São os processos de "metagestão" organizacional.

As informações de um "metassistema" da qualidade são um aspecto essencial principalmente quando estão suportadas por arquiteturas integradas de regras e dados, ou seja, quando se pode dispor de "qualidade de informação" ou "metassistemas" de gestão inteligente. Isso somente é possível com sistemas projetados não apenas com flexibilidade, mas principalmente com "técnicas de gestão" apoiadas em "metassistemas".

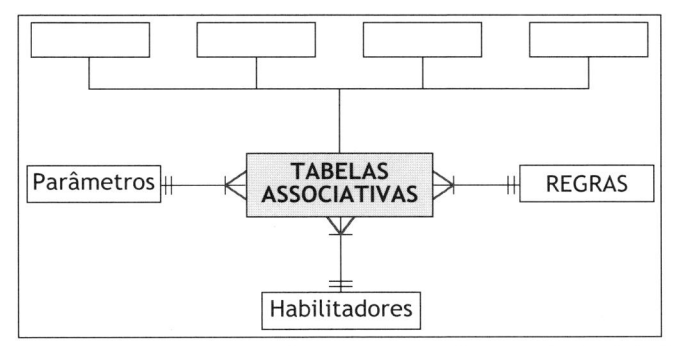

FIGURA A-18 Informação de Qualidade para Gestão da Qualidade.

Cada um dos quatro quadrados superiores desse modelo pode representar um determinado processo da empresa. Os processos terão indicadores baseados nos conceitos citados e todos estes têm uma estrutura semelhante, podendo ser representados todos os indicadores por uma entidade associativa representada ao centro da Figura A-18. Nessa entidade teremos os dados associados ao documento transacional correspondente.

A integração dos processos do "parassistema" e do "sistema" poderia ser também representada como a seguir:

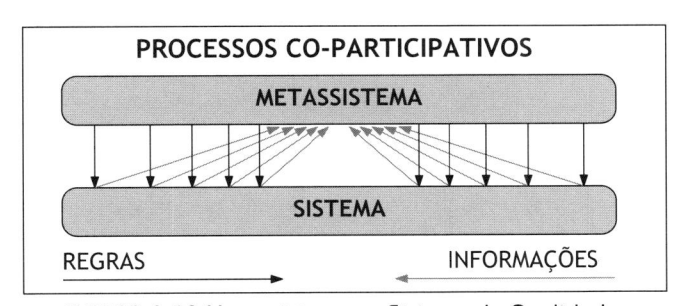

FIGURA A-19 Metassistemas e Sistema da Qualidade.

Os "metassistemas", compreendendo estruturas para gerar sistemas e modelos de sistemas elaborados para condições futuras, devem ser gerenciados de forma independente.

O sucesso da eficácia desse processo depende em grande parte do tratamento separado dos processos de "metagestão". Isso depende fundamentalmente da atuação e da própria cultura do co-participantes.

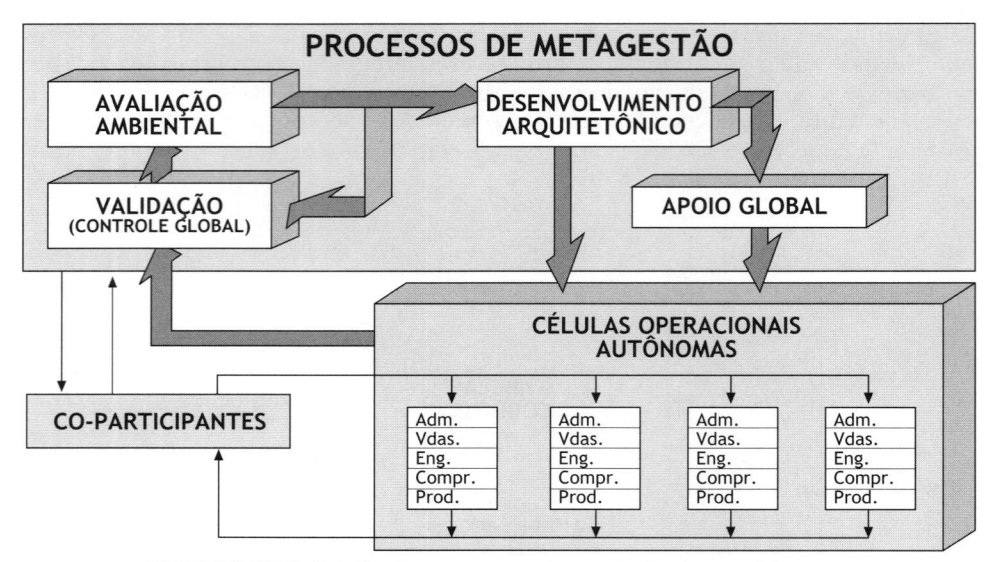

FIGURA A-20 A divisão dos processos depende dos co-participantes.

Também pode-se completar estas análises, realizando a representação a seguir dos vários níveis existentes nos processos, como a seguir representado.

OS PROCESSOS PODEM SER ANALISADOS POR NÍVEIS

VÍNCULOS COM CO-PARTICIPANTES PODEM EXISTIR EM QUALQUER NÍVEL

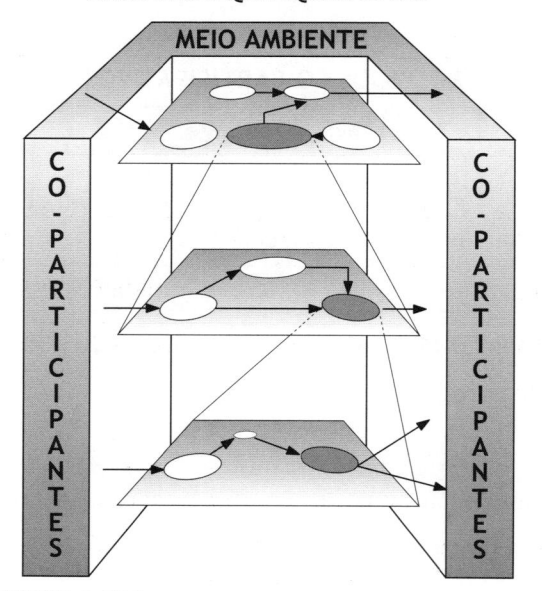

FIGURA A-21 Decomposição dos processos por níveis.

PROJETO DO SISTEMA DA QUALIDADE

Avaliada a situação atual da empresa e considerando as estratégias de mudança da mesma, pode ser elaborado o projeto do Sistema de Gestão da Qualidade. O projeto compreenderá a definição dos seus elementos e a estruturação dos mesmos, dentro do estilo de cada organização e contemplando todo o potencial de ferramentas de "metagestão" de modo a projetar os sistemas com antecedência à sua introdução e implantação É muito importante que esse sistema seja flexível, ou seja, que se ajuste com facilidade às mudanças, dado que, caso contrário, poderia ocorrer a inoperância após certo tempo de implantação. Para que o sistema seja flexível, o mais importante é poder contar com uma estrutura de mantenedores desse sistema, ou seja, funções de apoio ou grupos organizados como Comitês e Subcomitês. Outro aspecto da flexibilidade constitui a própria automação correta do Sistema de Gestão da Qualidade.

AUTOMAÇÃO DO SISTEMA DA QUALIDADE

A definição do "Sistema de Garantia da Qualidade" de uma organização, baseada em conceitos de Engenharia da Informação e de "metagestão", possibilita estruturar um modelo genérico da sua automação. A materialização dessa nova visão, aplicada a uma empresa, resulta num ambiente integrador de sistemas existentes e novos, com funções de apoio à implantação das Normas ISO 9000 e à Gestão da Qualidade. O projeto pode utilizar recursos tais como redes locais (Windows for Workgroups, Windows XP, Windows NT ou mesmo redes Intranet), com roteadores e pontes de intercomunicação com sistemas de automação industrial, com acesso a Bancos de Dados e a sistemas externos de clientes e fornecedores.

A utilização de softwares de hipertexto, com capacidade de geração de formatos especiais de páginas, visando à sua interligação com softwares de CAE/CAD, bem como com padrões Internet, poderia permitir automatizar todos os documentos e desenhos técnicos e comerciais de uma organização. Isso pode ser realizado com softwares de hipertexto. Estes softwares permitem manter as numerações de páginas e assegura a indexação relativa dos documentos do Sistema da Qualidade, de modo tal que, ante determinada alteração (inclusão de um processo, eliminação de certo Registro da Qualidade etc.), o sistema de documentação seja automaticamente atualizado, mantendo a numeração de páginas e alterando, por exemplo, todos os documentos onde figure qualquer referência à alteração realizada.

Além disso, o Manual da Qualidade automatizado pode ter padrões ou estruturas de estilo padrão, facilitando a sua utilização pelos usuários que devem redigir procedimentos.

A segurança é fundamental, devendo permitir assinaturas eletrônicas e evitar que os usuários realizem alterações não autorizadas, como ocorreria com processadores de texto convencionais.

A metodologia de automação de Sistemas da Qualidade se apóia em análises dos "estados" de indicadores associados aos "eventos críticos". São analisados apenas os aspectos constantes da empresa, ou seja, seus "objetivos", também designados de **"quês"**. O que não muda está relacionado com **" o que"** a empresa faz e o que muda está relacionado com o **"como"** a empresa faz. Aos objetivos se associam "Indicadores" para avaliação dos mesmos e o resultado se materializa numa rede de indicadores de gestão, de modo a poder avaliar, dentro dessa rede, o impacto de ações sobre os processos. A premissa é sempre a de fixar os **"quês"** e de procurar otimizar os **"comos"**. Os "eventos críticos", em definitivo, são diretamente responsáveis pelo cumprimento de requisitos exigidos e acordados com os clientes. São a "substantivação" das "ações" (verbos) necessárias para dar cumprimento à missão da empresa e aos diferentes planos da qualidade, acordados com cada cliente. A metodologia deve, portanto, identificar tais "eventos" e organizá-los dentro de redes de eventos críticos.

Os indicadores podem ser estruturados dentro de um modelo de produtividade global, onde o principal indicador é o "Lucro sobre o Ativo Total" [Gold, Bela. 1980-A]. Existem aspectos de difícil quantificação, mas, dentro do enfoque perseguido, todos os aspectos operacionais devem ser quantificados segundo as metodologias de quantificação de fatores em função de análises de relações de "causa e efeito" e priorizando o impacto das causas sobre os efeitos.

Em resumo, para cada empresa pode ser definido um Sistema da Qualidade baseado nos aspectos constantes citados, construindo uma "estrutura de gestão da qualidade", destinada, justamente, a dar suporte às "decisões" sobre os elementos variáveis de um negócio. Com estes princípios e com os conceitos de "ciclo da qualidade" de uma empresa, baseados no ordenamento dos processos essenciais ou críticos para qualidade pode ser projetado um ambiente de informática.

ESTRUTURA DO SISTEMA AUTOMATIZADO DA QUALIDADE

O sistema da qualidade pode ser representado pelos elementos básicos a seguir:

- "Entidades informacionais" correspondentes à gestão da qualidade ou banco de dados.
- "Redes de indicadores" que surgem associados às "redes de objetivos e metas" a serem definidos para cada empresa e/ou para cada função da empresa ou, ainda, para cada processo, dependendo de cada usuário.

— "informações estruturais", ou seja, um conjunto de "objetos", agrupados em classes específicas, sobre:

— Controle de atividades do Comitê da Qualidade e seus cargos relevantes relacionados com "metagestão", auditorias, análise de indicadores, ações preventiva, gestão de treinamento, planejamento da qualidade, gestão da inspeção e controle de documentos.

— Matriz Funcional: registrando os cargos da empresa, suas relações do tipo "cliente-fornecedor" (internos e externos) e as responsabilidades correspondentes.

— Estrutura de "Ações Corretivas e Preventivas" e sua associação com os subsistemas de gestão de projetos de melhoria contínua e de gestão preditiva da qualidade.

— Estrutura para Gestão Preditiva: Indicadores são tratados com um modelo de suavizamento exponencial para elaborar análise de tendências e simulações de eventuais "Ações Corretivas". Este aspecto do sistema é denominado "gestão preditiva".

— Estrutura de Custos da Qualidade, associados a "eventos" em lugar de associados a atividades. Conceito de RBC (Result Based Costing) [Catelli, Armando. 1992-A].

— Estrutura do Sistema de Documentação, conforme definições do item 4.2.3 da Norma ISO 9001.

— Estrutura para Controle de Reuniões e de Correio Eletrônico, com cadastro de usuários e serviços de segurança de rede, incluindo avaliações de fornecedores e de satisfação de clientes.

- Estrutura para a Gestão de Treinamento e de controle da utilização do sistema para finalidade de apresentações, de treinamento e de consultas aos bancos de dados em hipertexto (perguntas sobre "o que", "por quê" e "como").

- Cadastros de objetos físicos descritivos do Sistema da Qualidade, compreendendo: Mapeamento de Processos, conforme técnicas de reengenharia de processos, "data-sheets", fluxogramas, cadastro de instrumentos e máquinas etc.

Outras interfaces referem-se a sistemas de correio eletrônico e sistema de EIS (Enterprise Information System) com acesso a bancos de dados existentes ou novos e o próprio banco de dados de textos, em ambiente de "hipertexto". Também pode existir conexão com módulos específicos de Controle Estatístico de Processo, Confiabilidade, FMEA etc.

Outros possíveis módulos que podem ser automatizados:

- *Módulo para Alta Direção*: Este módulo permite utilizar o sistema de EIS, permitindo cadastrar as análises críticas do sistema de gestão da qualidade a cargo da Alta Direção. Também poder-se-ia atualizar políticas da qualidade, objetivos e metas para períodos futuros, atualizando sua avaliação.
- *Módulo de Controle da Documentação*: Controla a situação dos documentos, bem como sua distribuição e revisões. Este módulo deve fornecer indicadores sobre a situação do processo de geração e atualização de procedimentos e instruções de trabalho.
- *Módulo de Registro e Consulta de Contratos, Propostas e Planos da Qualidade*: O mesmo deve controlar alterações, validades e prazos, verificando interfaces e pessoal envolvido.
- *Módulo de Qualificação e Avaliação de Fornecedores e de Avaliação da Satisfação de Clientes*.
- *Módulo de Acompanhamento de Processos*: Registro das interações dos processos, com interface para acessar o sistema de automação industrial, recebe indicadores relevantes sobre coeficientes específicos e variáveis de processo. Também recebe informações sobre indisponibilidade de planta e permite realizar registros de eventos relevantes de confiabilidade de planta.
- *Módulo de Controle de Calibração*: Além de manter um cadastro de instrumentos, deve controlar a aprovação de calibrações e sugerir datas de próximas calibrações conforme o plano correspondente.
- *Módulo de Gestão de Ações Corretivas e Ações Preventivas*
- *Módulo de Gestão de Projetos*
- *Módulo de Gestão das Auditorias*: Registrando programas de auditorias, notificação de envolvidos, registro de relatórios de auditorias e resultados de reuniões de encerramento das auditorias.
- *Módulo de Gestão de Treinamento*: Definir requisitos de competências dos cargos relevantes. Atualizar um cadastro de funcionários verificando o atendimento aos requisitos de competências e fornecer informação para os responsáveis por projetos de melhorias e expansões, de onde podem surgir necessidades de treinamento, mantendo registros sobre todas estas atividades inclusive da avaliação da eficácia do treinamento realizado por cada membro.

10.4 SISTEMA DE GESTÃO LOGÍSTICA (multinegócio)

Conforme citado no Capítulo 8 e também nos Apêndices precedentes, foi elaborado, para uma Cooperativa Agropecuária, um "metassistema" de gestão de estoques de diferentes características, a saber:

- Insumos Agrícolas (Fertilizantes, Corretivos, Defensivos).
- Peças de Reposição e Acessórios de Veículos e Equipamentos Agrícolas.
- Lojas de farmácias de veterinária.
- Supermercados para Consumo Final.
- Estoques de Peças de Manutenção dos Equipamentos da Cooperativa.
- Rações para animais.

Cada um destes estoques tem características diferentes de gestão. Assim, os insumos têm demanda sazonal, igualmente a alguns dos itens de peças e farmácias, mas o resto dos produtos tem em geral demanda regular. Os itens de rações exigem de técnicas de ""explosão"" (multiplicar pelo número de itens que possui cada produto), pois existe nesse caso um processo produtivo.

Foi então elaborado um "metassistema" de gestão de estoques para estes diferentes negócios, utilizando o modelo de classificação de entidades detalhado no Apêndice 10.1. Também foi utilizada uma técnica para que o software possa ser instalado em cada local de estoque, com um processo de configuração, onde cada usuário deve configurar parâmetros como os citados a seguir:

- Tipos de negócios que operam na unidade (entrepostos agrícolas).
- Se o Entreposto compra direto de fornecedores ou se abastece de outros depósitos distribuidores. Assim, deve-se cadastrar os depósitos existentes no Entreposto, detalhando se são **Distribuidores** (compram de fornecedores externos e distribuem a outros depósitos), **Vendedores** (recebem mercadorias de distribuidores e procedem a vender diretamente ao público) ou **Mistos** (são tanto distribuidores como vendedores).
- Configuração de parâmetros de gestão, com base em sistema de perguntas e respostas (tipo de planejamento em função do tipo de demanda, parâmetros globais de políticas de estoques, simulação para verificando resultados previstos de cada possível política).
- Inicialização do sistema com dados históricos de demanda a serem fornecidos, na primeira vez, mediante arquivos de texto.
- Deve-se configurar os depósitos dependentes dos distribuidores, para finalidade de comunicação de dados, a cada certo período, dos dependentes para os distribuidores, para que, com esses dados possam ser realizados cálculos de otimização dos estoques dos depósitos distribuidores.

Os sistemas de planejamento de reposição de estoques podem ser dos tipos a seguir:

- Sistemas de otimização com base em previsões de demanda, para estoques de itens de consumo regular, com cálculo de tendências e correção opcional de sazonalidade
- Sistema de planejamento de reposição com base em planos de necessidades, elaborados para épocas de plantio e também para planos preventivos ou preditivos de manutenção.
- Sistemas mistos de planejamento de reposição, tanto com base em previsões como com base em planos de necessidades.
- Sistema de cálculo de demanda com base em estatística de freqüência de utilização de peças (método de Weibull).
- Sistema de planejamento de compra de estoques, com base em dados de demanda de produtos e na sua "explosão" (MRP: Material Requirement Planning).

A estrutura do sistema é a que se mencionou no Capítulo 8 (ver Figura 21), onde uma tabela associativa contém duas chaves: o código de materiais e o código de almoxarifado ou depósito. Este último compreenderá uma "entidade atributiva", onde poderão ser arquivados dados relevantes para a gestão dos estoques, tais como: Estoque Atual e Anterior (em R$ e unidades físicas), consumo mensal dos últimos três meses, última previsão de consumo mensal (denominada: previsão atual), previsão imediata anterior do consumo mensal, valor da tendência atual e anterior, valor do desvio ou erro das previsões atual e anterior, compras pendentes de entrega (atualizadas com as últimas entregas realizadas pelos fornecedores), reserva de estoques já comprometidos, estoques em consignação, estoques de terceiros, classe do item A, B ou C dependendo da política de giro etc. O arquivo de cadastro de materiais será gerado pelo software de geração de modelos de dados flexíveis e conterá um código significativo como o especificado no Apêndice 10.1.

No Apêndice 10.1 se detalha e exemplifica como deverá ser o modelo flexível dos itens de estoque (Figuras. A-01, A-02, A-04 e A-05). Neste arquivo constam dados dos diferentes itens, incluindo informações das últimas compras, a saber: código; descrição; especificações técnicas; número de desenho atualizado ou de ficha técnica do item a comprar; código da unidade de medida; grupos do produto X, Y ou Z, segundo custo de falta de estoques alto médio e baixo; grupos U, V e W segundo importância estratégica de itens de estoque; data e preço da última compra em R$; preço em R$ em valor corrigido (considerando a fórmula abaixo citada); preço da última compra em moeda forte, calculado com base nos preços em valor presente ou preços com pagamento a vista; preço de mercado (conforme consultas a fornecedores para os itens estratégicos, que justifiquem atualização mensal ou semanal dos preços, ou ainda, os próprios preços reais de compras efetuadas no mês em curso) e parâmetros de planejamento, tais como: coeficientes de suavizamento exponencial, nível de atendimento desejado (nível de confiança para dimensionamento dos estoques de segurança) e coeficiente de tendência (valor mínimo de tendência de demanda a computar). Observamos que os últimos parâmetros citados (coeficientes de suavizamento exponencial incluindo o coeficiente de regularidade de demanda, nível de atendimento e coeficiente de tendência), podem ser fixados para cada determinado item em certo depósito e não genericamente para cada item. Assim, deve existir essa opção para registrar tais parâmetros genericamente, neste arquivo, ou bem de forma específica em cada arquivo associativo de saldos de estoque (cuja chave concatenada está dada pelo: código de item mais o código de depósito).

O valor presente das compras a prazo se calcula como a seguir:

Valor Presente = Valor a Prazo/$(1 + i_d)^n$; $i_d = [(1 + i_m) \wedge (1/30)] - 1$

Onde:
i_d: taxa de diária de juros
i_m: taxa de mensal de juros
n: número de dias entre a data de emissão da Nota Fiscal e a data de Pagamento.

Observar que algumas notas podem ter, para cada compra de certo item, mais de um pagamento, onde as fórmulas se aplicarão para cada um dos mesmos, para depois somar os valores presentes de cada um dos pagamentos e se obter o preço a vista de última compra.

CÁLCULO DE SOLICITAÇÕES DE COMPRA

O cálculo de necessidades está dado pela relação a seguir:

SC = NEC – DISP;

onde:
SC   Sugestão de Compras (sugestão da quantidade de itens a comprar).
NEC: Necessidades (quantidade de itens necessários para um período futuro: TE + GM).
DISP: Disponibilidades (quantidade de itens disponíveis, incluindo itens a receber e descontando os itens em estoque já oferecidos a usuários ou clientes).

Diversos modelos e métodos de cálculo de necessidades de materiais e de disponibilidades deverão convergir nesta simples relação que determina a "Sugestão de Compras". O importante é determinar algoritmos ou regras semânticas que determinem qual modelo deverá ser utilizado com cada tipo, grupo, sub-grupo ou material específico e para cada tipo de situação, afim de poder calcular um único valor de NEC e de DISP. Para esse fim também se pode utilizar o modelo flexível de "metadados".

Quando se determine mais de um valor de necessidades, em função de diferentes critérios ou de diferentes métodos de cálculo, regras poderão realizar comparações e, diante de divergências que superem parâmetros de tolerâncias, o sistema poderá consultar opiniões de usuários para optar pela regra mais adequada (por exceção), conforme cada situação e parâmetros de cada tipo de itens e condições específicas.

Citamos a seguir um dos métodos básicos de cálculo de necessidades que se apóia no valor médio esperado da demanda, em unidades por mês, por exemplo, multiplicado pelo horizonte de planejamento **(H = TE + GM)**, ou seja: **NEC = Dx (TE + GM) + SS**

DISP = S + Pend – R + C – T.

onde:
D: Demanda média mensal (previsão da quantidade de itens que serão consumidos por mês).
TE: Tempo de Entrega do Fornecedor (Lead Time).
GM: Giro Médio ou Cobertura do Lote Médio = Tempo em meses em que é consumido o Lote.

SS: Estoque de Segurança (correspondente a determinado nível de atendimento).
S: Estoque na Prateleira ou no almoxarifado.
R: Reserva (estoque comprometido para próxima entrega).
C: Estoque na organização, mas de propriedade do fornecedor (consignação).
T: Estoque da propriedade da organização, mas não disponível para fornecimento por este Depósito (em trânsito para outro depósito, ou com outro destino).
Pend: Pedidos de Compra Pendentes de Entrega pelo Fornecedor.

As vendas com Entrega Futura devem ser computadas nas Tabelas TDD e não como estoques (essas tabelas TDD são Tabelas de Demandas Determinísticas ou conhecidas e não previstas, tais como as resultantes da soma de cômputos de necessidades de plantio). A demanda prevista é uma suposição calculada com base em estatísticas mas não é uma demanda real como o caso da TDD.

A chave para a aplicação desta fórmula é o correto cálculo do parâmetro "D" ou demanda média mensal. No sistema elaborado, foi previsto que o sistema considere mais de uma forma de cálculo da variável: D e, portanto, de: NEC (necessidades). Para cada método de cálculo de "D" o sistema deverá calcular um determinado valor de "SC" (sugestão de compra), sendo que, deste modo, o usuário do sistema poderá decidir sobre o valor definitivo da "Sugestão de Compra".

Foi recomendado aplicar o método de suavizamento exponencial para absolutamente todos os itens dos diferentes estoques (inclusive para aqueles com demanda determinística ou de demanda dependente, baseada em técnicas MRP e outros com base em planos preventivos de necessidades). O motivo disso é muito simples: as técnicas de previsão permitem fornecer informação de valores médios e dinâmicos de demanda, permitindo julgar quais itens são realmente de demanda regular e quais não o são, alterando essa situação ao longo do tempo.

O fato de aplicar em todos os itens este método não implica que não se utilizem outros métodos para os diferentes itens, com os seus diferentes tipos de demanda, baseados em programas de manutenção (preventiva por tempo de uso ou preditiva por situação de cada peça), por exemplo. A aplicação geral de um método estatístico permitirá inclusive julgar e avaliar se necessidades de materiais baseados em planos de preventiva ou preditiva, no caso, fogem muito das previsões históricas. Caso existam desvios muito grandes, deveria ser solicitado revisar e/ou auditar os planos preventivos ou preditivos da manutenção. Quando as empresas passam a utilizar manutenção preditiva e reparos por oportunidade de paradas, também é importante a consideração dos consumos históricos, mesmo para alimentar, com esses dados, os modelos de cálculo de consumos médios de peças, baseados em dados de taxas de freqüências de falha (usando o método de Weibull). Os métodos estatísticos de cálculo de previsões servem como referência e, para evitar que o usuário tenha que lidar com fórmulas ou preocupações sobre cálculos, os mesmos se aplicaram de forma transparente para operar de forma automática, segundo parâmetros e condições a serem fixadas pelos usuários, em processos esporádicos de configuração e nas rotinas inicial, mensal e anual. Para itens de consumo sazonal pronunciado, os métodos estatísticos que não consideram a sazonalidade perdem validade, mas têm validade os métodos estatísticos realizados para cada fase ou mês de sazonalidade e também o método de suavizamento exponencial que tem fatores de correção em função dos aspectos de sazonalidade.

Por cima do método de suavizamento exponencial, o sistema então permite que se apliquem outros métodos de cálculo de necessidades, considerando a sistemática a seguir.

CÁLCULO DO HORIZONTE DE PLANEJAMENTO DE CURTO PRAZO

O horizonte está dado por:

$$\text{Horizonte} = H = TE + GM$$

onde:
TE é o tempo de entrega do Fornecedor e
GM é a Cobertura, resultante da política de giro, ou seja o tempo em que se consome um Lote de Reposição.

Determina-se H (sempre na mesma unidade, "meses", mesmo expressando frações de meses: 0,2 meses, 3,5 meses etc.). O valor de H está dado pela soma do tempo de entrega do fornecedor (TE), mais o lote médio de reposição desejado expresso em meses (GM), baseado este último numa política de estoques que se revisa a cada certo número de meses (por exemplo: 6 a 12 meses).

Cálculo da data limite para consideração dos planos ou solicitações especiais dos usuários: essa data limite pode ser encontrada transformando o valor de "H" em dias, ou seja:

$$H \text{ (em dias)} = H \text{ (em meses)} \times 30 \text{ dias/mês}$$

$$\text{Data limite} = \text{Data Atual} + H \text{ (em dias)}$$

Consulta automática de tabelas contendo dados dos planos preventivos de necessidades dos usuários. Os programas de Manutenção Preventiva ou mesmo sistemas MRP baseados em planos de produção compreendem tabelas como as que citamos a seguir (TDD):

Data	Código Material	Quantidades	Saldo Anterior
01-10-93	4070003215	4000	0
05-10-93	4070003215	5000	0
01-10-93	2730005430	105.000	0
20-10-93	2730005430	205.000	10.000

Para cada material, para o qual se conhece a data limite do seu horizonte de planejamento, basta pesquisar a tabela e somar as necessidades de materiais em forma acumulada (valores da coluna "Quantidades"). Teremos calculado, deste modo, as necessidades para o período "H", ou seja, o termo NEC da fórmula. O Saldo Anterior refere-se a uma tabela anterior cuja previsão de consumo de 10.000 peças do item 2730005430 não foi ainda efetivada. Assim, a Necessidade efetiva dessa peça em 20 de 10 de 1993 é de 215.000 peças.

Como estamos tratando aqui um caso de demanda determinística, o estoque de segurança é nulo. Em certos casos (quantidades estimadas ou "não determinísticas"), pode ser necessário somar estoques de segurança. Cada tabela TDD deve portanto informar "Quantidades" "determinísticas" (quando se tratar de quantidades "não determinísticas" estas deveriam já incluir um valor adicional de incerteza ou de segurança).

CÁLCULO DAS SUGESTÕES DE COMPRAS COM BASE EM DIFERENTES DADOS DE NECESSIDADES

Considerando as fórmulas anteriormente apresentadas, o sistema procede calculando as "Sugestões de Compras" (SC). Estes valores podem ser resultantes de planos determinísticos de necessidades (Tabelas TDD) e dos cálculos baseados nos dados de demanda calculada automaticamente pelos métodos de previsão, ou ainda pela soma de ambos (dependendo da configuração estabelecida pelo usuário). Depois de apresentados os valores de sugestões de compra, o usuário deverá decidir e informar ao sistema o valor definitivo da quantidade a comprar. Logo, qualquer seja o valor definido e comprado, diferente do sugerido, o sistema passará a acompanhar as entregas parciais e atualizar, continuamente, o valor das disponibilidades: o estoque em prateleira mais pedidos de compras pendentes de entrega (menos reservas e estoques de terceiros e mais consignação).

CASOS DE UTILIZAÇÃO DAS TABELAS TDD

A tabela apenas informa valores determinísticos (de consumo seguro) das necessidades de materiais para determinadas datas. Assim, considerando-se a data de hoje, caso se trate de um dia de efetuar uma revisão de necessidades de reposição de estoques, teremos que verificar em uma ou mais tabelas dessas, quais as necessidades de materiais para o horizonte de planejamento. Se esse horizonte for de 30 dias (H = 1 mês), então para todas as datas desse período as tabelas TDD serão verificadas e, assim, somadas as necessidades do item em questão. Comparando a necessidade com a disponibilidade, pode-se então determinar a Sugestão de Compra: SC. Depois o Comprador realizará a compra por uma quantidade igual ou superior à recomendada e o sistema registrará isso no campo PEND = Compras Pendentes de Entrega. Se o período de planejamento for semanal, bem, nesse caso, na próxima semana repetir-se-á o processo de cálculo de necessidades, verificando-se as tabelas TDD para um período de mais uma semana à frente. Mas podem ocorrer situações diversas nessa semana transcorrida.

Assim por exemplo, pode ocorrer que o consumo real dos materiais, por qualquer imprevisto, tenha sido diferente do consumo estipulado nas tabelas TDD´s. Pode ocorrer que tenha atrasado o consumo, ou seja, consumos previstos nas TDD´s, para essa semana, não tiveram lugar. Por isso, na hora da nova revisão, deverão ainda ser consultadas as tabelas de consumos não ocorridos, pois esses consumos poderão ou não ocorrer num período futuro. Concluindo, essas tabelas TDD´s devem ter um processamento de planejamento e controle, mas não dentro do sistema de gestão integrada de estoques, e sim, dentro dos processos de planejamento que geram as mesmas (planejamento e controle de manutenção ou de obras, planejamento e controle de produção etc.). Em outras palavras, toda vez que se presente uma tabela TDD, esta deve conter dados atualizados de necessidades de materiais e não dados incompletos. As TDD´s devem informar as necessidades reais que ocorrerão ou consumos reais que terão lugar nos próximos dias do horizonte de planejamento. Para esse fim, os sistemas que geram as TDD´s devem ter uma rotina diária ou semanal, muito simples, de verificação das necessidades reais futuras, atuais e do passado, ou seja, devem ter uma sistemática de verificar necessidades das TDD´s não efetivadas, mas que ocorrerão, de fato, no futuro. Para facilitar o processo de planejamento, é muito importante que as TDD´s também informem quais serão as aplicações dos materiais constantes nas mesmas. Essas aplicações podem ser citadas em termos de Ordens de Serviços, Ordens de Reparo ou simplesmente como necessidades futuras de materiais em certo local. Uma prática importante de planejamento e emissão de tabelas TDD é a de responsabilizar alguém pela sua emissão e de verificar, nestas tabelas, se foram realmente incluídas, nas mesmas, todas as necessidades que efetivamente se precisam para o período futuro em questão. Assim, bastaria verificar a autorização do responsável.

PREVISÃO DE DEMANDA COM TENDÊNCIA

Apresentamos no final deste Apêndice as fórmulas do modelo de suavizamento exponencial.

- O modelo calcula a previsão mensal para vários meses futuros, utilizando um termo que leva em consideração a tendência. Vale dizer que estas fórmulas foram testadas, durante vários anos, em diferentes empresas e com base nesses resultados foi possível ajustar e definir as mesmas.

- O modelo possui fatores de correção de distorções que normalmente ocorrem com os modelos de previsão, frente a valores pequenos de tendência que, neste caso são desprezadas.

- Também foi testada, durante vários anos em diversas empresas, uma nova fórmula para determinar se um item é ou não regular.

- Os estoques de segurança podem ser calculados para diferentes níveis de atendimento, ou seja, para determinado número de "desvios padrões", aos quais correspondem valores específicos de "níveis de confiança", assim para 99,87 % de nível de confiança são necessários três desvios padrões.

POLÍTICA DE ESTOQUES

Sobre este tópico, cabe mencionar, de forma genérica, a metodologia proposta de definição dos parâmetros de planejamento, em particular do método de determinação do parâmetro "GM", ou Giro em Meses (corretamente denominado "Lote Médio de Reposição" expresso em meses ou tempo em que se consome um Lote Médio de Reposição).

- Para cada depósito e a cada ano, deveria ser computada a demanda real dos itens e proceder a realizar uma classificação decrescente da demanda em valor monetário (dólares, por exemplo), ou seja, uma classificação "A,B,C".

- Também a cada ano deveria ser considerado o "Desvio Absoluto Médio" (DAM), calculado pelas fórmulas indicadas mais adiante: DAM = f (erros das previsões). DAM é calculado como uma média ponderada entre o erro do último mês (diferença entre a previsão e a demanda real) e o DAM anterior. No Arquivo de Saldos deverá existir um campo com o último valor de "DAM". O desvio padrão da demanda pode ser estimado, para cada item, como: $1,25 \times$ DAM.

- Um programa muito simples permite simular políticas de rotação de estoques para determinados grupos de itens (A, B, C etc.), visando atingir um objetivo de nível de investimento em estoques. O usuário especifica parâmetros tais como nível de atendimento desejado, limites dos grupos A, B e C, em porcentagens da demanda em valor monetário e os giros médios desejados para estes grupos A, B e C e o sistema calcula o nível de médio de investimento em estoques e sua correspondente cobertura. As classificações podem ser feitas por depósito ou bem para determinadas famílias de itens dentro de um depósito. A seguir é detalhada a operação deste programa:

- Esse programa considera o agrupamento de itens, por exemplo três ou mais grupos de semelhante demanda em valores monetários. Para cada grupo é determinado um Lote Médio de Reposição e definido um determinado nível de serviço. Deste modo, ao ser conhecida a demanda média anual, é possível calcular o nível de investimento em estoques, baseado no cálculo do estoque médio previsto, dado por: (Lote Médio/2) + SS

- Onde: SS = W × 1,25 × DAM = W × σ, sendo W o fator dependente do nível de serviço (para W = 1,75 temos 95,99 % de nível de confiança). O desvio padrão é igual a σ = 1,25 × DAM

- Fixados os estoques de segurança e Lotes Médios de reposição, o sistema realizará o cálculo do investimento em estoques. Caso este valor seja muito grande, o usuário poderá alterar os parâmetros. Assim, por exemplo, poder-se-á diminuir os lotes dos itens de demanda elevada, ou diminuir os lotes médios de outros grupos de itens e, inclusive, reduzir o fator "W". Com isso o investimento médio em estoques deverá diminuir até chegar ao valor desejado pela diretoria da empresa. Nesse momento estarão definidos os parâmetros: "W" e "GM", que poderão ser utilizados como constantes por determinado período futuro.

- Estes cálculos de políticas devem ser revisados e refeitos pelo menos a cada seis meses ou a cada ano. Os valores calculados ("W" e "GM") devem ser gravados no arquivo de saldos, para sua utilização nos cálculos de sugestões de compras. Para cada valor de W temos um valor de Nível de Confiança ou de Nível de Atendimento considerando para estes casos o modelo estatístico de Gaus, assim para W = 1,75 temos um nível de confiança de 95,99 %. Esses valores de níveis de confiança estão apresentados mais adiante, na segunda página a seguir desta página (ver duas páginas para frente).

- Para peças caras de manutenção, utiliza-se uma política diferente, baseada no conceito de dimensionamento de estoques de reserva, com critérios que levam em consideração as taxas de falhas destes itens.

MODELO DE SUAVIZAMENTO EXPONENCIAL (exponential smoothing)

NOMENCLATURA BÁSICA:

- Período de Atualização da estatística: $: i$
- Demanda real (saídas acumuladas do último mês): $: d_i$
- Demanda média (previsão para mês próximo): $: E_{i+1}$
- Coeficientes de suavizamento $: \alpha, \beta, \gamma$

- Desvio absoluto médio : DAM_i
- Período de tempo em que um lote é consumido : GM
- Intervalo de resuprimento : IR
- Desvio padrão : σ_i
- Coeficiente de nível de atendimento da demanda: : W
- Tendência : T_i
- Quantidade de resuprimento ordenada e pendente : PEND
- Estoque ao fim do período 'i' : S_i
- Disponibilidade de materiais : DISP
- Necessidades para o intervalo de resuprimento mais um intervalo GM : N
- Estoque de segurança : SS
- Ponto de resuprimento : PR
- Quantidade a comprar recomendada : SC
- Fator empírico para calculo de Estoque de Segurança : K
- Coeficiente de Regularidade : M
- Coeficiente de Tendência : C

Principais Relações

a) suavizamento simples:

$$E_{i+1} = d_i \cdot \alpha + (1 - \alpha) \cdot E_i$$

Exemplo. Dados os valores: $E_i = 10$, $d_i = 20$, $\alpha = 0,2$ Temos $\Rightarrow E_{i+1} = 12$

Observamos portanto que o valor de E_{i+1} é igual à média ponderada de d_i e E_i, sendo que α deve ser inferior a 0,5, para dar maior prioridade à história: E_i.

b) suavizamento com tendência e cômputo dos erros

$$T_i = \beta \cdot (E_i - E_{i-1}) + (1 - \beta) \cdot T_{i-1}$$
$$E_{i+1} = d_i \cdot \alpha + (1 - \alpha) \cdot (E_i + T_i)$$
$$DAM_i = \gamma \cdot ABS(E_i - d_i) + (1 - \gamma) \cdot DAM_{i-1}$$
$$\sigma_i = 1,25 \cdot DAM_i$$
$$SS_i = W \cdot \sigma_i$$

Só que SS não pode ser mais que R vezes o tamanho de um lote, sendo que R é determinado pelo Usuário. Se SS > R, então o sistema faz: SS = R $\times$ E_{i+1} $\times$ GM

c) valores do coeficiente W de nível de atendimento:

W	0,25	0,50	1,00	1,50	1,75	2,00	2,50	3.00
N.A.	59,87	69,15	84,13	93,32	95,99	97,72	99,38	99,87 (*)

d) α, β e γ devem assumir valores compreendidos entre 0 (zero) e 1 (um)

e) planejamento

Ponto de resssuprimento:

$$PR_i = E_{i=1} \cdot IR + SS + \frac{\{T_i[(IR)+1] \cdot (IR)\}}{2}$$

Necesssidades:

$$N_i = E_{i+1} \cdot (IR + GM) + SS + \frac{\{T_i \cdot [(IR + GM)+1] \cdot (IR + GM)\}}{2}$$

$$SC_i = N_i - DISP_i$$

Onde: $DISP_i = S_i + PEND_i - R + C - T$

Observação:

Quando IR + GM for < 1, desprezar o termo indicado com "(*)"

f) Cálculo aproximado do estoque de segurança

$$SS = K \cdot E_{i+1} \cdot GM$$

Onde: K é um fator empírico a ser determinado por estimativa, ou seja, SS vem a ser "K" vezes o lote de reposição instantâneo.

g) Coeficiente de Tendência

Coeficiente de Tendência:

$$C_i = T_i/E_i$$

Tal que, para $C_i < C_1 \Rightarrow T_i = 0$

O valor de C_1 dependerá da taxa de tendência que se considere significativa, recomenda-se usar o valor de $C_1 < 0,02$. Ou seja, tendências menores a 2%, passam a ser desprezadas.

h) Aceleração da resposta a câmbios significativos da demanda.

Quando a relação: $|E_i - d_i|/\sigma$ ultrapassa o valor de "M", o sistema utiliza coeficientes altos de suavizamento, ou seja:

$$\alpha = 0,5$$
$$\beta = 0,5$$
$$\gamma = 0,5$$

Mas isso ocorre uma única vez e depois restabelece os valores padrão ou valores "default" de $\alpha = \beta = \gamma = 0,3$. Caso novamente seja ultrapassado o valor de M, utiliza-se 0,5 e assim por diante. O sistema deve utilizar para M o valor de 2.

Existe também um parâmetro que pode medir a regularidade do consumo como relação do SS sobre o lote de reposição, ou seja: $SS_i/(E_i) \times GM = R$

(*) Nível de Atendimento (N.A.) ou nível de confiança em (%). Significa a probabilidade de que a demanda esteja compreendida entre: $-\infty$ e $W \cdot \sigma$. Assim para W = 1,75 temos que essa probabilidade é de 95,99%.

Se R supera certo valor definido pelo usuário, podemos considerar esse item como irregular e talvez sazonal. O sistema deve dar um aviso e deverá registrar um SS = R × E_{i+1} × GM, somente nesse caso, e depois retorna ao normal

R = 0,25 a 2 Valores Default dependem de GM, Para GM $\Leftarrow$ 1 $\Rightarrow$ R = 0,5
Para GM < 1 e > que 0,75 $\Rightarrow$ R = 0,75 – Para GM < 0,75 meses $\Rightarrow$ R = 1

i) Sistema de Revisão Periódica

Conceitualmente o sistema permite realizar revisões semanais da situação de estoque mediante comparação das necessidades contra as disponibilidades.

Necessidades:

$$N_i = Z \cdot E_{i+1} + SS + \frac{(Z+1) \cdot Z \cdot T_1}{2}$$

$$Z = IR + GM$$

i: meses

Disponibilidades:

$$DISP_j = S_j + PEND_j$$

j: semanas

Após a comparação segue a lógica da Figura A-22.

Algoritmos lógicos para a Classificação dos Itens em Estoque por Criticidade e Emissão de Relatório com a Impressão (ou não) de Informações Pertinentes.

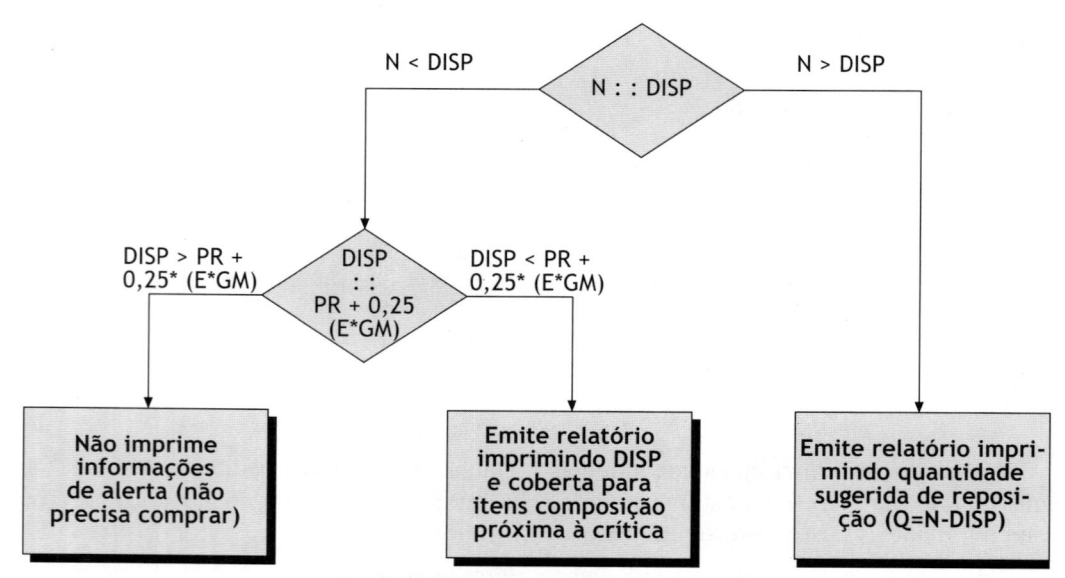

FIGURA A-22 Planejamento de Reposição.

Um arquivo de Saldos (entidade associativa e atributiva, dos materiais e dos depósitos) deverá conter dados básicos dos parâmetros, a saber:

- Código do Item
- Código do Entreposto
- Código do Depósito
- Local de Armazenamento (subdepósito, prateleira, escaninho etc.)
- Código do Tipo de Negócio
- Código do Tipo de Planejamento
- Unidade Básica (não sempre a unidade do usuário)
- Quantidade Atual Estocada na unidade específica
- Valor Atual Estocado EM REAIS
- Quantidade Anterior Estocada na unidade específica
- Valor Anterior Estocado EM REAIS
- Quantidade Reservada de Estoque para próxima entrega (em data muito próxima)
- Quantidade de Estoque Terceirizado (consignação) de Propriedade do fornecedor (opcional)
- Quantidade de Estoque indisponível, da propriedade da empresa ou em transito por pertencer a outro depósito da empresa.
- Código 1: Estabelece transações a considerar na Demanda do tipo 1, para Planejamento.
- Código 2: Estabelece transações a considerar para a Demanda do tipo 2, para informação.
- Saídas Acumuladas do último Mês, referente ao código 1
- Saídas Acumuladas do mês, referente ao código 2
- Giro em Meses (GM)
- Tempo de Ressuprimento (TR)
- Saídas Acumuladas do mês anterior ao último, conforme código 1
- Demanda Média
- Demanda Média Anterior
- Desvio Absoluto Médio
- Tendência
- Estoque de Segurança
- Necessidade
- Disponibilidade
- Encomendado
- Estoque de Segurança
- Consumo Anual
- Consumo Ano Anterior

Para itens sazonais, devem ser computadas as porcentagens do consumo real de cada mês em relação ao consumo anual e assim podem-se computar as médias de consumo mensal, dos doze meses do ano, mês a mês, considerando os últimos cinco anos. A partir desses valores é possível ter mais um elemento para ajustar os resultados dos cálculos de suavizamento exponencial.

Também são necessários outros parâmetros a serem cadastrados em tabelas, tais como: Coeficientes de Suavizamento: Valores de alfa, beta, gamma, Nível de Atendimento desejado (W), Coeficiente de Tendência (C1), Coef. de Regularidade (M), Fator K para Estoque de Segurança, Senhas para alterar arquivo de saldos, Senhas de usuário normal, Códigos para verificar a existência de arquivos de integração, Código de Controle de Fechamento Mensal, Código de Controle de Fechamento Anual ou de Fixação de Parâmetros de Planejamento e dos Fatores de Ajuste para caso de Sazonalidade.

A cada ano, ou a cada período de parametrização, o sistema deve determinar, para todos os itens não sazonais, depósito a depósito, os parâmetros de planejamento para o qual os usuários devem definir políticas, numa rotina que permite realizar simulações de estoques.

O método é simples: Realizar uma classificação decrescente da demanda do último ano multiplicado pelo preço corrigido (não pelo custo médio). O preço corrigido se encontra no cadastro de produtos e pode ter duas opções, trabalhar em moeda forte ou em reais na data presente. O usuário escolhe uma das duas opções.

O sistema deveria criar uma tabela assim:

Código do Item	Consumo Anual ou do Último Período de Planejamento.	Último Estoque segurança	Preço Corrigido ou em moeda forte	Valor da Demanda	Valor Acumulado da Demanda

Faltaria uma coluna do valor do estoque de segurança, mas é só multiplicar pelo preço. O valor da demanda também poderia ser eliminado, mas aqui o objetivo é exemplificar. O sistema classifica de forma descendente e define quais os itens A, B, C, D etc. com base à especificação do usuário conforme o exemplo a seguir:

Itens "A" = até   80% do valor da demanda
Itens "B" = até   95% do valor da demanda
Itens "C" = até 100% do valor da demanda

Poderia haver itens D, E etc., mas a soma deve ser sempre 100 %.

As porcentagens são dadas pelo usuário e o sistema determina quais itens são A, B, C etc. O usuário pode mudar um certo item de B para A etc., se desejar, mas somente depois de fechada a sessão de parametrização, conforme o "flag" que controla tal sessão.

O sistema deve calcular o investimento em estoques, conforme a regra básica a seguir:

O usuário deve escolher valores de "GM", em meses, para cada grupo de materiais A, B, C etc. Feito isso, o usuário espera para ver quanto investimento resulta.

CMM = Consumo médio mensal = Consumo no período (um ano)/meses do mesmo
Estoque Estimado em \$ = (GM/2) × CMM × Preço + Estoque de segurança × Preço

Então, somando esses estoques (para cada grupo A, B, C etc. e para todos os itens do depósito), o usuário vai saber o investimento em estoque resultante desse cálculo. Se não gostar, ele vai alterando os valores de GM e até pode alterar a classificação A, B, C realizada, passando itens do grupo B para o grupo A, por exemplo, já que o sistema não fará mais classificações e somente atribuirá a cada item um valor de GM, pois ele já tem valores de estoque de segurança. Quando o sistema não tem preenchido o campo de estoque de segurança, este deve ser sempre preenchido por um valor "default" a ser definido pelo usuário como uma porcentagem do lote de reposição. O sistema calculará o SS (estoque de segurança), da forma a seguir:

$$SS \text{ em quantidade} = (GM/2) \times CMM \times K$$

K, para este cálculo, é um valor que não pode ser negativo nem maior que 0,5, ou seja, deveria ser entre 0 e 0,5. Isso significa que deve ser menor que 50 % de um lote de reposição. O valor Default deve ser de 0,10, mas o usuário pode definir.

Quando o usuário ficou satisfeito com o nível desejado do seu estoque, então o sistema designa a cada item um valor de "GM" e os processos de rotina do ano que inicia podem começar a funcionar.

A seguir se especificam os Valores "Default" das tabelas de planejamento (somente pessoal autorizado poderá alterar estes parâmetros).

VALORES "DEFAULT":

$\alpha = \beta = \gamma = 0,3$ - Campo de Validade: de 0 a 0,5
$K = 0,1$ - Campo de Validade: de 0 a 0,5
$C_1 = 0,02$ - Campo de Validade: de 0,01 a 0,05
$M = 2$ - Campo de Validade: 2
$W = 2$ - Campo de Validade: de 1 a 3, admitindo fracionários
$R = 0,5$ - Campo de Validade: de 0,25 a 2

O parâmetro mais importante é o valor de GM, sendo que a forma de determinar esse valor, para Depósitos Distribuidores e Mistos, é totalmente diferente.

Para os Distribuidores, GM depende dos GM's definidos pelos depósitos por ele atendidos ou Depósitos, Filhos, como se segue:

GMD = Giro médio do Distribuidor = Média ponderada na demanda E_i dos Dep. Filhos

$$GMD = \Sigma \, (GM_i \times E_{i+1})/\Sigma \, E_{i+1}$$

Isto deve ser feito para cada item. Deve haver um controle da parametrização dentro do software, não podendo ser utilizado sem que antes os filhos parametrizem e vice-versa.

Para Depósitos mistos, a parametrização é ainda mais difícil, pois aqui deverá haver primeiro uma classificação ABC normal, só que a demanda a considerar no código 1 deverá ser a soma de saídas por vendas e para consumo interno com as saídas para distribuição desde o estoque (não cabe considerar as saídas por distribuição direta do fornecedor para outros depósitos nem as transferências de empréstimos entre depósitos).

Feita a classificação ABC, o sistema deve verificar se há itens que se distribuem aos filhos e, para os mesmos, deve colocar valores de GM resultantes do cálculo:

$$\text{GMD} = \Sigma\ (\text{GM}_i \times E_{i+1})/\Sigma\ E_{i+1}$$

e não resultantes da classificação A, B, C realizada. Quando o GM resultante da classificação A, B, C do depósito distribuidor for maior que o GMD calculado, o sistema poderá utilizar o maior valor entre ambos ou outro valor dado pelo usuário, mas ele não pode permitir colocar valor inferior a GMD.

Valor superior pode-se utilizar, mas não cabe utilizar um valor inferior ao giro médio GMD.

Feito isso, devemos considerar códigos de transações e quais devem ser computados na demanda Código 1 e na Demanda Código 2.

Tabela de código de saídas		
Transações	**Código 1**	**Código 2**
Venda direta	sim	não
Consumo interno	sim	não
Distribuição de estoque	sim	não
Distribuição de fornecedor	não	sim
Empréstimo	não	sim
Ajuste por evaporação	sim	não
Ajuste inventário	não	sim
Transferência para depósito	não	sim
Devolução a fornecedor	sim	não
Saída normal para beneficiamento em fábricas	sim	não
Saída para demostração	não	sim
Saída para testes	não	sim

O usuário autorizado com chave especial de acesso, especialista em logística, poderá alterar esta tabela de códigos sim e não. A *Demanda código* 1 serve para fins de estatística de demanda. A *Demanda código* 2 serve apenas para fins complementares ou para algo específico de cada usuário.

Também deve haver uma tabela de tipos de entradas a estoque, tais como:

Compra direta de fornecedor
Entrada de distribuição de estoque
Entrada de distribuição direta de fornecedor
Importação
Devolução de usuários
Recuperação de desmanche de instalações
Empréstimo
Transferências entre depósitos
De Beneficiamento de terceiros
Devoluções de clientes
etc.

A cada mês deve haver um fechamento controlado. O fechamento de mês realiza o seguinte:

Atualizar o preço de última compra.
No cadastro de materiais temos códigos especiais.
Material importante que precisa ter sempre preço de mercado atualizado.
Material menos importante que pode trabalhar com preço corrigido.

O sistema deve operar a cada fechamento de mês, como se segue: Calcular os parâmetros de Planejamento, lendo os dados antigos e recalculando os novos valores: E_i, SS, etc., sempre com base no valor do GM que é fixo para um período de planejamento completo (um ano por exemplo). Mediante a integração com o sistema de compras, atualizar o valor do campo *Encomendado* (este campo deve estar sempre atualizado de forma *On-Line*).

Então fornece-se relatórios de exceção: mostrando itens irregulares e itens críticos que estão com falta de estoque (ou falta potencial de estoque). A rotina de emissão de sugestão de compras pode operar semanalmente ou até diariamente, mas o administrador de estoques deve definir o valor efetivo de reposição. A cada fechamento de mês, o usuário deve poder alterar parâmetros de planejamento, sempre dentro dos valores e situações permitidas.

Pode-se até alterar um item de B para C ou de C para A, mas, nesse caso, deve aparecer um protocolo registrando esses casos que podem levar a sérios problemas se malfeitos.

Também, depois de atualizar as variáveis de planejamento, o sistema está em condições de atualizar preços. Toda vez que entra um item em estoque, deve ser calculado seu valor à vista e este último deve ser convertido em moeda forte. Com base nessa moeda, a cada fim de mês o preço de última compra deve ser corrigido. O sistema trabalhará sempre com três valores de preços: *o custo médio* em reais, para fins contábeis e tirado do arquivo de saldos, *o preço corrigido* em *reais* de última compra e o preço de última compra em moeda forte, convertido a reais. Primeiro o sistema atualiza os preços de última compra de todos os itens, com base na sistemática de correção monetária explicada no início.

Para itens *normais* (não itens especiais), o *preço* de mercado é o preço corrigido.

Para Itens *especiais*, o processo é diferente e depende de "Y" (número de dias, desde o presente, até a data de realização da última compra). Assim deve-se verificar quais os itens Especiais que devem ter seus preços revisados a cada mês, podendo ocorrer duas situações:

- Esses itens foram comprados nos últimos "Y" dias, sendo "Y" um parâmetro definido pelo Usuário. Se um item especial foi comprado nos últimos Y dias, então seu preço à vista é considerado válido e podemos considerar o preço corrigido como preço de mercado.
- Se um item especial não foi comprado nos últimos Y dias, então o sistema deve obrigar a redigitar o preço à vista atualizado ou preço de mercado e calcular com base nesse valor o preço em moeda forte. Alguém deverá ligar ao fornecedor e obter o preço, ou um supervisor pode ter direito de estimar um valor, para poder encerrar o Mês.

Feito isso, o sistema deve encerrar o fechamento de mês e registrar a data e hora em que essa operação foi encerrada. Isso deve ser guardado num arquivo de controle de encerramentos de mês. Então pode ser também atualizado, em cada item, o sistema de planejamento em ação, ou seja: Planejamento Sazonal = Para insumos agrícolas, com ABC opcional.

Planejamento Não Sazonal, onde temos os subcasos a seguir:

Não Sazonal Regular: Onde se aplica o sistema de suavizamento exponencial e o sistema da sugestões de compra de forma automática, para cada depósito, seja este de venda direta o distribuidor ou misto. Os Distribuidores e os Mistos precisam de parâmetros adicionais a registrar em cada item:

- Se as Distribuições serão realizadas de Estoque ou de Fornecedor.
- Se as Reposições são compradas uma a uma ou se são abastecidos de um estoque central. Existem duas opções: ou se realiza uma compra ante o recebimento de um pedido de um depósito (em cujo caso, os depósitos devem trabalhar com um "ponto de resuprimento" maior, para dar conta do maior tempo de entrega), ou então, se o abastecimento é realizado desde um estoque central (em cujo caso o estoque central deverá haver um valor de GMD capaz de dar cobertura aos GM's dos depósitos filhos e também, o Estoque central deveria ter um estoque de segurança proporcional aos estoques de segurança dos seus filhos. Isso se calcula de forma mais exata assim: $\sigma = SQRT\ (\Sigma\ \sigma_i^2)$, de onde $SS = W \times \sigma$).
- Os estoques de segurança dos Depósitos de Distribuição podem ser estimados apenas considerando 80% do maior valor dos estoques de segurança dos seus filhos e multiplicando esse valor pelo número de filhos, ou ainda, aplicando as fórmulas de suavizamento exponencial a cada depósito de distribuição. O último método é o mais recomendável.
- Nos Depósitos Mistos, existe também a opção, no sistema, de que se aplique o sistema de suavizamento exponencial na íntegra. Se Existe Estoque em Consignação do Fornecedor, isso deixa de ser problema dos usuários e sim um problema do fornecedor.
- Caso existam itens que às vezes se distribuem de estoque e às vezes se distribuem direto de fornecedor, deve-se computar apenas a demanda de distribuição do estoque e não da distribuição direta do fornecedor, para fins de planejamento. Mas é preciso especificar quais são estes itens. Em geral, o usuário deve tratar de utilizar apenas um método, mas, caso existir esta situação, dever-se-á administrar como se fosse tudo por distribuição de estoque, ignorando que às vezes se distribui direto do fornecedor.

A demanda deveria ser computada apenas sobre o que se distribui do estoque e ignorar a distribuição direta do fornecedor, mas também, nesse caso, todas as compras especiais diretas do fornecedor, não devem ser consideradas como Estoque disponível, no valor do campo "Encomendado".

Entregas futuras sem reservas de estoque deverão ser tratadas no sistema de Controle de Pedidos de Venda. Os Pedidos de Vendas deverão ter vários "status":

- Pedido Recebido.
- Pedido Aprovado pelo Cadastro de Cooperados/Clientes com problemas.
- Pedido Aprovado pelo Crédito, ou seja o Cooperado deve dentro de limites aceitos.
- Pedido com disponibilidade de estoque já RESERVADO para próxima entrega.
- Pedido para entrega futura sem necessária reserva (o sistema deve cadastrar a quantidade a entregar em determinada data futura, em tabelas TDD, dado este que pode dar lugar a reforços de Ordens de Compras, dependendo da situação).
- Pedido Despachado parcialmente.
- Pedido Despachado totalmente.
- Pedido Pago pelo Cliente ou Cooperado.

A seguir, devemos considerar aspectos sobre valorizações de depósitos especiais: É o caso de gôndolas de supermercados. O sistema deve possibilitar opções de controle e de valorização dos materiais que estão em gôndolas. As gôndolas devem ser controláveis item a item ou por grupos de itens denominados Famílias. O usuário poderá escolher estas opções. Em todos os casos e não apenas para este caso de Gôndolas, deve haver sempre um sistema opcional de controle por Famílias, levando o controle dos estoques destas famílias, em três opções:

- Controlar o Estoque físico em unidades abstratas ou peças unitárias por cada item e por cada Família. Sendo que os itens de uma Família devem ter a mesma unidade de medida.
- Controlar o Estoque de cada Família em dinheiro, com base nas entradas do depósito, valorizadas a preços de mercado.
- Controlar o estoque a custo médio contábil (opcional). Ante uma venda de certo item de determinada Família, de certo número de peças, o sistema deverá calcular o custo médio da peça, dividindo o saldo em valores pelo saldo em peças. Com esse valor, serão valorizadas as peças vendidas e será dada a baixa do estoque em peças e valores.

Também é necessário conhecer, a cada certos períodos, a rentabilidade de cada família. Isso é possível de ser determinado, computando o valor de vendas por família e por mês ou semana. Como se conhece o custo médio das peças e também o número de peças vendidas, é possível saber qual a margem bruta de lucro de cada tipo ou família, bastando considerar as peças vendidas, o valor das vendas e o custo médio unitário multiplicando pelo número de peças vendidas. Assim, teremos um relatório mensal com os resultados obtidos por cada depósito.

Também anualmente o usuário deve definir, para qualquer Depósito da sua escolha, quais as famílias a controlar, segundo o modelo flexível de gestão de estoques. Trata-se de escolher, nesse modelo, níveis da classificação e para esses níveis se cria uma tabela específica, para cada um desses Depósitos de Giro Alto, onde teremos campos como os seguintes:

- Vendas e Estoques dos últimos 3 anos (vendas em peças e valores monetários e estoques em peças e valores em 31 de dezembro de cada ano), sendo o último o próprio ano em curso (incompleto). Quando o ano em curso completa dezembro, este passa a ser último ano anterior e assim todos correm para trás e o ano em curso fica zerado.

- Vendas e Estoques dos últimos 12 meses do ano em curso (vendas em peças e valores monetários e estoques reais em peças e valores em fim de cada mês).

- Controle diário do estoque em peças e valores, por Famílias, segundo uma rotina que atualizaria campos de dados de vendas e estoques, em peças e valores, correspondentes ao mês em curso e mantendo sempre os dados do último mês encerrado.

- Se existirem Famílias cujos itens têm diferentes unidades, o processo é realizado da mesma forma, apenas que não são computados valores físicos (dado que não se podem somar quantidades de itens em diferentes unidades). Assim, nestes casos, somente teremos valores em unidades monetárias e não em unidades físicas.

- A cada mês é calculada a rentabilidade por Família considerando que é necessário conhecer o lucro de cada item, para o qual devem ser identificados os itens que tiveram vendas no mês encerrado. Com esses itens, deve ser emitido um relatório, ordenando os mesmos, em grau decrescente, de acordo com as margens de lucro calculadas.

RELATÓRIO DE RESULTADOS DE VENDAS, POR ITENS E/OU POR FAMÍLIAS										
Código	Descrição	ESTOQUE		Vendas do Mês		Preço Unit Médio de Vda	Custo Med. Última Com.	LUCRO UNIT.	Custo do Mês R$	LUCRO TOTAL
		peças	R$	R$	Peças					
				A	B	A/B	Custo Corr.			
				A	B	C	D	C-D	E=D*B	A-E

O custo corrigido deve ser calculado item a item e após multiplicar pela quantidade de cada um, realiza-se a soma dos valores da família. Dividindo pelo número de itens, calcula-se o Custo Médio Unitário Corrigido da Família.

ITENS NÃO REGULARES

O Planejamento deste itens depende da classificação XYZ, referente a custo de Falta alto, médio e baixo, também segundo critérios a serem definidos pelo usuário:

- Itens "X" devem ter uma definição de Estoque de Reserva, calculado com base numa fórmula de otimização do custo de falta e do custo de capital imobilizado.

- Itens "Y" e "Z", com custos de falta menos graves, operam com reservas menores ou bem sem estoque (se compram apenas quando são necessários, solicitados e aprovados).

Existe a opção de calcular a reserva igual a GM + SS. A demanda estaria dada, neste caso, pelos Pedidos colocados Pendentes de Entrega, ou seja, por Pedidos colocados em aguardo de estoque. Dos Pedidos de Venda em carteira, calcula-se a demanda real para os próximos meses iguais ao volume total solicitado dividido pelo número de meses, surgindo um CMM (consumo médio mensal). Isso se multiplica pelo tempo de entrega mais um GM e assim se calcula a Sugestão de Compra.

OUTRAS FUNÇÕES DO SISTEMA

- Tanto em Ordens de Compra como em Pedidos de Venda, o sistema controla o Saldo Pendente de Entrega. Podem-se também atualizar datas de entrega previstas de certas quantidades de compras pendentes.

- Para itens de rápido fornecimento, o sistema calcula KANBAN's, iguais à demanda para certo período crítico que deve atender um KANBAN, mais um estoque de segurança.

- São realizadas Qualificações de Fornecedores, tanto por desempenho, mediante cômputo de indicadores selecionados pelo usuário: de Qualidade, Prazo e Atendimento, bem como por qualificações de aspectos relativos ao Sistema da Qualidade do Fornecedor, sendo que tais aspectos são também resultantes da escolha dos usuários.

- Para compras realizadas com financiamento de bancos, o sistema controla separadamente estes estoques para informação a essas entidades dos valores correspondentes.

- Para efeitos de cálculos de "explosão" (cálculos de quantidades de conjuntos, sub-conjuntos e peças a partir de quantidades de produtos), foi necessário incluir no Modelo Flexível (apresentado no Apêndice 1), um código de identificação de cada instância. Isso é necessário por que em certos casos uma mesma peça pode fazer parte de dois subconjuntos diferentes, correspondentes a duas classes diferentes da árvore de classificação e "explosão" dos produtos. Assim, é necessário ter os códigos de identificação e significativo de instâncias de cada nível da estrutura. Também foi explicado no Apêndice 1 a forma de identificar e registrar esses itens com repetição, para finalidade da aplicação do modelo a esta opção adicional de planejamento de necessidades pelo método denominado MRP (Material Requirement Planning).

- Todos os cálculos de estoques se realizam sempre com seis casas decimais, garantindo que, ao ficar um estoque com valor zero em unidades físicas, o mesmo ocorra com o estoque desse item em valores monetários, considerados sempre com duas casas decimais.

10.5 AUDITORIA DE SISTEMAS DA INFORMAÇÃO

Um processo de Auditoria compreende uma avaliação sistemática de uma entidade a ser auditada, de modo a comparar a situação real encontrada com um padrão de referência de entidade autorizada que seja utilizado após acordo entre auditor e auditado. Caso não seja definido um padrão oficial para realizar auditorias de sistemas no que se refere ao aspecto de gestão, ou de qualidade da informação do ponto de vista da sua capacidade de apoiar efetivamente os processos de tomada de decisão, recomenda-se realizar avaliações tomando como referência, em primeiro lugar, as Normas existentes para qualidade de informação citadas no Capítulo 6. Quanto a padrões de gestão recomenda-se a utilização das Normas citadas no item 7.1 do Capítulo 7. O processo para realizar esta aplicação seria o seguinte:

- Primeiro deve-se desenvolver um ambiente capaz de poder ser auditado. Para isso, áreas de informática de empresas devem seguir um processo semelhante ao que se realiza para adequar sistemas da qualidade às Normas ISO 9000. Assim dever-se-ia preferencialmente adequar o sistema da qualidade dessas áreas de informática à Norma ISO 9001 2000 ou bem diretamente a Norma ISO 9000-3 2000, para desenvolvimento de software. Quanto ao aspecto de Gestão, é recomendado que se implementem os requisitos de Metagestão, conforme os Padrões recomendados no item 7.1 (do Capítulo 7). Os sistemas-produto, do ponto de vista da sua qualidade ou contribuição para a gestão integrada, poderão ser avaliados segundo os requisitos citados no item 7.2 (do Capítulo 7).

Desse modo, para aplicar com maior eficácia as Normas do item 7.1 e os critérios de avaliação citados em 7.2, será conveniente que a área de informática interessada desenvolva um Sistema de Metagestão, mesmo que apenas limitado a área de informática, mas partindo de definições estratégicas. Isso é devido ao motivo de que para avaliar, justamente, aspectos de gestão, é essencial que estejam muito bem definidos requisitos de gestão, pois a informação de qualidade será aquela que atenda com excelência esses requisitos. Desenvolvido o Sistema da Qualidade da área de informática e elaborados seus documentos básicos pertinentes que, de preferência, deveriam estar informatizados, poder-se-á realizar uma auditoria com base no Manual da Qualidade e as Normas pertinentes ISO 9001, ISO 9000 -3 versão 2000 e/ou com as Normas e Critérios citados no Capítulo 7 (itens: 7.1, 7.2).

CONCLUSÕES DAS AUDITORIAS DE SISTEMAS

No período de 1992 a 1997 foram realizadas pesquisas junto às instituições que têm utilizado processos de Auditoria de Sistemas, como é o caso das instituições financeiras. Entrevistas com Auditores Internacionais e consultas realizadas à Associação de Auditores de Sistemas (EDP AA: Electronic Data Processing Auditors Association) levaram a concluir, nessa época, que não existiam ainda padrões adequados para utilizar em auditorias de gestão global da informação, de modo que alguns Auditores afirmavam que para essa área de sistemas eles deveriam utilizar suas opiniões e pareceres pessoais, sem referência a padrões. Padrões para Auditoria de Sistemas existiam, mas somente para alguns aspectos de "segurança em processamento de dados", para somente algumas atividades de desenvolvimento e para algumas atividades de produção e manutenção de sistemas, assim como para telecomunicações, para redes locais e remotas e para aplicações básicas da Internet. Mas para o aspecto de gestão integrada, ou seja, para auditar a "capabilidade" dos sistemas para assegurar informações adequadas para gestão, nesse campo, não existia um critério global e uniforme. Numerosos Bancos utilizavam padrões internacionais de segurança em processamento de dados, mas não existia um critério uniforme de como auditar a qualidade da informação e dos sistemas para finalidades específicas de gestão. Nesta direção, a metodologia de "metagestão" veio a contribuir nessa área, realizando auditorias com as novas Normas em fase de execução tal como a Norma ISO F-DIS 2000 (projeto da ISO 9000 2000) e a Norma BS 7799 de segurança da informação. Com essas novas Normas e com a ISO 9001-3 2000 as auditorias de sistemas de informação agora podem ser adequadamente realizadas. Portanto, agora devem ser utilizadas as Normas que se apresentaram no Capítulo 6 e também devem ser planejadas a utilização das novas Normas Internacionais que estão em fase de desenvolvimento e oficialização. Também podem ser utilizados em auditorias os padrões sugeridos no Capítulo 7 (7.1: padrão da qualidade dos processos de "metagestão" e 7.2: padrões para os produtos dos processos de "metagestão").

Se recomenda que no futuro sejam divididas as Normas em genéricas (para todo tipo de organização) e em Normas específicas para cada área organizacional. Algumas Normas Brasileiras específicas, tais como a Norma de Acreditação Hospitalar e as Normas para a área da Construção (PBQPH e QUALIHAB) deveriam ser no futuro adequadas para sua aplicação internacional, tal como a Norma ISO/TS 16949 automobilística e a ISO/IEC 17799 de segurança da informação.

10.6 DADOS DAS EMPRESAS PESQUISADAS

GRUPOS DAS EMPRESAS E SUAS ÁREAS DE ATUAÇÃO:

Como mencionado, as pesquisas foram realizadas por etapas, tendo sido incluídas diversas organizações e realizadas diferentes abordagens. Na primeira fase foram identificadas causas potenciais da falta de congruência organizacional. A partir dessas informações e dos métodos relevantes e genéricos de gestão organizacional foi implementada a primeira versão da metodologia de metagestão, com aplicações genéricas (técnicas gerais para todo tipo de organização) e aplicações específicas para cada organização.

A segunda etapa compreendeu a implementação, em outras organizações, das tecnologias de "metassistemas" da informação com base nos modelos genéricos de gestão global. Em função dos resultados da segunda etapa foi realizado um aprimoramento da metodologia de "metagestão".

Na terceira e última etapa implementou-se a metodologia desenvolvida de uma forma mais completa, utilizando sistemas de codificação e também se deu continuidade à implementação dos "metassistemas" específicos, realizando aperfeiçoamentos. Neste apêndice se apresentam algumas informações gerais dos grupos das 98 empresas assessoradas. Como toda atividade de consultoria e auditoria deve sempre assegurar confidencialidade das decisões específicas relevantes das organizações, não podem ser citados seus nomes nem as tecnologias específicas de gestão elaboradas e desenvolvidos por cada entidade.

- **GRUPO 1 DE EMPRESAS: 16 Empresas da Associação Brasileira da Indústria Elétrica e Eletrônica: ABINEE das seguintes áreas:** Transformadores, Automação de Sistemas de Segurança, Telecomunicações, Mecatrônica, Gestão de implementação de Softwares para Telecomunicações, Automação Industrial e Projetos de Equipamentos Elétricos e Eletrônicos.

- **GRUPO 2 DE EMPRESAS: 13 Empresas da Associação Brasileira da Indústria Elétrica e Eletrônica: ABINEE das seguintes áreas:** Automação Predial e Comercial, Produção de Cabos Elétricos, Projetos de Equipamentos Elétricos e Eletrônicos, Resistências Elétricas, Placas Eletrônicas, Medidores Térmicos, Painéis Eletrônicos e Acessórios para Indústria Eletrônica.

- **GRUPO 3 de EMPRESAS: 4 Empresas da Associação Brasileira da Indústria Elétrica e Eletrônica: ABINEE das seguintes áreas:** Serviços de aluguel e venda de equipamentos de Informática, Componentes Eletrônicos, Projeto e Montagem de Placas, Instrumentos de Medição de Temperaturas.

- **GRUPO 4 de EMPRESAS: 2 Organizações de uma Cooperativa Agropecuária Mista que solicitaram as seguintes assessorias:** PEGQ (Projeto de Especialização em Gestão da Qualidade PBQP a cargo da Fundação Vanzolini, com financiamento da FINEP) e Projeto de Desenvolvimento de Softwares Flexíveis ("metassistemas").

- **GRUPO 5 de EMPRESAS: 10 Empresas da Associação Brasileira da Indústria Elétrica e Eletrônica - ABINEE com apoio do SEBRAE-PR das seguintes áreas:** Obras de Telecomunicações e Obras Civis, Concessionárias de Automóveis, Indústria Química de Negro de Fumo e Resinas, Manutenção de Transformadores, Material da Construção, Motores Elétricos e Equipamentos de Solda.

- **GRUPO 6 de EMPRESAS: 15 Empresas Assessoradas de Forma Independente, sem coordenação por associações, nas seguintes áreas:** Produção de Vídeos para televisões, Metalúrgica e Solda e Brassagem, Isoladores de Porcelanas, Lubrificantes e Graxas Industriais, Embalagens Plásticas, Pigmentos Plásticos, Móveis de Escritório, Indústria de Fotocopiadoras, Condutores Elétricos, Indústria de Óleo de Soja Girassol Margarina e Maionese, Projetos de Telecomunicações, Engenharia Civil, Tintas para Copiadoras e Controladores de Acesso Eletrônico.

- **GRUPO 7 de EMPRESAS: 9 Empresas da Associação Comercial e Industrial de Paranavaí: ACIAP com apoio do SEBRAE-PR, nas seguintes áreas:** Indústria de Alimentos, Ar Condicionado, Concessionárias de Indústrias Automobilísticas, Laboratório de Análises Clínicas, Industria de Postes, Troncos de Balanças para Gado e Industria de Confecções.

- **GRUPO 8 de EMPRESAS: 15 Empresas do SINDUSCON OESTE PARANÁ Sindicato da Indústria da Construção, com apoio da FIEP e do SEBRAE-PR, nas seguintes áreas:** Artefatos de Cimento, Industria Madeireira, Telefonia Rural, Telecomunicações e Empresas Construtoras.

- **GRUPO 9 de EMPRESAS: 4 Empresas Assessoradas de Forma Independente, sem coordenação por associações, nas seguintes áreas:** Prestação de Serviços de Informática no Brasil e nos Estados Unidos, Organização de Telecomunicações e Cooperativas Médicas.

- **GRUPO 10 de EMPRESAS: 10 Empresas assessoradas de Forma Independente na área de Informática, sem coordenação por associações, nas seguintes áreas:** Cinco Hospitais, Uma Universidade, Indústria Eletrônica e Industria Petroquímica.

Nestes 10 grupos de empresas apresentados, totalizando 98 organizações assessoradas no período 1992 a 1997, realizaram-se atividades de pesquisa e assessoria para aprimoramento da qualidade de gestão, implementação de aspectos de "metagestão", desenvolvimento de "metassistemas" informatizados, implantação de modelos de pesquisa operacional para áreas de gestão logística, projetos para implementação da Norma ISO 9000 e planos estratégicos e táticos para inovação tecnológica para aprimoramento dos aspectos básicos das organização, em especial para o aprimoramento financeiro, verificando o retorno dos investimentos.

Apresentamos a seguir a descrição dos ramos de negócio de cada área relevante de cada grupo das organizações assessoradas e os locais das mesmas. Os códigos utilizados nas tabelas são os seguintes:

- RAMOS: Ind. = Industrialização; Ser. = Prestação de Serviços e Com. = Comercialização.
- LOCAIS: SP= São Paulo; PR/SC = Paraná e Santa Catarina; USA= Estados Unidos; BO= Bolivia; BH= Belo Horizonte; DF= Brasília; RS= Rio Grande do Sul.

GRUPO 1:

RAMO	EMPRESAS por RAMOS				EMPRESAS por LOCAL			
	Ind.	Serv.	Com.	Total	SP	PR/SC	BO	Total
Eletrônica	8	2	1	8	8			8
Automação	4	4		4	4			4
Eletromecânica	2			2	2			2
Telecomunicações	2	2		2	2			2
Subtotais Grupo I	**16**	**8**	**1**	**16**	**16**			**16**

GRUPO 1:

Ramo	EMPRESAS por RAMOS				EMPRESAS por LOCAL			
	Ind.	Serv.	Com.	Total	SP	PR/SC	BO	Total
Eletrônica	8	2	1	8	8			8
Automação	4	4		4	4			4
Eletromecânica	2			2	2			2
Telecomunicações	2	2		2	2			2
Subtotais Grupo I	**16**	**8**	**1**	**16**	**16**			**16**

GRUPO 2:

Ramo	EMPRESAS por RAMOS				EMPRESAS por LOCAL			
	Ind.	Serv.	Com.	Total	SP	PR/SC	BO	Total
Eletrônica	5		1	5	5			5
Automação	3	3		3	3			3
Eletromecânica	3			3	3			3
Mecânica	1			1	1			1
Plásticos	1			1	1			1
Subtotais Grupo 2	**13**	**1**	**1**	**13**	**13**			**13**

GRUPO 3:

Ramo	EMPRESAS por LOCAL				EMPRESAS por LOCAL			
	Ind.	Serv.	Com.	Total	SP	PR/SC	BO	Total
Eletrônica	3			3	3			3
Informática		1		1	1			1
Subtotais Grupo 3	**3**	**1**		**4**	**4**			**4**

APÊNDICES

GRUPO 4:

Ramo	EMPRESAS por LOCAL				EMPRESAS por LOCAL			
	Ind.	Serv.	Com.	Total	SP	PR	BO	Total
Cooperativa Agropecuária	2	2	2	2		2		2
Subtotais Grupo 4	**2**	**2**	**2**	**2**		**2**		**2**

GRUPO 5:

Ramo	EMPRESAS por LOCAL				EMPRESAS por LOCAL			
	Ind.	Serv.	Com.	Total	SP	PR	BO	Total
Eletromecânica		5		5		5		5
Concessionária		2	2	2		2		2
Química	1			1		1		1
Obras de telecomunicações		1		1		1		1
Com./Ind. Materiais de construção	1		1	1		1		1
Subtotais Grupo 5	**2**	**8**	**3**	**10**		**10**		**10**

GRUPO 6:

Ramo	EMPRESAS por LOCAL				EMPRESAS por LOCAL			
	Ind.	Serv.	Com.	Total	SP	PR/SC	BO	Total
Obras de Telecomunicações		3		3		3		3
Eletrônica	2	2		2	2			2
Química	2		1	2	2			2
Eletromecânica	2	1	1	2	1		1	2
Plásticos	2			2	1	1		2
Alimentos	1			1			1	1
Metalúrgia	1			1	1			1
Porcelanas	1			1		1		1
Móveis	1			1	1			1
Subtotais Grupo 6	**15**	**6**	**2**	**15**	**8**	**5**	**2**	**15**

GRUPO 7:

Ramo	EMPRESAS por LOCAL				EMPRESAS por LOCAL			
	Ind.	Serv.	Com.	Total	SP	PR	BO	Total
Alimentos	1	1	1	2		2		2
Ar condicionado	1	1		1		1		1
Concessionária		2	2	2		2		2
Laboratório de análises biomédicas		1		1		1		1
Pré-fabricados para construção	1			1		1		1
Mecânica	1			1		1		1
Confecção	1			1		1		1
Subtotais Grupo 7	**5**	**5**	**3**	**9**		**9**		**9**

GRUPO 8:

Ramo	EMPRESAS por LOCAL				EMPRESAS por LOCAL			
	Ind.	Serv.	Com.	Total	SP	PR	BO	Total
Construção civil		7		7		7		7
Pré-fabricados para construção	2			2		2		2
Projetos de engenharia		3		3		3		3
Madeireira (placas compensadas)	1			1		1		1
Obras de telecomunicações		1		1		1		1
Telefonia rural		1		1		1		1
Subtotais Grupo 8	**3**	**12**		**15**		**15**		**15**

GRUPO 9:

Ramo	EMPRESAS por LOCAL				EMPRESAS por LOCAL			
	Ind.	Serv.	Com.	Total	SP	PR	DF/USA	Total
Informática		1		1			1	1
Obras de telecomunicações		1		1		1		1
Serviços de saúde		2		2		2		2
Subtotais Grupo 9		**4**		**4**		**3**	**1**	**4**

GRUPO 10:

Ramo	EMPRESAS por LOCAL				EMPRESAS por LOCAL			
	Ind.	Serv.	Com.	Total	SP	PR/BH	RS	Total
Eletrônica	1			1	1			1
Petroquímica	1			1			1	1
Plásticos	1			1		1		1
Alimentos	1			1		1		1
Educação		1		1	1			1
Hospitais		5		5	4	1		5
Subtotais Grupo 10	**4**	**6**		**10**	**6**	**3**	**1**	**10**

QUESTIONÁRIOS UTILIZADOS

QUESTIONÁRIO DE AVALIAÇÃO DA QUALIDADE DE GESTÃO, PARA: DIRETORIA COM COPIA PARA O COMITÊ DE METAGESTÃO

Prezados Senhores:

Estamos anexando a carta que deve encaminhar o QUESTIONÁRIO de AVALIAÇÃO da QUALIDADE DA GESTÃO (Q.G.) da sua organização, com base no qual poderemos verificar a situação atual e/ou a evolução dos Programas de Aprimoramento da Qualidade de Gestão Integrada da sua Organização ("Q.G.") e assim determinar Ações Futuras mais efetivas, visando o melhor aproveitamento possível das atividades de Metagestão. Bastará entregar a seus Funcionários o questionário de Avaliação de "Q.G." sem os textos explicativos (ou seja, podem eliminar os parágrafos literais explicativos deste arquivo e realizar a impressão e fotocópias de apenas as perguntas do questionário). O questionário deve ser entregue com uma carta (ver modelo anexo) e com o impresso **"PERGUNTAS A ESCLARECER".**

Para os Diretores, deve ser utilizado o impresso **Questionário Básico**, sendo que deste devem ser respondidas (ou revisadas) as questões essenciais: A missão da empresa, os Objetivos e os Fatores Críticos de Sucesso (FCS´s). Os FCS´s são os atributos que deveria ter hoje a Organização para ter sucesso na sua missão, assegurando a eficiência dos recursos dos seus processos. Os Objetivos para assegurar a eficácia dos resultados da organização e dos processos, podem ser genéricos ou bem mensuráveis. Objetivos Genéricos são definições gerais de melhoria tal como as expressões da Política da Qualidade. Objetivos mensuráveis definem as atividades a realizar ou os assuntos a melhorar, especificando valores a realizar, em determinadas datas e prazos. Exemplo de Objetivo Genérico: "Aprimorar a capacitação dos recursos humanos" (esse objetivo não é mensurável). Exemplo de Objetivo Mensurável: "Melhorar o índice de medição do grau de atendimento dos requisitos de competências de 60% para 80% nos próximos seis meses a partir de 22/07/2002" (este objetivo é mensurável, pois especifica datas, prazos e valores de indicadores). Uma organização que defina Objetivos não mensuráveis deve definir ações ou metas mensuráveis para conseguir o objetivo genérico. Ou seja, devem ser definidos dados para mensuração para que desse modo se atendam aos requisitos relevantes da melhoria contínua. A missão da organização deve especificar as atividades ou negócios a realizar, o mercado, as pretensões da organização e sua visão objetiva de futuro. Se esta já for a segunda vez que se envia este questionário mencionar apenas eventuais alterações.

Exemplos de Fatores Críticos de Sucesso

Produtividade (fazer mais com menos, ou relação adequada de resultados e recursos), Eficiência (cumprir metas dentro de prazos e custos previstos), Ter bom relacionamento com Governo, Ter pessoal Capacitado, Ter Bons Cooperados, Parceiros ou Fornecedores (fiéis, produtivos e que entregam produtos de qualidade), Ter uma boa organização, Ter bons Dirigentes, Ter uma boa Gerência, Ter bom Marketing, Ter Higiene, Ter Agilidade e Sistemas Logísticos adequados, Ter Informações de Qualidade, Ter boa Imagem junto à comunidade etc. Pode haver centenas de atributos como estes. A Alta Direção deve escolher os FCS's, dentro destes exemplos, e registrar no Questionário Básico. Os FCS's também servem para priorizar ações e projetos tais como as ações do seu Projeto de Melhoria da Qualidade da Gestão.

O Questionário Básico tem outras perguntas sobre oportunidades, ameaças, pontos fortes, vulnerabilidades e estratégias ofensivas e defensivas a respeito. Essa parte pode ser respondida mais tarde, na ocasião da reunião de planejamento estratégico.

MODELO: Termos da carta de encaminhamento dos questionários:

Prezado Colega:

Estamos encaminhando um Questionário que tem por finalidade avaliar a Qualidade da Gestão ("QG") da Organização. Avaliar a "QG" significa avaliar a "Harmonia Organizacional" em função das opiniões de todos os Diretores e Gerentes e de uma amostra de Funcionários. A Diretoria deverá também responder este questionário (QG), além do "Questionário Básico" preparado exclusivamente para os Sócios da empresa.

Harmonia Organizacional significa harmonia entre sócios, clientes, parceiros, cooperados, fornecedores, funcionários etc. Harmonia entre regras e pessoas, entre atividades e pessoas, entre informações e atividades etc. A administração de um país está fortemente vinculada à qualidade das suas leis e, da mesma forma, a "Q.G." da sua Organização depende muito da qualidade das suas regras e informações. Este aspecto será o alvo do programa de "Q.G." e, para começar tal desafio, solicitamos preencher o Questionário Anexo.

1. O OBJETIVO perseguido é o de determinar o que é prioritário na ORGANIZAÇÃO e, desse modo, aproveitar os recursos do programa "P.M.Q.G." (projeto de melhoria da qualidade de gestão) da melhor forma possível. O objetivo é fazer com que cada hora de assessoria seja planejada e verdadeiramente útil, eficiente e eficaz.

2. O QUESTIONÁRIO BÁSICO deve ser preenchido apenas pela Diretoria da sua Organização. A missão da Organização deve ser um resumo do que consta no seu ESTATUTO, redigido de forma tal que seja fácil de entender e sobretudo que permita a fácil identificação com a mesma por parte dos co-participantes. (Apresentamos como modelo, unicamente para Diretores, exemplos da missão de organizações). Os Diretores devem definir e citar os Objetivos globais e os Fatores Críticos de Sucesso da Organização em ordem de prioridade.

3. O Questionário sobre "Q.G." (Qualidade de Gestão), destinado a Diretores, Gerentes e/ou Funcionários compreende 12 assuntos a responder, sendo que cada um tem 5 perguntas (ou seja, 60 perguntas em total). A seguir é apresentada a regra estabelecida e padronizada para as respostas. (SGQ significa Sistema de Gestão da Qualidade)

   As respostas podem ser:
   - "SIM", quando se tratar de resposta afirmativa.
   - "Em Branco" (sem resposta) ou "NÃO", para respostas negativas.
   - "NA", quando uma pergunta não se aplique à sua área ou à ORGANIZAÇÃO. Todas as respostas "NA" devem ser relacionadas no Impresso "PERGUNTAS A ESCLARECER".

4. Nas numerosas empresas em que este questionário foi aplicado houve muitas dúvidas de Diretores, Gerentes e Funcionários, sobre a dificuldade de interpretar as questões. Alterar as questões para uma forma mais simples poderia alterar o caráter padrão do mesmo em relação a sua prévia aplicação. Mas, graças à essa complexidade, temos a vantagem de obrigar todos a pensar, questionar e abrir o diálogo das equipes que devem responder. Toda pergunta que determine duvida deve ser relacionada no impresso denominado "PERGUNTAS A ESCLARECER".

5. O impresso PERGUNTAS A ESCLARECER solicita apenas que se relacione o número do ASSUNTO [de 1 (um) a 12 (doze)] e o número da QUESTÃO ou pergunta específica [de 1(um) a 5 (cinco)]. Exemplo: [6 - 2 significa questão 2 do assunto 6].

6. Antes de tudo, deveriam ser lidas as perguntas do Questionário de Avaliação de "Q.G." numa reunião do COMITÊ da QUALIDADE. O que se deseja provocar é o debate das questões que são difíceis de entender. O próprio Comitê deveria preencher o primeiro impresso "Perguntas a Esclarecer".

7. O prazo para enviar o impresso "PERGUNTAS A ESCLARECER" ao Coordenador do Comitê, vence em: ___/___/___, sendo que em ___/___/___ estas podem ser encaminhadas para os consultores. Estes responderão as dúvidas até ___/___/___, sendo que os QUESTIONÁRIOS preenchidos e corrigidos devem ser devolvidos ao Comitê até o dia ___/___/___, sem exceção. O PRAZO Médio para preencher este questionário é de 60 a 90 minutos e de mais quinze minutos para completar as perguntas com dúvidas.

8. Antes de usar o impresso de "PERGUNTAS A ESCLARECER", consulte seu superior imediato ou seus colegas, por telefone ou pessoalmente, ou bem organize uma reunião com um grupo de colegas, para discutir o significado das perguntas. As perguntas estimulam esses diálogos e cada Gerente deveria organizar uma reunião para discutir seu significado. Nessas reuniões será questionada a situação da Harmonia Organizacional.

Não deixe de registrar suas sugestões no verso da última página do questionário de "AVALIAÇÃO DA QUALIDADE DE GESTÃO", considerando:

- Sua opinião sobre os Fatores Críticos para o Sucesso deste Programa.
- Sua opinião sobre os Fatores Críticos de Insucesso deste Programa
- Aspecto Global: Cite os problemas mais críticos que causam desequilíbrios ou falta de harmonia organizacional, no âmbito de toda a organização?
- Problemas Específicos: Quais os problemas que afetam a harmonia operacional do processo ou área da sua atuação específica?
- Citar outras sugestões para considerar no Projeto P.M.Q.G.

QUESTIONÁRIO BÁSICO

(Especialmente para DIRETORES)

Aqui podem ser documentadas as definições essenciais da sua ORGANIZAÇÃO, ou bem registradas as opiniões dos sócios da mesma, para posterior debate, ou ainda registrar o entendimento dos funcionários sobre estes aspectos essenciais de uma ORGANIZAÇÃO. O questionário deve ser sintetizado de alguma forma e as respostas, classificadas por tipo de participante (Diretores [D], Gerentes [G] e Pessoal Chave [P]), podem ser apresentadas numa reunião de Diretoria, para se chegar a um consenso, se ainda não existe documentação oficial das mesmas. Cada empresa utilizará a sistemática que mais atenda suas necessidades.

1. **POR FAVOR DEFINA**: Qual, na sua opinião, seria a definição da missão da sua organização e qual seu escopo? Missão define a vocação da empresa, ou a razão de ser (é o "porquê" da empresa existir em relação ao que os donos gosdtam de fazer como negócio). Fazer um parágrafo simples especificando de alguma forma os produtos, serviços, tecnologias e/ou mercados em que a organização atua, incluindo definições da sua principal aspiração ou estratégia de atuação. Assim, neste item deve-se pensar em definições já elaboradas pela diretoria e/ou sugestões de alteração das mesmas. O escopo cabe somente a organizações que deseja, certificar com a ISO 9000.

2. **CITE O NEGÓCIO OU OS NEGÓCIOS NOS QUAIS A EMPRESA DEVERIA CONCENTRAR SUA AÇÃO**. Esta pergunta cabe unicamente se sua Organização tem mais de um negócio e, nesse caso, V.Sa. pode indicar quais as prioridades dos mesmos e quais os que fazer parte do Escopo a certificar com a ISO 9000, caso sua organização deseje essa certificação. No Escopo devem ser citadas as justificativas dos itens da ISO 9001 que não se aplicam na sua organização.

3. **FATORES CRÍTICOS DE SUCESSO (FCS's)**: Cite a seguir os fatores ou recursos mínimos que a empresa deveria de ter ou atributos que deveria possuir, para poder ter sucesso nos negócios definidos por V.Sa. Em empresas com vários negócios específicos, como é o caso de cooperativas, recomendamos elaborar uma definição de 3 a 7 FCS's para todos os seus negócios. Posteriormente podem ser também definidos 3 FCS's para cada negócio, mas, para esta ocasião inicial, solicitamos citar apenas 3 a 7 FCS's para toda a Organização. Estas definições são da incumbência exclusiva da Diretoria.

    Citamos a seguir alguns exemplos de FCS's para três organizações:

INDÚSTRIA de CARNES	SOFTWARE HOUSE	MICROELETRÔNICA
1. Higiene (Processos/Produtos)	1. Boa Qualidade de Produtos	1. Ter um bom Staff
2. Bom Marketing	2. Bom Marketing	2. Contar com Suporte (Governo ou Universidade)
3. Boa Qualidade de Produtos	3. Adequada Interface Gráfica	3. Força de Vendas
4. Bom Sistema de Distribuição	4. Sistemas Flexíveis	4. Saber identificar necessidades do mercado
5. Pessoal Capacitado	5. Boa Assistência Técnica	5. Ter Parcerias / Acordos
6. Capacidade Financeira	6. Tradição	6. Tecnologia Adequada
7. Verticalização	7. Inovação Tecnológica	
8. Acesso Fácil a Insumos	8. Capacidade Investimento	
9. Diversificação de Prods.		

Entre outros exemplos de FCS's, podemos citar: imagem, recursos humanos capacitados, tecnologia, contatos, boa distribuição, qualidade, contatos com centros de pesquisa, agilidade, contados com governo, tecnologia de ponta, equipamentos automatizados, ter informação completa, ter muito dinheiro em caixa, ter sistemas de segurança integrados, ter muitas parcerias com tecnologias de primeiro mundo, ter filial em Taiwan, etc.

4. **AVALIE A SITUAÇÃO DOS FATORES CRÍTICOS DE SUCESSO**: para cada fator crítico de sucesso (ou seja para cada recurso essencial), defina uma nota, de 0 a 10 sobre como está atualmente o desempenho desse fator.

   EXEMPLO 1: *Fator crítico de sucesso*: ter gente capacitada como está isso hoje? NOTA: 7.

   EXEMPLO 2: *Fator*: ter bons contatos   NOTA: 8 (situação hoje), os FCS's devem ser definidos por V.Sa. (ver item 3).

5. **AMBIENTE EXTERNO**: Cite oportunidades e ameaças que existem no mercado para a empresa ou oportunidades que podem haver nos próximos anos. Considere que o cenário futuro para o Brasil é o seguinte: crises cada vez mais difíceis, alta competência, preços derrubando, qualidade cada vez superior e tecnologia mudando ainda mais rápdo.

   Cite oportunidades futuras para a empresa:

   Cite ameaças do novo Brasil para a empresa:

6. **AMBIENTE INTERNO**: Responda a seguir sobre pontos fortes e pontos fracos: Quais os pontos fortes da empresa? (O que ela tem de bom e aproveitável?). Quais os pontos fracos da empresa?

7. Quais os produtos/serviços que a empresa deveria executar?

8. Quais os produtos/serviços que a empresa deveria comercializar ou prestar assistência e quais os produtos/serviços que a empresa deveria representar?

9. caso a empresa certificará coma ISO 9000, especificar como será realizada a análise crítica do sistema de gestão da qualidade pela alta direção.

10. Quais as mudanças sugeridas sobre produtos, serviços, tecnologias, mercados, processos, organização, etc.? Considere estas respostas para a formulação de possíveis novas estratégias.

11. Agora, para cada negócio, produto ou tipo de serviço prestado (tais como: produção, obras, edificações, comercialização de produtos, comércio de insumos e artigos de consumo, indústria e comércio de produtos, etc.), determine:

    Qualificações, de 0 a 10 pontos de *atratividade*, por uma parte e de *força* ou *capacidade atual*, por outra. Isto é, para cada negócio/serviço cite o seguinte:

    Qual a força e capacidade que a empresa tem hoje para dominar bem a tecnologia e mercado de cada negócio?

Qual a atratividade do mercado? (isto é, para cada negócio definido por V.Sa., cite a seguir uma nota sobre a facilidade de colocar o mesmo no mercado. Nota 10 se for um *negócio fácil de obter lucro*, na sua opinião, e nota 0 se ninguém compraria, mas isso sobre os negócios definidos por V.Sa.

12. Agora cite sugestões de estratégias para empresa (alterações nos produtos/serviços, mercados ou tecnologias, expressando isso da forma que achar melhor).

Exemplos:
Alteração em Prioridades.
Alteração em Serviços (acrescentando ou eliminando ou reduzindo).
Alteração da Organização.
Alteração do Mercado (por exemplo, trabalhar para outros estados ou realizar exportações).
Alterar métodos de trabalho, sistemas de informação etc.
Alterar políticas e/ou objetivos.

Respostas mais importantes do questionário:

Especifique a seguir a *missão* da sua empresa:

_____
_____
_____
_____
_____
_____
_____

Fatores críticos de sucesso (gerais do grupo organizacional)

Negócio e número	Fator crítico de sucesso (Descrição abreviada)	Peso 3, 2, 1	Situação atual
Participante: Cite apenas seu nível de cargo: D: G: ou P:			

(D: Diretores; G: Gerentes; P: Pessoal Chave

AVALIAÇÃO DA QUALIDADE DE GESTÃO

Este questionário pode ser respondido por diretores, gerentes e/ou pelos princiapsi supervisores, técnicos ou encarregados de gestão, conforme decisão da alte direção da organização. O objetivo consiste em identificar opiniões do seu pessoal e coletar rapidamente material básico para objeto de planejamento de atividades de implantação gradativa de metagestão organizacional.

Serão avaliados doze fatores relevantes de gestão organizacional, sendo que para cada um são formuladas questões para serem respondidas. As questões devem ser respondidas indicando apenas "SIM", quando se tratar de uma resposta afirmativa, e deixando em branco quando se tiver dúvida ou se tratar de resposta negativa. Se o requisito questionado for cumprido na sua ORGANIZAÇÃO em mais de 80 % dos casos ou situações reais, deve-se responder a questão de forma afirmativa (SIM).

É importante que, antes de responder o questionário, V.Sa. verifique a definição da MISSÃO da sua ORGANIZAÇÃO (definição do negócio, definição da vocação e do principal propósito e justificativa da existência da sua ORGANIZAÇÃO, podendo incluir especificações de: produtos, serviços, mercados e formas de atuação). Também é importante que se definam os FATORES CRÍTICOS DE SUCESSO da empresa ou FCS´s (atributos e/ou recursos mínimos que uma empresa deve ter, para assegurar o sucesso da sua missão. Para esse fim pode ser utilizado o QUESTIONÁRIO BÁSICO, sendo que do mesmo apenas é necessário (mais importante) que se respondam os itens relativos às definições da MISSÃO da ORGANIZAÇÃO e dos seus OBJETIVOS E FATORES CRÍTICOS DE SUCESSO. As organizações que certificarão com a ISO 9000 devem divulgar o registro da Análise Crítica do SGQ.

Por favor: Qualquer dúvida sobre os questionários deve ser reportada ao Coordenador do Comitê da Qualidade, quem deverá elaborar um resumo das dúvidas e encaminhar por FAX e/ou E-mail para ADETEC. Se alguma das questões não se aplica para sua ORGANIZAÇÃO, por favor especifique as letras "NA" (NÃO SE APLICA). Esses casos de não aplicação devem ser também relatados ao Coordenador da Qualidade.

O COMITÊ DA QUALIDADE com assessoria de um consultor elaborará o cômputo das respostas e um resumo para apresentar em transparências na reunião de debate com Diretores, Gerentes e Representantes do Pessoal Chave. Ao final deste questionário, detalha-se a forma de cômputo, não sendo obrigatória sua leitura.

AS RESPOSTAS devem ser encaminhadas ao COMITÊ da QUALIDADE, aos cuidados do Sr(a). _____,
do Setor: _____ em envelopes fechados, sem colocação do seu nome e sim apenas do seu NÍVEL DE CARGO, ou seja:
Participante (Cite apenas seu nível de cargo): D: G: ou P:
Sendo: D: Diretor; G: Gerente e P: Pessoal Chave (selecionado pelo Comitê da Qualidade com o critério de ter uma amostra representativa de funcionários)

QUESTIONÁRIO: AVALIAÇÃO DA QUALIDADE DE GESTÃO

1. **PLANEJAMENTO ESTRATÉGICO ORGANIZACIONAL**
   - São realizadas atividades sistemáticas de avaliação de novas tecnologias e novos padrões (de gestão, de sistema e de produto)?
     *Resposta:*_____.
   - Existe um procedimento formal de realização de planos estratégicos?
     *Resposta:*_____.
   - São avaliados sistematicamente os concorrentes atuais, potenciais e fornecedores de serviços ou produtos substitutos?
     *Resposta:*_____.
   - É suficiente e adequado o planejamento para a introdução de novas tecnologias e implementação de novos projetos?
     *Resposta:*_____.
   - São identificados pontos críticos dos processos da sua Organização e predefinidos, de modo sistemático, recursos mínimos e tolerâncias para os mesmos?
     *Resposta:*_____.

2. **CONGRUÊNCIA ORGANIZACIONAL:** Arquiteturas integradas de atividades, sistemas e regras.
   - A estrutura organizacional é adequada para as exigências atuais dos co-participantes (clientes, fornecedores, acionistas, funcionários e comunidade)?
     *Resposta:*_____.
   - São regularmente identificadas necessidades de informações gerenciais e são estas documentadas, globalmente classificadas e estruturadas dentro de dimensões no âmbito de toda a empresa?
     *Resposta:*_____.
   - Existe uma classificação completa, integrada e documentada das regras, normas, regulamentos, técnicas de gestão e outros padrões da sua Organização?
     *Resposta:*_____.
   - Existe adequado entrosamento entre as diferentes áreas e entre os funcionários da organização?
     *Resposta:*_____.
   - Há congruência positiva global (harmonia e integração favorável para o aumento da lucratividade) entre regras, atividades, sistemas, pessoas e informalidade?
     *Resposta:*_____.

3. **PLANEJAMENTO INTEGRADO DE RECURSOS**
   - Existem procedimentos formais (documentados) para a seleção e a qualificação sistemática de fornecedores?
     Resposta:_____.
   - Existe uma clara especificação técnica e uma classificação dos materiais adquiridos, segundo natureza e importância, para finalidade de determinar sistemáticas diferenciadas de controle e/ou avaliação de fornecedores?
     Resposta:_____.
   - São realizados controles eficazes da qualidade no recebimento de materiais adquiridos, como utilizados padrões de amostragem (Ex. ABNT), ou ainda outras sistemáticas equivalentes que assegurem a qualidade dos produtos adquiridos?
     Resposta:_____.
   - Existem arquiteturas de integração e padronização dos recursos físicos (especialmente bens de ativo fixo), de modo que toda vez que se solicite adquirir um novo recurso físico seja realizado um processo de verificação se o mesmo se enquadra na definição de padrões de hardware, software e de integração e configuração (verificando que existam todos os recursos complementares e infra-estrutura necessária para a operação normal do novo recurso a adquirir)?
     Resposta:_____.
   - Existem sistemáticas adequadas de inspeção da qualidade de recebimento de materiais e/ou auditorias da qualidade em fornecedores de modo a assegurar a qualidade dos materiais adquiridos?
     Resposta:_____.

4. **RELACIONAMENTO COM CLIENTES**
   - São consultados os clientes ao determinar objetivos de processos e especificações de produtos e serviços e são registrados os requisitos comprometidos, os requisitos regulamentares que devem ser atendidos (caso existam) e requisitos relevantes a atender não exigidos pelos clientes?
     Resposta:_____.
   - Realizam-se atividades de avaliação da satisfação dos clientes externos e estas são aplicadas de forma sistemática?
     Resposta:_____.
   - Existem registros ou estatísticas de reclamações e sugestões de clientes e um procedimento completo de estudo de causas de problemas, bem como de utilização dessas informações para o acompanhamento das ações preventivas e/ou corretivas?
     Resposta:_____.

- São verificadas as especificações dos acordos com clientes e devidamente documentadas e analisadas criticamente, antes do fechamento dos negócios, visando controlar as condições técnicas e comerciais e verificar a capacidade de poder cumprir com todos os requisitos acordados?
  *Resposta:*_____.
- São realizadas atividades de pós-venda, bem como pesquisas de campo para verificar e medir o desempenho dos produtos/serviços em uso pelos clientes externos?
  *Resposta:*_____.

5. **GARANTIA DA QUALIDADE**
   - São identificados "Registros" atrelados aos objetivos essenciais da Organização e dos processos da mesma?
     *Resposta:*_____.
   - Existe uma sistemática de Planejamento do Sistema da Qualidade que especifique interações de processos, seus pontos críticos e requisitos mínimos dos mesmos?
     *Resposta:*_____.
   - Existem Procedimentos documentados sobre a forma de executar atividades relevantes dos processos e sistemáticas de medição e monitoramento de cada processo?
     *Resposta:*_____.
   - São realizadas Auditorias Internas de avaliação do Sistema de Garantia da Qualidade da sua Organização?
     *Resposta:*_____.
   - Existem Procedimentos de análise de causas de "não conformidades" do Sistema de Gestão da Qualidade, com objetivo de prevenir e sanar definitivamente os problemas, atualizando ao mesmo tempo o Sistema da Qualidade?
     *Resposta:*_____.

6. **INOVAÇÃO TECNOLÓGICA** (Novos produtos, serviços e tecnologias)
   - São realizadas avaliações sistemáticas de novas tecnologias de origem interna e de concorrentes potenciais, clientes, fornecedores de produtos substitutos etc.?
     *Resposta:*_____.
   - Existem Planos Estratégicos visando ganhar novos mercados e/ou aprimorar produtos e tecnologias?
     *Resposta:*_____.
   - Existem atividades sistemáticas para o desenvolvimento de novas tecnologias, novos produtos e novos serviços?
     *Resposta:*_____.

- São realizados estudos sistemáticos de atualização planificada e integrada de tecnologias de produção e automação em geral, otimizando prazos de atraso?
  *Resposta:*_____.
- Existem atividades formais e regulares de pesquisa e desenvolvimento visando inovações tecnológicas?
  *Resposta:*_____.

7. **PROCESSOS DE ALTO DESEMPENHO** (Produtividade e qualidade)

- Existe mapeamento dos processos com definição dos objetivos de cada um, com especificação de indicadores de eficácia e com fluxogramas correspondentes?
  *Resposta:*_____.
- Existe uma metodologia aplicada de análise e solução de problemas, orientada à aplicação eficaz de *Ferramentas da Qualidade*?
  *Resposta:*_____.
- São utilizadas sistemáticas de Controle Estatístico de Processos?
  *Resposta:*_____.
- Existem sistemáticas de manutenção preventiva (por tempo) ou preditiva (por situação de peças/equipamentos)?
  *Resposta:*_____.
- Existem laboratórios e/ou rotinas de inspeção e ensaios dos produtos em processo ou testes finais, visando garantir qualidade e evitar falhas prematuras?
  *Resposta:*_____.

8. **LOGÍSTICA DE ESTOQUES, PRODUÇÃO E DISTRIBUIÇÃO**

- Existe sistemática otimizada de planejamento, programação e controle de obras, operações e/ou produção?
  *Resposta:*_____.
- Existe informação detalhada sobre o estado e o avanço da produção e/ou das obras/operações em curso?
  *Resposta:*_____.
- Existem planos e controles de otimização de atividades de apoio/transportes?
  *Resposta:*_____.
- Existem técnicas de planejamento e controle sistemático e otimizado de estoques de materiais?
  *Resposta:*_____.
- Os sistemas de gestão de estoques calculam sugestões de quantidades ótimas de reposição, de forma automática e com base nos últimos dados da demanda, previsões ou tabelas de necessidades de peças para manutenção preventiva ou mesmo tabelas de necessidades para obras ou materiais de consumo sazonal?
  *Resposta:*_____.

9. ACULTURAMENTO DO PESSOAL

- Qualidade é entendida como o aumento sistemático da satisfação dos clientes?
  Resposta:_____.
- Está disseminada a cultura: "cliente e fornecedor internos e externos"?
  Resposta:_____.
- Existe uma Política da Qualidade documentada e divulgada pela Direção Executiva da Organização?
  Resposta:_____.
- Existem procedimentos e registros da verificação de eficácia das atividades de ações preventivas e das ações corretivas?
  Resposta:_____.
- Qualidade é entendida por todos como decorrente do controle progressivo e adequado de variáveis de processo?
  Resposta:_____.

10. GESTÃO DOS RECURSOS HUMANOS (Capacitação)

- Existem registros da qualificação atualizada dos funcionários da empresa, em relação aos cargos atuais e potenciais dos mesmos?
  Resposta:_____.
- São definidos os requisitos de competência dos cargos relevantes da organização, com as opções de educação, especialização, experiência e habilidades?
  Resposta:_____.
- São avaliadas as competências dos funcionários em relação aos requisitos de competências definidos para os cargos relevantes da organização?
  Resposta:_____.
- São realizados levantamentos de necessidades de treinamento, considerando grau de atingimento dos objetivos dos processos, os problemas críticos existentes e a qualificação dos funcionários?
  Resposta:_____.
- Existe uma sistemática contínua de planejamento, execução e avaliação da eficácia dos treinamentos dos recursos humanos?
  Resposta:_____.
- Existem avaliações de desempenho grupal de funcionários?
  Resposta:_____.
- Existem sistemas de registros de reclamações e sugestões de funcionários?
  Resposta:_____.

11. ESTRUTURA ORGANIZACIONAL

- Existe uma estrutura global de processos formalmente definida e adequadamente estruturada?
  *Resposta:*_____.
- São definidas responsabilidades de cargos-chave em relação a cargos-clientes?
  *Resposta:*_____.
- São definidos indicadores globais de avaliação do desempenho dos Fatores Críticos de Sucesso da Organização?
  *Resposta:*_____.
- Existe uma classificação lógica e detalhada de todos os processos e atividades da empresa, até chegar a tarefas básicas e sua correspondência com cargos e responsabilidades?
  *Resposta:*_____.
- Existe uma definição completa de Objetivos (de qualidade, produtividade, eficiência, prazo, atendimento etc.) de cada um dos processos da Organização?
  *Resposta:*_____.
- São realizadas definições de ações e/ou metas com especificações de prazos e datas para poder realizar a mensuração de objetivos genéricos e/ou de expressões da Política da Qualidade?
  *Resposta:*_____.
- Existe uma sistemática adequada de gestão da melhoria contínua do sistema de gestão da qualidade com base nas avaliações dos objetivos genéricos e dos objetivos mensuráveis da organização?
  *Resposta:*_____.

12. DESEMPENHO GERENCIAL

- Os Gerentes induzem seus subordinados a participar na melhoria dos processos e dos produtos?
  *Resposta:*_____.
- Eles delegam todas as decisões que poderiam ser tomadas pelos subordinados, definindo critérios e monitorando resultados?
  *Resposta:*_____.
- Medem as metas dos processos a seu cargo e fornecem recursos e ferramentas da qualidade, coerentes com as metas de desempenho?
  *Resposta:*_____.
- São identificados encadeamentos de processos a seu cargo, com os demais processos de organização, visando a satisfação dos clientes finais?
  *Resposta:*_____.
- Elaboram modelos gráficos demonstrativos dos mecanismos do trabalho rotineiro, de modo que os funcionários visualizem o escopo abrangente das suas atividades?
  *Resposta:*_____.

QUESTIONÁRIO DE AVALIAÇÃO PERIÓDICA

Projeto de aprimoramento da qualidade de gestão
Para: Responsável da Gestão da Qualidade
    Comitê da Qualidade
De: Consultores

Prezados Senhores:

Ante solicitação das entidades que apoiam este projeto, devemos realizar um relatório sobre a situação atual das empresas. Isso é essencial para a liberação das verbas de financiamento. Assim, solicitamos que este questionário seja respondido. Para uma melhor efetividade, solicitamos que este questionário seja primeiramente respondido por representantes das equipes a seguir: Comitê da Qualidade, Grupo de Auditores Internos, Grupo de Trabalho de "metagestão" e Diretoria da sua organização. Depois deverá ser elaborada uma resposta única com a qualificação resultante do consenso dos grupos citados.

Favor responder as questões a seguir, especificando "*sim*", "*não*" e as porcentagens de realização quando solicitado.

1. **ESTRUTURA DE METAGESTÃO:** Foi estruturado um sistema de metagestão nos moldes especificados na metodologia correspondente (Mapeamento e estruturação de processos; elaboração de tabelas de interações de processos, incluindo interações com entidades externas, tais como clientes e fornecedores; detalhamento de atividades, definição de cargos, elaboração e verificação de matriz de responsabilidades; identificação e documentação de listas dos principais elementos organizacionais, utilizando os modelos de classificação de objetos e eventos organizacionais; definição de rede de objetivos mensuráveis e de indicadores para medir os objetivos em cada análise crítica do sistema de gestão da qualidade pela Alta Direção; derivação de bancos de dados correspondentes; elaboração de modelos de dados corporativos; estruturação do Comitê de Gestão com seus cargos definidos e Grupos de Trabalho para atividades de "metagestão"; estruturação de auditoria interna e de responsáveis e sistemáticas de avaliação periódica da congruência organizacional)?

    Porcentagem documentada: _____.
    Porcentagem implementada: _____.

2. **ESTRATÉGIA EMPRESARIAL:** As atividades de definição documentada dos aspectos estratégicos da sua empresa foram definitivamente concluídos ? (Missão, Objetivos, Políticas, Estratégias, Planos Táticos Integrados, Designação de Responsáveis de Coordenação dos processos de Gestão Estratégica, Designação de Responsável da Direção (RD) e Especificação de métodos de Análises Críticas do Sistema de Gestão da Qualidade e de Designação de Recursos de Gestão pela Alta Direção. — Isto é, designação de recursos adicionais do Sistema de Gestão da Qualidade em função de revisões periódicas e/ou de identificação sistemática de demandas de recursos, em determinadas oportunidades. Foram definidos os

Planos de Melhoria contínua na última análise crítica realizada do sistema de gestão da qualidade? Caso não esteja tudo concluído, citar a porcentagem feita e implementada.
Porcentagem documentada: _____.
Porcentagem implementada: _____.

3. **RESULTADOS DO QUESTIONÁRIO DE AVALIAÇÃO DA QUALIDADE DE GESTÃO DA SUA EMPRESA:** Como já solicitado, é necessário que nos enviem os resultados do questionário citados. A maioria das empresas já enviou o mesmo sendo que existe total confidencialidade dessas respostas usadas para realizar os próximos passos de implementação do processo de "metagestão" organizacional. Não precisam enviar respostas e sim apenas a pontuação. O Questionário compreendia 10 a 12 perguntas, dependendo da empresa, sendo que para cada item eram formuladas questões a responder com SIM ou NÃO. A pontuação de cada uma dessas 10 ou 12 questões seria a porcentagem de respostas SIM, sobre o total. Apenas essa situação, no início do projeto deve ser enviada à ADETEC. Isso porque, no fim do projeto, dever-se-á elaborar novamente essas perguntas para assim poder avaliar se este projeto está realizando resultados positivos.

- V.Sas. enviaram esse resultado?
  Resposta: sim_____ não_____.
- Caso não, está enviando agora (anexo a este questionário)?
  Resposta: sim_____ não_____.
- Caso não, explicar: _____

4. **MELHORIA CONTÍNUA:** Foram definidos Planos Táticos ou bem Ações e/ou Metas para a implantação de cada Objetivo Genérico da Qualidade e a implementação da Política da Qualidade? Foram definidos Indicadores e métodos para realizar a avaliação dos Objetivos Mensuráveis da Qualidade (Objetivos da organização, dos processos ou bem dos produtos e serviços)? Foram realizados Planos Táticos para a implementação das Estratégias da sua organização, devidamente integrados às atividades de rotina da empresa, dentro dos princípios de "metagestão" que devem evitar mudanças drásticas, desequilíbrios e perda de capacidade de integração de todos os elementos organizacionais dentro do modelo de sistema flexível de gestão?
Porcentagem documentada: _____.
Porcentagem implementada: _____.

5. **PLANO DO SISTEMA DE GESTÃO DA QUALIDADE:** Foram elaboradas Tabelas de Interações Processos e Mapas de Processos com a especificação de recursos críticos (mínimos necessários), bem como especificados controles e pontos de inspeção (citando Tolerâncias Máximas) e aspectos relevantes das tecnologias de gestão selecionadas ou definidas para implementar? Especifique a porcentagem documentada: _____.

6. **MANUAL DA QUALIDADE:** Foram documentados, oficializados e divulgados os seguintes temas: Escopo do Sistema de Gestão da Qualidade, especificando justificativas dos itens não aplicáveis da Norma ISO 9000; Definição das interações dos processos da sua organização e a apresentação opcional de um mapa de processos; Guia de Referência de todos os Procedimentos e Instruções de Trabalho a elaborar; Documentação das Políticas e Objetivos da Qualidade? Responder de forma global as seguintes perguntas:
Porcentagem documentada: _____.
Porcentagem implementada: _____.

7. **MANUAIS DE PROCEDIMENTOS E INSTRUÇÕES DE TRABALHO:** Foram elaborados, oficializados e implementados os documentos de gestão e operacionais, incluindo os procedimentos obrigatórios da Norma ISO 9000 e os procedimentos e instruções de trabalho definidos pela sua organização no seu Plano de Gestão, sendo que tais documentos não obrigatórios se devem realizar para assegurar a melhoria contínua e evitar problemas da qualidade?
Porcentagem documentada: _____.
Porcentagem dmplementada: _____.

8. **FORMAÇÃO DE AUDITORES:** Já foram treinados e oficializados seus Auditores Internos e sua empresa está em condições de poder receber auditorias? (caso sim, cite 100% e caso parcial cite a porcentagem que considere mais realista) Resposta: _____%

9. **PLANO DE CERTIFICAÇÃO:** Foi elaborado seu plano de certificação, especificando, data prevista, escopo e dados da empresa (número estimado de obras em andamento na data prevista e número aproximado de funcionários nessa data)?
Resposta: sim_____ não_____.

10. **AUDITORIAS:** Sua empresa já recebeu Auditorias Internas ou Externas de Segunda Parte, com abrangência a todo o Sistema da Qualidade? Marque um "X" ou responda um valor de porcentagem, nesta pergunta:
    - Não, não recebemos nenhuma auditoria interna nem externa até o momento: _____.
    - Sim recebemos auditorias com abrangência de _____% do nosso sistema da qualidade.
    - A(s) auditoria(s) evidenciou (aram) que nosso sstema da qualidade está _____% adequado aos objetivos da organização, tendo apresentando o resultado a seguir (considere a última auditoria global ou as últimas auditorias com abrangência a todos os processos da sua organização).
    - Número de não conformidades maiores: _____.
    Número de não conformidades Menores: _____.

12. **AUTOMAÇÃO DO SISTEMA FLEXÍVEL DA QUALIDADE:** Caso sua empresa tenha optado pela automação do seu Sistema da Qualidade e elaborado o projeto correspondente, especifique:

- O PDI foi desdobrado do sistema da qualidade, partindo dos mapas de processos e dos indicadores de avaliação de objetivos de processos?
  Resposta: sim_____não_____.
- Caso Sim, especifique a situação do PDI em porcentagem de realização ___%
- Foi elaborado um modelo corporativo de metadados utilizando a classificação padrão ou modelo de "metagestão" sugerido pelos Consultores?
  Resposta: sim_____não_____.
- Caso Sim, especifique a situação do PDI em porcentagem de realização ___%
- De quantos processos foram elaborados modelos de metadados? _____
- Os modelos de metadados de sistemas estão controlados por um modelo corporativo, mediante restrições de sistemas?
  Resposta: sim_____não_____, parcial: _____ %
- Caso Sim, especifique a situação dos projetos de "metassistemas" _____%
- Todos os novos sistemas em projeto estão utilizando bases de "metadados" gerados pelo software DBFLEX?
  Resposta: sim_____não_____, parcial: _____%
- Foi implementado o sistema ISO-ON-LINE ou sistema WINDOC de controle flexível de documentos do sistema da qualidade?
  Resposta: sim_____não_____.
- Foi estruturado um sistema de Bases de Regras, utilizando Banco de Dados Relacional (SQL Server, Oracle ou similar), com auxílio de software para controle de Documentos em Diretórios de Servidores?
  Resposta: sim_____não_____, parcial: _____%

Especifique outras observações no verso desta folha ou em anexos sobre eventuais problemas dos projetos de melhoria da qualidade de gestão da sua organização. Caso estiver usando o software ISO-ON-LINE, especifique a versão do mesmo, os resultados dos procedimentos implementados e se precisará solicitar alterações do mesmo para funções ou para interações com outros sistemas da sua organização.

10.7 DEFINIÇÕES E GLOSSÁRIO

Auditoria: Avaliação planejada, documentada e independente destinada a verificar se requisitos acordados estão sendo conseguidos ou cumpridos.

Auditoria da Qualidade: Um exame e avaliação sistemática e independente destinado a determinar se atividades para assegurar qualidade e seus resultados atendem aos arranjos planejados para esse fim e se esses arranjos estão eficazmente implementados de modo a demonstrar capacidade suficiente para a consecução dos objetivos perseguidos.

Auditoria de Sistema da Qualidade: Uma atividade documentada e executada para verificar, através de exame e avaliação de evidências objetivas, que elementos aplicáveis do sistema da qualidade encontram-se disponíveis e quais foram desenvolvidos, documentados e implementados de acordo com requisitos especificamente acordados.

Auditoria de Sistemas: Uma atividade documentada e executada para verificar, através de exame e avaliação de evidências objetivas, que elementos aplicáveis de sistemas de informação encontram-se operacionais e quais foram desenvolvidos, documentados e implementados de acordo com metodologias definidas, padrões de automação e atendendo técnicas e/ou Modelos ou Normas de gestão que estão operando, incluindo gestão da segurança em processamento de dados.

Avaliação: Estimativa ou determinação de significado, valor ou importância de algo.

Banco de Dados: Coleção de Dados inter-relacionados que se propõe atender à necessidade de vários usuários finais.

Base de Conhecimento: Componente de um sistema especialista que armazena regras e dados de fatos fornecidos por especialista.

Certificação: Procedimento e ação, a cargo de um órgão autorizado, de determinar, verificar e atestar, em forma documentada, a qualificação de pessoas, processos, procedimentos ou itens, de acordo com requisitos específicos aplicáveis a cada caso. Exemplos: Certificação de Auditores Líderes, dos Processos de determinada Empresa ou do Sistema de Gestão da Qualidade ou bem dos Produtos ou Serviços de uma organização.

Conformidade: Uma indicação ou julgamento afirmativo de que um produto ou serviço cumpre com os requisitos contratuais, especificações relevantes ou regulamentos pertinentes, podendo incluir dados do grau de cumprimento dessas exigências.

Declaração de Cumprimento de Requisitos ("compliance"): Uma indicação ou julgamento afirmativo de que o fornecedor de determinados produtos/serviços conseguiu cumprir determinados requisitos contratuais, especificações relevantes ou regulamentos pertinentes, podendo incluir dados do grau de cumprimento dessas exigências.

Diagnóstico Organizacional: Exame e revisão detalhada dos elementos organizacionais e suas características, inter-relações e desempenho global, para determinados propósitos ou objetivos com base em requisitos ou boas praticas de gestão não necessariamente acordadas entre as partes interessadas.

Elementos Organizacionais: Os elementos básicos de um Sistema Organizacioanl são: Informações (inf), Eventos e Habilitadores (evh), Objetos Organizacionais (org) e Definições (def).

Engenharia da Informação: Conjunto de técnicas formais aplicadas aos processos de planejamento integrado, análise, projeto e construção de sistemas de informação.

Entidade: Objeto concreto ou abstrato do mundo real.

Evento: Ocorrência significativa de algum fato, no ambiente externo ou interno de um sistema ou processo, que deve ser registrado quando estiver diretamente associado com um objetivo de interesse, tal como um objetivo de gestão da qualidade.

Gestão: Ação de gerir (gerenciar) ou dirigir um negócio ou atividade organizacional.

Gestão Dimensional: A utilização de softwares EIS em ambientes organizacionais globalmente arquitetados permite disponibilizar, desde qualquer local, todas as dimensões de informação necessárias e adequadas a cada tipo de necessidade. Estando essas dimensões classificadas e estruturadas, pode-se contar com bases de "informação de qualidade para gestão". Essa característica diferencial e capacidade de escolha de indicadores foi denominada de "gestão dimensional das informações".

Gestão Preditiva: Componente do processo de gestão de mudança que visa otimizar os câmbios mediante um processo de atualização de tecnologias por degraus e não de forma permanente, sem o qual não teria sucesso a própria "metagestão" de sistemas. Compreende a atualização dos processos de gestão sem desequilíbrios e de forma totalmente planejada, considerando planos estratégicos e a situação das diferentes entidades organizacionais que podem ser caracterizadas através de Auditorias de Posição. Isso é feito avaliando a situação presente e otimizando o atraso tecnológico ou a escolha dos momentos mais adequados para realizar mudanças.

O conceito de "gestão preditiva" compreende também análises de prováveis efeitos das decisões a tomar, efetuando simulações para se antecipar aos fatos ou verificando tendências de indicadores.

Metagestão: Metodologia para o desenvolvimento de tecnologias de gestão específicas para cada organização e para sua implementação em períodos futuros. A "metagestão" deve assegurar congruência, qualidade da informação, otimização da inteligência de gestão, melhoria do capital intelectual, excelentes resultados dos negócios de cada organização, eficácia das inovações tecnológicas e da utilização de tecnologias de informática. As atividades executivas da organização devem ser apoiadas com a gestão contínua, simultânea e integrada do ambiente organizacional, das estratégias e das arquiteturas de atividades, informações e regras, utilizando técnicas que evitem a reconstrução das organizações e permitam apenas sua suave adequação às mudanças, mediante ajustes de parâmetros, de forma planejada, com enfoque preditivo, otimizando o atraso tecnológico e criando padrões de gestão. Isso exige capacidade de abstração e aculturamento dos co-participantes, para atuar de forma participativa, nas seguintes áreas de gestão: "metagestão ou consultoria interna", "gestão executiva" e "auditoria interna" (um funcionário deve ter formas diferentes de atuação em cada uma dessas áreas podendo ser responsável das três áreas de gestão).

Metadados: Dados que definem dados, mediante regras de classificação de níveis e identificação de instâncias.

Metamodelos de Gestão: Modelos que permitem atualizar modelos de gestão, focalizando a possibilidade de poder atualizar as arquiteturas das bases de dados, ou seja, a capacidade de produzir informação de qualidade para gestão, mesmo diante de mudanças. Não basta assegurar informações gerenciais adequadas para determinadas condições e situações, pois existem mudanças constantes e as arquiteturas devem poder ser atualizadas em tempo real.

Metassistemas de Informação (sistemas flexíveis de informação)**:** São sistemas que podem gerar bases de dados flexíveis (alteráveis quanto à classificação das suas entidades) ou bem que podem adequar-se às mudanças, mediante alteração das suas regras, mas sem necessidade de atividades de reprogramação.

Modelo de Dados: Representação simbólica e gráfica da base de informações necessárias para definir um determinado empreendimento. Modelos de dados relacionais compreende a estruturação de dados em tabelas normalizadas, para facilitar sua indexação e acesso imediato a determinados itens de informação ou registros e campos.

Monitoramento da Qualidade (Surveillance)**:** Acompanhamento contínuo e verificação do estado dos procedimentos, métodos, condições, produtos, serviços e processos, de acordo com registros, indicadores e padrões ou metas, de modo a verificar que requisitos da qualidade estão sendo cumpridos.

Objeto: Conceito ou abstração de algo com limites e significado definidos em relação a um problema relacionado com sistemas de informações.

Objetivo da Metagestão: A "metagestão" compreende um processo que tem por finalidade a consecução futura do máximo equilíbrio e congruência possíveis dos elementos mensuráveis e documentáveis das organizações. A essa estrutura integrada de elementos denominamos de Sistema Organizacional, ou simplesmente Sistema da Qualidade. O objetivo é a criação de padrões e sistemas de gestão, orientados à estruturação completa dos elementos organizacionais para geração de informações de qualidade que possibilitem a gestão necessária à congruência de todos os elementos organizacionais.

Padrão: Resultado documentado de um processo de padronização que possui aprovação outorgada oficialmente por uma entidade de reconhecida autoridade.

Processos de Metagestão: Os processos de "metagestão" compreendem um conjunto de atividades orientadas a gerir o futuro, de forma simultânea, de todas as arquiteturas e todos os elementos de uma organização de um modo integrado, completo e contínuo, utilizando tecnologias e meios que evitem a reconstrução das empresas e visem apenas o constante ajuste de parâmetros e dos seus módulos, para adequá-los face às novas estratégias e/ou demandas do meio ambiente, mas sempre de forma planejada.

Relacionamento entre Entidades: Ligações bidirecionais entre duas ou mais entidades e que representam a interdependência entre elas.

Regras do Negócio: São restrições ou regras impostas pelo Comitê de Metagestão ou bem pelas condições operacionais impostas pelos ambiente externo e interno, sobre a forma de executar os eventos e de atualizar o estado dos objetos afetados.

Sistemas de Informações: Conjunto de Metadados, dados, Metarregras, regras e programas computacionais que coletam ou captam, transmitem, processam, atualizam e fornecem informações de um determinado processo ou empreendimento. Ao separar os dados das regras pode-se assegurar a flexibilidade do sistema de informação.

10.8 REFERÊNCIAS BIBLIOGRÁFICAS

A. Administração Organizacional e Logística

1. Argyris Chris. *Single Loop and Double Loop Models in Research on Decision making.* Administrative Science Quartely 363-377. Setembro, 1976.

2. Bartlett, C. A., Ghoshal, S. *Managing Accross Borders.* Harvard Business School Press, Boston, 1989.

3. Brown, J. S. *High Performance Work Systems for the 1990s.* Benchmark, Autumn of 1989.

4. Catelli, Armando. *Mensuração de Atividades comparando "ABC" x "GECON" e "RBC".* XIV Congresso Brasileiro de Contabilidade, 1992.

5. Ciborra, C. U. *A Platform for Surprises: The Organization of Global Technology Strategy at Olivetti.* Tese Univ. di Trento Italia, 1991.

6. Corrêa e Gianesi *Just in Time, MRPII e OPT: Enfoque Estratégico.* Editora Atlas SP., 1993.

7. Cynthia A. Melendy. *Integrating Water Supply and Efficient Use Options - IRP (Integrated Resource Planning) Methodology* Strategic Planning for Energy and the Environment. The Association of Energy Engineers. Vol. 15-2, 1995.

8. Davenport, Thomas H. et al. *Process Inovation* Copyright by Ernst & Young, 1993.

9. Drucker Peter. *Inovação e Espitito Empreendedor* E. Matheus Guazelli & Cia. Ltda., 1986.

10. F. Vianna M. A. *A Empresa Ponto Ômega* Editora Gente São Paulo, p. 22., 1996.

11. Forester, J. A. Y. *Industrial Dynamics.* MIT Press. MA, 1961.

12. Galbraith, D. K. *Organization Design.* Reading, Mass. Addison Wesley, 1977.

13. Gardner James R., Rachlin R., Sweeny Allen. *Handbook of Strategic Planning-* John Wiley & Sons Inc., 1986.

14. Gerson Lachtermacher, Pesquisa Operacional, Editora Campus, 2002.

15. Gerstein, M. *The Technology Connection: Strategy and Change in the Information Age.* Reading, Mass. Addison Wesley, 1987.

16. Gold, Bela. *Productivity Analysis*, Macmillan, London, 1980.

17. Guerreiro Reinaldo. *Modelo Conceitual de Sistema de Informação de Gestão Econômica.* São Paulo, FEA/USP, Tese de Doutorado, 1989.

18. Hackman, J. R., Oldham, G. R. *Work Redesign.* Reading, Mass. Addison Wesley, 1980.

19. Hamel Gary & Paraheld C. K. *Competindo Pelo Futuro* Editora Campus Ltda. RJ, 1995.

20. Hamel, G., Prahalad, C. K. *Strategic Intent.* Harvard Business Rev. maio/junho, p.63., 1989.

21. Hammer M. & Champy J. *Reengineering the Corporation, a manifesto for business revolution* - Copyright by Hammer & Champy, 1993.

22. Hanna *Design Organizations for High Performance.* Reading, Mass. Addison Wesley, 1988.

23. Hersey P., Blanchard K. H. *Psicologia para Administradores de Empresas*, EDUSP, 1974.

24. Hewlett Packard, *E-Business*, Makron Books, 2000.

25. Hong Yuh Ching, *Supply Chain Management*, Editora Atlas, 2000.

26. Jaques, E. *In Praise of Hierarchy.* Harvard Business Rev. Janeiro/Fevereiro, 1990.

27. Johanson H. J, P. A. J. e W. W. A. *Business Process Reengineering* - John Wiley & Sons, 1993.
28. José Cláudio Cyrineu Terra, *Gestão do Conhecimento*, Negócio Editora, 2000.
29. Kehl, Sérgio *Apesar dos pesares adoro empresas*. Editora Edgard Blücher Ltda. SP, 1994.
30. Kusiak, A. *Intelligent Manufacturing Systems*. Prentice Hall, N. Y. USA, 1990.
31. Lawler, E. E. *High Involvement Management; Participative Strategies for Improving Organizational Performance*. San Francisco, Jossey Bass, 1986.
32. Nadler David A., Gerstein, M. S., Shaw R. B. *Arquitetura Organizacional - A chave para a mudança empresarial* Rio de Janeiro Ed. Campus, 1994.
33. Nadler, D. A. *Organizational Architectures for the Corporation of the Future*. Benchmark, 1989.
34. Nolan, R., Pollack, A. *Organization and Architecture or Architecture and Organization*, Stage by Stage, 6(5), 1986.
35. Nolan, R., Pollack, A., Ware, J. *Creating the 21st Century Organization*. Stage by Stage, 8(4).p.2, 1988.
36. Nonaka, I. & Takeuchi, H., *The Knowledge-creating Company*. Oxford University NY., 1995.
37. Oakland, J. S. *Total Quality Management*". Butterworth-Heinemann Ltd. Oxford, 1989.
38. Porter Michael E. *Competitive Advantage* Macmillan Publishing Co. N.Y., 1985.
39. Porter Michael E. *Competitive Strategy* Macmillan Publishing Co. N.Y., 1980.
40. Price Waterhouse Coopers, *E-Business e ERP*, Editora Quality Mark, 2001.
41. Primrose, Peter. *Quantificação de Benefícios Intangíveis*, Anais do Congresso SOBRACON. SP., 1989.
42. Robert S. Kaplan, *Balanced Score Card*, Editora Campus, 1997.
43. Rockart J. F., Henderson J. C., Sifonis J. C. *A Planning Methodology for Integrating Management Support Systems*. Center for Inf. Syst. Research, Sloan School MIT, 1984.
44. Ronald H. Ballou, *Gerenciamento da Cadeia de Suprimentos*, Artmed, 2001.
45. Salerno, M. S. *Flexibilidade e Organização Produtiva* XVI Encontro Anual da ANPOCS, Caxambu M. G., 1993.
46. Scott Sink, D. & Tuttle, T. C. *Plannig and Measurement in Your Organization of the Future* Institute of Industrial Engineers (I.I.E.) Geogia, 1989.
47. Shein, E. H. *Organizational Culture and Leadership: A Dynamic View*. San Francisco, Jossey Bass, 1985.
48. Sherwood, J.J. *Criating Work Cultures with Competitive Advantage*. Organizational Dynamics. p. 5-27, 1988.
49. Thomas Stewart, *Capital Intelectual*, Editora Campus, 1998.
50. Thompson J. *Organization in Action*, McGraw Hill, 1967.
51. Toffler, A. *A Empresa Flexível*. Record Serv. Imprenssa. Rio de Janeiro, p.129-131, 1985.
52. Von Bertalanffy, L. *General Systems Theory: Foundations, Development, and Applications* (ed. rev.) Nova York: Braziller, 1968.
53. Walton, R.E. *The Difusion of New Work Structures: Explaining Why Success Didn'Take*. P.H. Mirvis e D.N. Berg (orgs.), Failures in Organizational Development and Change: Cases and Essays for Learning. New York: Wiley, 1977.

B. Gestão da Qualidade

1. ABNT Associação Brasileira de Normas Técnicas (1995) Coletânea de Normas de Sistemas da Qualidade. Rio de Janeiro Brasil. Norma ISO 9001.
2. Dekker, Marcel. *Good Manufacturing Practices For Pharmaceuticals* A Plan For Total Quality Control - ISBN, 1992.
3. Eureka W. E. & Ryan Nancy E. *QFD Perspectivas Gerenciais do Desdobramento da Função Qualidade* Editora Qualitymark, 1992.
4. Falconi, C.V. *TQC Controle da Qualidade Total*. Bloch Editores S.A. R.J., 1994.
5. Feigenbaum, A. V. *Total Quality Control* McGrow Hill, 1991.
6. Fundação Vanzolini. *ISO TS 16949, Normas de Acreditação Hospitalar, Normas PBQPH da Construção, ISO 14000, OHSAS 18001, Normas de Produtos etc.*. FCAV. SP., 2001.
7. Fundação Para o Prêmio Nacional da Qualidade. *Indicadores de Desempenho*, Série ID 01-00, Maio de 1994.
8. Gary, E. MacLean *Documenting Quality for ISO 9000 and other Industry Standards*. ASQC Quality Press, Wisconsin, 1993.
9. IRCA International Register of Certificated Auditors - ISO 9000 2000 Lead Assessor 2001.
10. Ishikawa Kauro. *What is Total Quality Control - The Japaness Way* - Prentice Hall, 1985.
11. Jardini M. S. e Ferreira, *As 3 Dimensões da Gestão da Qualidade*. Tese EP/USP, 1995.
12. Juran, J. M. *Controle da Qualidade: Conceitos, Políticas e Filosofias* Makron Books, 1991.
13. Juran, J. M. et al. *Quality Control Handbook* - McGrow Hill Book, 1988.
14. Juran, J. M. I. *Quality Planning & Analysis - From Product Development Throught Use* McGraw Hill, 1980.
15. Matsunga, Lilian Ayako. *Arvores de Eventos em Análise de Confiabilidade* - Tese de Mestrado do IME-USP - Orientador: Borges Wagner de Souza, 1991.
16. Miyauchi Ishiro. *Total Quality Control Synopsis:. Union of Japanese Scientists and Engineers*. Nihon Kagaku Gigutsu Renmet. Sendagaya, Shibuya-ku, Tokio 151 Japan, 1995.
17. Murillo Ibanez, H. A. *Interpretação da Norma ISO 9000 2000*. Apostila da Adetec, 2001.
18. Murillo Ibanez, H. A. *Automação de Sistemas de Gestão da Qualidade e a Norma ISO 9000-3 de Informática*. Apostila desse curso ministrado na ABINEE S.P., 1993.
19. Panambra S. A. *Controle de Qualidade - Metrologia*, 1961.
20. Pessoa, Marcelo S. De Paula e Spinola *ISO 9000-3 Qualidade de Software*. FCAV, 2002.
21. QMI: Quality Management International *ISO 9000 Lead Assessor Course* - FCAV, 1993.
22. Roberto G. Rotondaro. *SEIS SIGMA* - Editora ATLAS, 2002.
23. Sewell, Granville H. *Admministração e Controle Ambiental* - Prentice Hall, 1975.
24. Taguchi, G. *Introduction to Quality Engineering* Tokyo Asian Prod. Organization, 1986.
25. Taguchi, Genichi. *Eng. da Qualidade em Sistemas de Produção* McGrow Hill SP., 1990.
26. Teboul James. *Gerenciando a Dinâmica da Qualidade"* - Editora Qualitymark R.J., 1991.

C. Engenharia da Informação

1. Applegate, L. M. *Information Technology and Tomorrow's Managers*. Harvard Business Review. No 6, Nov-Dec. 1988.
2. Bannert, J. *New SEI Maturity Model Target Key Practices*. IEEE Software, 1991.
3. Berge, Claude *Teoria de las Redes y sus Aplicaciones*. Compañia Editorial Continental S.A. México 22, DF. 1962.
4. Booch G. *Object Oriented Analysis and Design with Application* Benjamin Cummins, 1994.
5. Charniak, E, Wilks, Y. *Computational Semantics - Fundamental Studies in Computer Science*. Vol 4. North-Holand, Amsterdam, 1976.
6. Chen, Peter. *Abordagem Entidade-Relacionamento para Projeto Lógico* Mcgraw Hill, 1990.
7. Chen, Peter. *The Entitty Relationship Model - Towards a United View of Data*, ACM Transactions Database Systems 1, March, 1976.
8. Cox Brad J. & Novobilski *Object Oriented Programming* - Addison Wesley Publishing Comp. Inc., 1991.
9. Date, C. J. *An Introduction to Data Base Systems*. Reading Mas. - Addison Wesley, 1975.
10. Demarco Tom. *Structured Analisys and System Specification*. N.Y. Yourdon Inc., 1978.
11. Denna, E. L., Cherrington, Andros, Hollander. *Event-Driven Business Solutions*. Homewood (Illinois), Business One Irwin, 1993.
12. Dolder & Lubomirrsky (DBAID). *Sistema Experto para el Diseño de Bases de Datos*. DATA S.A. Buenos Aires, 1988.
13. French J. Alfred. *The Bussiness Knowledge Investment* Yourdon Press Prentice Hall, 1990.
14. Gane, Chrys; Sarson. *Structured Systems Analysis*. Englewood Cliffs, Prentice Hall, 1979.
15. Gilb, Tom. *Software Metrics* Winthrop Publishers Inc. Cambridge, Mass., 1994.
16. Gómes G. R. et al. *Análises de Métodos Formais p/Especificação de Sistemas Concorrentes e Distribuídos* Anais Congresso INFOCOM'95 - Bs. As. Argentina, 1995.
17. Gupta R., Howitz E. *Object-Oriented Data Base with Aplications to CASE, Networks, and VLSI CAD*. Prentice Hall Series, N. J., 1991.
18. Halle, B. V. *Living by the Rules*. Database Programming & Design. November, 1994.
19. Henderson & Venkatraman. *Strategic Alignment: Leveraging Information Technology for Transforming Organizations*. IBM Systems Journal, Vol. 32 - 1, 1993.
20. Hursch, J. L., Hursch, C. J. *Usando ORACLE Ver. 6.0*. Editora Campus R.J., p.350, 1991.
21. Keen, P. G. *Information Technology and the Management Difference: A Fusion Map*. IBM System Journal Vol. 32 - 1, 1993.
22. Kival, C. W., Millet P. B., Brandão Jr., D. *Qualidade e Produtividade em Software*. CTIS, QA&T Brasilia DF, 1994.
23. Kusiak, A. *Intelligent Manufacturing Systems*. Prentice Hall, N. Y. USA, 1990.
24. Lowell Jay Arthur *Melhorando a Qualidade do Software. Um Guia Completo para o TQM*. Infobook SA, Rio de Janeiro, 1994.
25. Lucena, C.I.P. *Automação do Desenvolvimento de Software com Inteligência Artificial* IBM, 1987.

26. Martin, J. *Strategic Data-Planning Methodologies*. Englewood Cliffs, N. J. - Prentice Hall Inc., 1982.
27. Martin, J. *Structured Technics - The Basis for CASE*. N. J. Prentice Hall, 1988.
28. Martin, J.; Odell J. J. *Análise e Projeto Orientados a Objeto*. Makron Books Editora do Brasil Ltda.,, p. 602-619, 1996.
29. McClure Carma L. *The Three R's of Software Automation: Reengineering, Repository and Reusability*. Prentice Hall Inc. Englewood Cliffs N. J., 1992.
30. Meyer B. *Object Oriented Software Construction* Prentice Hall, 1988.
31. Milet, Paulo Barreira et al. *Os Princípios da Qualidade Total Aplicados à Informática* - LTC - Série Informática & Qualidade Total ISBN, 1993.
32. Möller, K. H., Paulish D. J. *Software Metrics* Chapman & Hall Computing, London, 1993.
33. Moriarty, T. *The Next Paradigm*. Database Programming & Desing. Fevereiro, 1993.
34. Murillo Ibanez, apostilas: *Automação do Sistema da Qualidade* CONAI'94, Suceso SP, 1994 e "Norma ISO/IEC 17799 de segurança de informação", CNASI, Suceso SP., 2000.
35. Neto F. A. *Engenharia da Informação*. Mc. Graw Hill, São Paulo Brasil, 1988.
36. Page-Jones Meilir. *Projeto Estruturado de Sistemas*. McGrow Hill São Paulo, 1988.
37. Pereira, José Carlos. *Controle do Desenvolvimento de Software sem Especialista em Informática* Tese de Mestrado - FEA/USP, 1991.
38. Pessoa, Marcelo S. de Paula *CMM Modelo para Gestão de Software*. FCAV, 2002.
39. QED Information Sciences, Inc. *Information Systems Planning for Competitive Advantage* - Systems WELLESLEY, Massachusetts, 1989.
40. Ross, R. G. *Entity Modeling: Techniques and Applications*, Database Research Group Inc. Boston, 1987.
41. Ross, R. G. *The Business Rule Book: Classifying, Defining and Modeling Rules*. Data Base Newsletter, Boston, 1994.
42. Rumbaugh, J.; Blaha M., Premerlani, W; Eddy, F.; Lorensen, W. *Object Oriented Modeling & Design*, Prentice Hall, N. J., 1991.
43. Savage, Charles M. *CIM Management for the Future -FGM (fith-generation management) Tech Report*. Manufacturig Engineering Journal, Jan., 1989.
44. Smith J. M., Smith D. C. P. *Database Abstractions: Agregation and Generalization* ACM Transactions on Database Systems, junho, 1977.
45. Tsichritzis, D. C., Lochovsky, F. H. *Data Models*. Englewood Cliffs, N. J., 1982
46. Weinberg, Gerald. *Software com Qualidade* - Makron, 1993.
47. Yourdon, E. *Modern Structured Analysis*. Englewood Cliffs. N. J. Yourdon Press., 1989
48. Zachman, J. A. *A Framework for Information Systems Architecture*. IBM Systems Journal. Vol. 26-3, 1987.

10.9 RESUMO DOS DADOS DO AUTOR E DO SEU ORIENTADOR DA TESE DE DOUTORADO

HUGO ALVARO MURILLO IBAÑEZ

Consultor da ADETEC Desenvolvimento Tecnológico, Auditor Líder da Fundação Vanzolini com certificação internacional pelo IRCA Nº: 01182921 (International Register of Certificated Auditors) e Professor da Universidade Mogi das Cruzes. Realizou Doutoramento em engenharia de produção e Mestrado em engenharia química na EP/USP. Experiência de 35 anos em consultoria e gerenciamento das áreas de gestão da qualidade, informática, desenvolvimento de software, logística, pesquisa operacional e conservação de energia. No período de 1976 a 1991 foi Diretor de Consultoria da Boucinhas & Campos e fundador e Presidente da ABACE (Associação Brasileira de Administração e Conservação de Energia), representando a AEE (Association of Energy Engineers-USA).

DADOS DA TESE DE DOUTORADO

A Tese foi iniciada em 1990 e foi aprovada pela Escola Politécnica da Universidade de São Paulo em 13 de outubro de 1997, com o texto: "Qualidade da Informação e Metagestão de Sistemas Flexíveis". O texto dessa Tese foi utilizado como base do presente livro. Os dados básicos do Orientador desse projeto de doutorado são apresentados a seguir.

DR. JOSÉ JOAQUIM DO AMARAL FERREIRA

Master of Science Stanford University. Doutorado em Engenharia de Produção na EP-USP. Professor da Escola Politécnica da USP e Diretor de Certificação da Fundação Vanzolini. A Fundação Vanzolini foi a primeira entidade de certificação do Brasil, credenciada pelo Inmetro e pela entidade internacional IQNET.

Impresso nas oficinas da
Gráfica Palas Athena